AF185095

Rowohlt Verlag GmbH, Kirchenallee 19, 20099 Hamburg

Kontaktadresse nach EU-Produktsicherheitsverordnung:
produktsicherheit@rowohlt.de

Wolfgang Schmitz, geboren 1948, hat in leitender Funktion in der Industrie gearbeitet, bevor er 2001 Inhaber und Geschäftsführer von Improved Reading Germany wurde. Er entwickelte mit Partnern die deutschsprachige Version des international erfolgreichsten Lesetrainings für Erwachsene. Die Kurse werden in fünf verschiedenen Sprachen vor allem in Firmen, Behörden, Universitäten sowie im Rahmen von offenen Seminaren durchgeführt. In einem großen Schulversuch mit Oberstufenschülern wurde der hohe Nutzen auch für diese Altersstufe bestätigt und die breite Einführung empfohlen. Mehr zu Autor und Kurs unter **www.improved-reading.de**

Britta Sösemann, geboren 1951, war Gymnasiallehrerin für Deutsch und Geschichte. Seit mehr als zehn Jahren betreut sie die Produktion wissenschaftlicher Manuskripte und arbeitet als Textcoach für Unternehmen. Seit 2002 ist sie für Improved Reading Germany als Projektleiterin und Lesetrainerin tätig und bringt die kritische Rezeption wissenschaftlicher Ergebnisse für die Bereiche Lesen und Lernen ein.

Friedrich Hasse, M. A., geboren 1975, studierte Philosophie und Geschichte in Berlin und Paris. Er arbeitet seit 2003 als Improved-Reading-Trainer und ist seit 2008 selbständiger Franchisenehmer für die Region «Improved Reading Ost».

Simon Reichelt, geboren 1982, studiert Informatik und zeichnet in seiner Freizeit gerne Comics, entwirft Computerspiele und hat hier erstmals sein Talent als Buchillustrator genutzt.

ro
ro
ro

Wolfgang Schmitz,
Britta Sösemann, Friedrich Hasse

Schneller lesen – besser verstehen

für Jugendliche

Mit Illustrationen von
Simon Reichelt

Rowohlt Taschenbuch Verlag

Besser lesen. Mit System.

Under licence from
International Institute
of Social Economics

2. Auflage Juni 2020
Originalausgabe
Veröffentlicht im Rowohlt Taschenbuch Verlag,
Reinbek bei Hamburg, August 2011
Copyright © 2011 by Rowohlt Verlag GmbH, Reinbek
bei Hamburg
Textauszug S. 198f © Roald Dahl Nominée Ltd. 1953
Umschlaggestaltung ZERO Werbeagentur, München
Satz Utopia und Officina PostScript (InDesign) bei KCS
GmbH, Buchholz bei Hamburg
Druck und Bindung BoD - Books on Demand GmbH,
Norderstedt, Germany
ISBN 978 3 499 62740 8

Inhalt

Vorwort

Lieber Gern- und Viel-Leser, Langsam- oder Schnell-Leser,

wie auch immer du bisher gelesen hast: Es geht garantiert viel schneller – und gleichzeitig kannst du besser verstehen und mehr behalten! In diesem Buch lernst du die Spielregeln kennen, nach denen das gute Lesen funktioniert. Damit du diese Tipps wirklich erfolgreich anwenden und kombinieren kannst, erhältst du auch das notwendige Hintergrundwissen: Was genau geschieht eigentlich beim Lesen? Wie schafft es mein Gehirn, in 26 kleinen schwarzen Buchstaben ganze Geschichten zu entdecken? Warum denke ich plötzlich an eine Farbe, wenn ich das Wort «TOR» rückwärts lese? Machen meine Augen alles wie von selbst, oder kann ich sie steuern? Wie gehe ich an Texte heran, von denen ich weiß, dass sie mich langweilen? Wie kann ich meine Gedanken wieder einfangen?

Seit vielen Jahren führen wir Lesetrainings mit Erwachsenen durch. Schon mehr als drei Millionen Menschen auf der ganzen Welt haben mit uns eine bessere Lesetechnik erworben: Manager, Banker, Professoren oder Computerspezialisten waren genauso dabei wie Lehrer und ältere Schüler oder Studenten. Und jedes Mal warten wir mit Spannung auf den Schluss des Kurses. Denn die meisten Teilnehmer sind immer ganz erstaunt, wie viel Spaß es macht, die eigene Lesefähigkeit zu steigern. Doch nicht jeder hat die Gelegenheit, an einem unserer Trainings teilzunehmen. Deshalb haben wir im Jahr 2008 ein Buch veröffentlicht, das ähnlich aufgebaut ist wie unser Kurs. Leser[1], die älter sind als ca. 15 Jahre, können damit die guten Techniken zu Hause einüben.

1 Wir haben immer die männliche Anrede gewählt, um den Text gut

Weil so viele Menschen von unserem Buch begeistert waren, bat uns der Verlag, auch einen Band für Jugendliche zu schreiben. Das konnten wir uns zunächst gar nicht vorstellen, weil es nicht unser Spezialgebiet ist. Andererseits wissen wir so viel über das Lesen, über Fehler, die man dabei macht und wie man sie vermeidet – das kann doch nicht nur für Erwachsene gelten! Wir wurden neugierig herauszufinden, inwieweit unsere Lesetechniken auch von Jugendlichen anwendbar sind.

Also habe ich mich mit Lese-Experten unterhalten und mich in ihre Forschungsberichte vertieft. Mit einem erstaunlichen Ergebnis! Mir ist klargeworden, dass auch Jugendliche zwischen 12 und 15 Jahren schon fast alle Techniken lernen können, die wir für nützlich halten. FAST alle, sage ich bewusst. Denn der Wortschatz und die Leseerfahrung von Jugendlichen sind noch im Aufbau. Es ist ähnlich wie beim Rechnen: Man sollte nicht erwarten, dass ein Neuntklässler Abituraufgaben lösen kann. Wir wollen dich also nicht überfordern, aber ganz bestimmt herausfordern! So kannst du jetzt schon die richtigen Grundlagen für eine gute Leseentwicklung schaffen. In diesem Buch findest du die wichtigsten Tipps und Übungen, die dir am schnellsten zum Erfolg verhelfen können.

Was du hier erfährst und übst, haben wir uns nicht einfach ausgedacht. Diese Techniken wenden sehr gute Leser schon immer an. In vielen Schulbüchern findet man durchaus einige unserer Vorschläge wieder. Sie sind aber nirgends so systematisch als Trainingsbuch für Jugendliche zusammengestellt, wie wir es für nötig halten. In der Leseforschung und in der Blickforschung gibt es außerdem zahlreiche Beweise

lesbar zu halten. Aber natürlich richten wir uns gleichermaßen an alle Leserinnen! Überwiegend sprechen «wir» gemeinsam als Autoren, doch manchmal fanden wir eine persönliche Sicht passender, dann steht im Text «ich».

dafür, dass unsere Techniken sinnvoll sind. Aus dieser Fülle von Experten-Büchern und aus unserer Trainings-Erfahrung haben wir das Wesentliche herausgezogen und in diesem Buch gebündelt.[2]

Wir haben versucht, die wissenschaftlichen Begründungen so kurz und verständlich wiederzugeben, dass sie dich überzeugen und du Lust auf die Übungen bekommst. Wer die Leseforschung genauer kennenlernen möchte, kann sich bei den Literaturhinweisen und der Zitatenliste auf unserer Website informieren. Diese Zusammenstellung haben wir so aufbereitet, dass sie auch Lehrern und Eltern eine gute Übersicht bietet.

Die Erklärungen in den theoretischen Kapiteln sind wichtig, weil du dort erfährst, was du vielleicht falsch bzw. richtig machst. Aber das Wesentliche sind die Übungen. Wie beim Sport bist du auch hier am erfolgreichsten, wenn du sie möglichst häufig durchführst – umso besser gewöhnen sich Augen und Gehirn an das Neue. Einige Übungen lassen sich am Computer ausführen. Dort können wir dir noch mehr Trainingsmöglichkeiten bieten als in diesem Buch, weil dort der Platz nicht begrenzt ist.

Möglicherweise fällt dir die Umstellung auf die neuen Techniken zunächst schwer. Mit der Zeit wirst du jedoch merken:

2 Der theoretische Ansatz des vor 40 Jahren entwickelten Improved-Reading-Trainings wurde von Dr. Stan Rodgers auf Basis der wissenschaftlichen Leseforschung begründet. Aktuelle Erkenntnisse unterstreichen diesen Ansatz, z. B. die Arbeiten u. a. folgender Wissenschaftler: Cordula Artelt, Andrea Bertschi-Kaufmann, Stanislas Dehaene, Reinhold Kliegl, Ralph Radach, Cornelia Rosebrock, Gerhard Roth, Maryanne Wolf. Ihre Werke sind im Literaturverzeichnis aufgeführt. Um der besseren Lesbarkeit willen haben wir im Text jedoch auf exakte Zitate und Nachweise in Fußnoten verzichtet. Diese Angaben, Quellen und weiterführende Informationen findest du auf unserer Website: www.improved-reading.de/buch

Lesen kann viel weniger anstrengend sein! Du wirst außerdem schneller verstehen, was ein Autor sagen will. Auch der Inhalt prägt sich dir leichter ein und ist wesentlich «haltbarer» in deinem Kopf. Schon für die nächste Klassenarbeit könntest du von deinem Training profitieren. Mit guten Techniken wirst du vermutlich noch viel lieber lesen – und du entdeckst auf einmal: Es macht Spaß!

So, jetzt hoffe ich, dass du sportlichen Ehrgeiz fühlst, bei den Übungen immer bessere Ergebnisse zu erzielen. Dazu gehört vor allem: «dranbleiben»!

Wir haben einigen Jugendlichen dieses Buch vor seiner Veröffentlichung zu lesen gegeben und ihre Hinweise umgesetzt. Hast du ebenfalls Anregungen, Verbesserungsvorschläge oder Kritik, so freuen wir uns immer über eine Nachricht per Post oder E-Mail (buch@improved-reading.de).

Lesen kann ich doch – oder?

Ein Geheimnis, das komplett verraten wird, ist nicht mehr spannend. Bei den Geheimnissen des Lesens aber ist es genau umgekehrt. Wenn man die verborgenen Vorgänge entdeckt, die im Kopf beim Lesen passieren, wird es erst richtig interessant. Denn lesen zu können, ist überhaupt nicht selbstverständlich. Im Gegenteil: Lesen galt lange Zeit als fast «mysteriöse Fähigkeit», weil es im Menschen nicht von vornherein angelegt ist – wie z.B. Gehen oder Sprechen. Der Mensch hat zwar die Schrift erfunden, aber **warum** er lesen kann, blieb bis vor kurzem ein Rätsel. Unser Gehirn war nämlich vor Zehntausenden von Jahren eigentlich nur dafür geschaffen, Kämpfe zu überleben und in der Wildnis nach Nahrung zu jagen. Erst seit etwa zwanzig Jahren entdecken Hirnforscher, warum wir auch Bücher «verschlingen» können. Jetzt müssen wir nur die passenden Techniken anwenden, dann erleichtern wir unserem Gehirn die Arbeit.

Also: Natürlich kannst du lesen! Vielleicht sogar schon richtig gut. Aber mit Profi-Techniken wird es bestimmt noch besser. Erinnerst du dich an die Zeit, als du schwimmen gelernt hast oder Radfahren? Damals warst du ausschließlich mit den neuen Bewegungen beschäftigt, und man durfte dich bei diesen ersten Versuchen kaum ansprechen. Doch mit der Zeit wurde das Neue selbstverständlich: Jetzt unterhältst du dich beim Radfahren oder Schwimmen nebenher mit Freunden, weil du die Bewegungen ganz automatisch machst – du musst gar nicht mehr darüber nachdenken.

Sehr ähnlich entwickelt sich auch unsere Lesefähigkeit. Zu Beginn lernen wir Buchstaben und kurze Wörter, und erst allmählich können wir ganze Sätze entziffern. Irgendwann kommt der große Durchbruch: Dann geschieht das Lesen endlich «automatisch». Nun steht der Inhalt des Textes im Vordergrund und nicht mehr das mühsame Buchstabieren.

Genau um diese Automatisierung des Leseprozesses geht es in unserem Buch – aber jetzt erklimmst du die nächste Stufe! Die Lesefähigkeit kann nämlich bewusst verbessert werden, und zwar viel mehr, als die meisten wissen. Natürlich setzt sich das gute «automatische» Lesen aus vielen Einzelheiten zusammen – eben genau wie beim Sport: Ein erfolgreicher Fußball- oder Handballspieler trainiert unterschiedliche Bereiche – Kraft, Ausdauer, Geschicklichkeit, Reaktion, Schnelligkeit und Technik. Nur wenn er in all diesen einzelnen Teilbereichen gute Leistungen bringt, kann er auch ein gutes Spiel zeigen. Genau so wollen wir hier mit dir die einzelnen Elemente des Leseprozesses trainieren!

Eine große Rolle spielt bei uns die Geschwindigkeit. Damit ist nicht gemeint, dass du durch alle Texte durchrasen sollst. Aber ein deutlich erhöhtes Grundtempo – mit der richtigen Technik natürlich! – erleichtert das Lesen einfach enorm. Es führt nämlich dazu, dass man konzentrierter und lieber liest. Das Gegenteil hast du sicher auch schon erlebt, wenn du dich durch manche Texte für die Schule unendlich langsam hindurchgequält hast. Das hat vermutlich nicht gerade dein Interesse an dem Inhalt geweckt.

Unser Ziel ist deshalb, dass du grundsätzlich flüssig liest – auch schwierige Texte. Die Leseflüssigkeit bringt uns nicht nur schneller voran. Sie ist auch eine wichtige Voraussetzung für das Verstehen. Beim langsamen Lesen hat man nämlich oft am Ende des Satzes den Anfang schon wieder vergessen. Deshalb wird die Leseflüssigkeit auch als Brücke zwischen dem Entziffern von Wörtern und dem Verständnis bezeichnet. Je stabiler diese Brücke ist, umso sicherer und schneller gelangen wir auf die andere Seite: zum Text-Verständnis.

Mit welchen Techniken du diese Leseflüssigkeit erreichst, erklären wir in den einzelnen Kapiteln.

Wir, die Autoren, nehmen an, dass du, unser Leser, etwa zwischen 12 und 15 Jahre alt bist. Oder du bist jünger, liest aber gern Bücher, von denen andere denken, dass sie eigentlich «eine Nummer zu groß» für dich sind. Aus dem kindlichen Lesevermögen bist du jedenfalls genauso herausgewachsen wie aus deinen alten Pullovern und Schuhen. Heute muss alles deutlich größer sein, damit du dich wohl fühlst. Stell dir vor, du gehst neben einem sechsjährigen Kind her: Du machst einen einzigen Schritt, während das Kind immer zwei oder drei kleine Schritte braucht. Ähnlich ist es auch beim Lesen: Einen Satz in größeren Einheiten zu erfassen – und damit auch flüssiger –, passt jetzt viel besser zu dir als die kleinteilige Technik aus der Grundschulzeit.

Unser Ziel ist es, dass du genau verstehst, wie optimales Lesen funktioniert. Wir erklären, wodurch man sich beim Lesen selbst behindert, und zeigen dir, wie man diese Hindernisse beseitigt. Und natürlich: wie du ein richtig guter Leser wirst! Wenn du mit den Geheimnissen des Lesens vertraut bist, kannst du selbständig deine Techniken verbessern.

Vielleicht hältst du dich für einen schlechten Leser. Oder du hast bemerkt, dass dir in der letzten Zeit Lesen nicht mehr so viel Spaß macht wie früher. Als Junge muss man sich auch oft die Klage anhören, dass Jungen nicht so gern und gut lesen wie Mädchen. Liest man hingegen viel, gilt man möglicherweise als «uncool», als «Streber» oder «Nerd». Das ist sehr schade, denn mit dieser Einstellung verpasst man viele Chancen. Daher schieb solche Gedanken jetzt einmal völlig beiseite.

Denk lieber daran, dass du dich in allen Kapiteln dieses Buchs im Grunde ganz intensiv mit dir selbst beschäftigst. Dein Gehirn denkt hier nämlich über dein Gehirn nach und beobachtet sich selbst bei der Arbeit! Das ist ein faszinierendes Experiment, durch das du dich erforschen und weiterentwickeln kannst.

Lass dich also einfach auf die Übungen ein, dann hast du den größten Erfolg!

Trainingsanleitung

Wenn du deine Leistung im Sport verbessern willst, brauchst du ein perfekt ausgeklügeltes Trainingsprogramm, das dich Schritt für Schritt aufbaut. Mit diesem Buch besitzt du jetzt auch für das Lesen ein Trainingsprogramm. Als Erstes wollen wir dir erklären, wie es funktioniert.

Wie du schon im **Inhaltsverzeichnis** siehst, besteht ein Kapitel meistens aus zwei Teilen: A. Erklärungen (Theorie) und B. Übungen (Praxis). Im **Theorie-Teil** wird beschrieben, wie Lesen funktioniert, wie du deine Fehler beseitigst und dich zum Profi-Leser entwickeln kannst. Im anschließenden **Praxis-Teil** übst du die neuen Techniken ein. Ein Verständnistest zeigt dir jeweils, wie erfolgreich du dabei bist.

Theorie und Praxis gehören eng zusammen. Nur das Selbermachen bringt dich aber weiter! Das kennst du aus der Schule und vom Sport: Stundenlange Erklärungen darüber, welche Regeln es beim Basketball gibt, verbessern nicht deine Leistung im Spiel. Aber uns ist es wichtig, dass du verstehst, warum du bestimmte Übungen machst. Und dafür brauchst du die Theorie. Nur wenn du die Idee hinter den Übungen begreifst, führst du sie mit Tempo und Energie durch – und nur dann spürst du den Erfolg. Dass dir unser Vorgehen einleuchtet, ist besonders dort wichtig, wo du dich vielleicht wunderst: «Was hat das denn nun mit Lesen zu tun?!» Und diese Frage kommt bestimmt!

Am liebsten wäre uns, wenn du das Buch von Anfang bis Ende in der vorgesehenen Reihenfolge bearbeitest. Theorie und Praxis wechseln sich nämlich immer ab, damit es nicht so eintönig wird. Bevor du über dem Text einschläfst, machen dich die Übungen wieder wach. Außerdem sind die Kapitel auch Trainingseinheiten, die aufeinander aufbauen. So setzen wir z. B. in Kapitel VII voraus, dass du die Fachbegriffe aus den ersten Kapiteln schon kennst. Wenn du jedoch nicht systematisch von vorn nach hinten arbeiten möchtest, dann nimm dir zumindest immer ein vollständiges Kapitel vor (Theorie und Praxis). Irgendwo in eine Übung hineinzuspringen, ist nutzlos und Zeitverschwendung.

Unser Vorschlag, systematisch vorzugehen, heißt natürlich nicht, dass du das ganze Buch in einem Rutsch bearbeiten sollst. Das wäre viel zu viel! Es lange zwischendurch liegen zu lassen, ist allerdings auch nicht günstig. Dann verliert sich der Lerneffekt. Teil es dir in jedem Fall bitte so ein, dass du den Spaß nicht verlierst. Wenn du diese Freude allerdings nur durch ein gelegentliches Herumspringen im Buch erreichst – na gut, damit müssen wir dann halt leben. Falls du zu diesen Springern gehörst, kannst du uns ja einmal berichten, was dabei für dich «herausgesprungen» ist.

Unser Tipp: Versuch, im Alltag sofort anzuwenden, was du hier lernst. Am besten bei «ungefährlichen» Texten, falls es nicht gleich funktioniert (z. B. bei Blogs im Internet oder bei der Vorstellung aktueller Kinofilme). Nur durch die Anwendung der neuen Techniken automatisierst du sie. Sprich am besten auch mit anderen über deine Erfahrungen. Die neuen Lesetechniken zu diskutieren, ist eine gute Methode, ihre Details und Auswirkungen noch besser kennenzulernen.

Erwarte aber nicht, dass du sofort mit jedem Kapitel ein besserer Leser wirst. Vielleicht verunsichern dich die neuen Techniken sogar. Das ist normal. Lass dich dadurch nicht von weiterem Experimentieren abhalten! Jeder braucht unterschiedlich lange, sich an etwas Neues zu gewöhnen.

Wir wollen bewusst auch diejenigen zum guten Lesen ermutigen, die bislang gar keine Lust dazu hatten. Manches kommt dir deswegen vielleicht auch etwas zu einfach vor. Oder du findest einige Wiederholungen unnötig. Dann geh einfach weiter im Text. Es gibt genug Stellen, die dir Spaß machen werden, und außerdem findest du ja die zusätzlichen Übungen auf unserer Website, falls dir langweilig werden sollte.

Nun los – auf zu den ersten Tests!

I Wie gut und schnell liest du jetzt?

Wir möchten gern, dass du die folgenden Aufgaben etwas sportlich siehst. Dafür ist es hilfreich, wenn du deine Übungsergebnisse aufschreibst. Nur dann weißt du, wo du stehst, und kannst dir Ziele setzen, die du erreichen willst. Wir geben dir dafür Hilfestellungen, aber schätze bitte auch selbst ein, was du dir zutraust. Du wirst staunen, was du erreichst, wenn du dich auf unsere Empfehlungen einlässt. Durch das Aufschreiben machst du dir deine Fortschritte bewusst: wie du angefangen hast, welche Zwischenergebnisse du erzielst, und wo du vielleicht noch Reserven hast. Für das Eintragen deiner Übungsergebnisse haben wir in diesem Buch auf Seite 285 einen **Ergebnisbogen** gestaltet. Schneide ihn dort bitte heraus oder kopiere ihn. Du kannst ihn auch von unserer Website herunterladen und ausdrucken: www.improved-reading.de/buch

Als Erstes machst du einen Verständnistest:

Verständnistest

Weißt du, wie gut du liest? Wir wollen dich nicht zur Rekordsucht anstacheln, aber bei einem so wichtigen Thema wie dem Lesen sollte man sich einschätzen können. Andere Leistungen misst du ja auch. Du kennst bestimmt deine Zeiten beim 75- oder 100-Meter-Lauf und weißt, wie weit du springen oder werfen kannst. Jetzt wäre es doch interessant zu messen, wie schnell du normalerweise liest – aber auch, wie gut du den Inhalt verstehst.

Vorgehen

1.) Leg dir eine Stoppuhr zurecht oder geh auf unsere Website www.improved-reading.de/buch (Stoppuhr). Bevor du die Test-Geschichte auf S. 23–26 zu lesen beginnst, schau dir die Erklärungen an, die hier folgen. Du solltest vorher schon wissen, wie der gesamte Ablauf ist. Er wird dann aber nach jedem einzelnen Schritt noch einmal kurz beschrieben.

2.) Lies den Text zügig und so aufmerksam, dass du anschließend Fragen zum Text beantworten kannst. Trag die Zeit, die du für das Lesen benötigt hast, im Ergebnisbogen ein, und zwar bei **Verständnistest 1** in der Spalte «Zeit».

3.) Diese Zeit sagt noch nichts über dein Lesetempo aus, weil Texte unterschiedlich lang sein können. Deswegen stellst du jetzt fest, wie viele Wörter pro Minute (WpM) du gelesen hast. Diese Zahl findest du in der Tabelle nach dem Text (S. 27). Trag diesen Wert auf dem Ergebnisbogen ein.

4.) Dann folgen die Fragen. Beantworte sie möglichst spontan aus dem Gedächtnis – blättere nicht zurück. Kreuze jeweils nur eine der vorgeschlagenen Antworten an. Sie muss einer Aussage des Textes entsprechen. Die Zeit für die Beantwortung der Fragen wird nicht gestoppt. Geh trotzdem zügig vor!

5.) Dann blätterst du um und vergleichst deine Lösungen mit den richtigen Antworten, die dort stehen. Den Prozentsatz der richtigen Antworten vermerkst du bitte auf dem Ergebnisbogen (z. B.: 6 von 10 richtig = 60 %).

6.) Zum Schluss wird errechnet, wie gut du gelesen hast. Dafür werden die beiden Werte (Lesegeschwindigkeit in WpM und Verständnis in %) miteinander kombiniert. Das Ergebnis wird «Leseeffizienz» genannt. Wenn man 200 Wörter pro Minute gelesen und davon nur 50 % verstanden hat, bedeutet das ja eigentlich: Man hat nur 100 Wörter pro Minute gelesen und verstanden! Also ist die Leseeffizienz = 100. Diese Messgröße für Leseeffizienz nennt man **«Effective Reading Rate»** (ERR).

Und jetzt los mit dem Verständnistest!

Verständnistest 1

Leben auf dem Mars

Unser Nachbarplanet, der Mars, gleicht einer kalten,
kargen Wüste. Doch das ließe sich ändern, meinen
manche Wissenschaftler – und schmieden sogar Pläne,
den Mars zu besiedeln.

von Verena Linde[3]

Bitte diese Seite erst umblättern,
wenn du die Stoppuhr gestartet hast.

3   Aus: Geolino 2/2010 (www.geolino.de), mit freundlicher Genehmigung
des Verlags gekürzte und bearbeitete Version.

Leben auf dem Mars

Schier endlos erstreckt sich die rote Wüste über den Planeten. Schluchten durchschneiden seine Oberfläche, Gräben furchen sich tief in den steinigen Grund. Riesige Vulkane ragen in die Höhe. Der feine Staub, der durch die eiskalte Luft peitscht, kriecht in jede Felsspalte und färbt selbst den Himmel rot. Der Mars, unser Nachbar im Sonnensystem, ist ein rauer, unwirtlicher Ort. Und hier sollen eines Tages Nadelbäume wachsen? Ein ganzer Wald den Äquator begrünen? Sollen Flüsse strömen und sogar ein Ozean auf der Nordhalbkugel wogen?

Vielleicht. Zumindest gibt es Menschen, die genau davon träumen und daran glauben – an ein Leben auf dem Mars. Und das sind längst nicht nur Spinner, die zu lange durch ihr Teleskop gestarrt haben. «Wir können den Mars bewohnbar machen», sagt auch Christopher McKay, Planetenforscher der US-amerikanischen Luft- und Raumfahrtbehörde NASA. Verrückt? Sicher.

Aber er hat gute Gründe für seine Zuversicht: Erstens ist der Mars als direkter Nachbar der Erde mit einem Raumschiff vergleichsweise schnell erreichbar. Gut, zwischen ihm und unserer Heimat liegen auch bei günstigster Planetenkonstellation immer noch knapp 100 Millionen Kilometer. Rund sechs Monate würde die Reise sicher dauern. Dennoch ist das ein überschaubarer Zeitraum. Zweitens müssten sich die Menschen auf dem Mars in zeitlicher Hinsicht kaum umstellen: Ein Marstag, genannt «Sol», dauert mit 24,6 Stunden kaum länger als ein Erdentag. Drittens sind die Temperaturen im Vergleich zu jenen der anderen Planeten mit durchschnittlich minus 53 Grad Celsius geradezu lauschig. An Sommertagen erwärmt sich die Luft am Äquator bisweilen sogar auf angenehme plus 20 Grad

Celsius. Viertens schließlich – und das ist am wichtigsten – bewies die Sonde «Phoenix» im Jahr 2008 zweifelsfrei, dass es gefrorenes Wasser auf dem Roten Planeten gibt. Weltweit gerieten die Forscher ganz aus dem Häuschen. Wasser ist nun einmal Quell allen Lebens.

Einziges Problem: Das Wasser ist nicht flüssig. Was nicht nur an der Kälte liegt, sondern vor allem an der dünnen Luft. Der Druck der Atmosphäre ist so gering, dass gefrorenes Wasser bei Erwärmung nicht wie auf der Erde schmilzt, sondern sofort gasförmig wird und sich in der Luft verflüchtigt.

Doch das ließe sich ändern, meint Christopher McKay. «Wenn wir die Atmosphäre mit Treibhausgasen erwärmen, würden wir es in etwa 100 Jahren schaffen, flüssiges Wasser zu haben», behauptet er. Christopher McKay und seine Kollegen glauben, dass etwa im Marsboden eingeschlossenes Kohlendioxid (CO_2) durch die Wärme gasförmig würde, die Luft verdichten und den Planeten wie eine Schutzschicht umhüllen würde. Das wäre der Beginn einer Verwandlung, die den Mars der Erde ähnlicher machen würde. «Terraforming» nennen Wissenschaftler solche Prozesse (auf Deutsch etwa: Umwandlung zur Erde).

Klar sprießen dann nicht automatisch Blumenwiesen oder die eingangs erwähnten Nadelwälder. «Erste Pflanzen könnten allerdings schon überleben», so der Forscher. Flechten etwa. Denn diese Gewächse brauchen nichts außer Licht und Kohlendioxid, das sie in Sauerstoff umwandeln können. Und Kohlendioxid gibt es auf dem Mars zur Genüge: 95 Prozent der Luft rund um den Roten Planeten besteht aus nichts anderem als CO_2.

Schritt für Schritt ließen sich dann immer höhere Lebensformen auf dem Mars ansiedeln. 900 Jahre würde es dauern, bis tatsächlich der erste Nadelbaum stünde, berechnete der Botaniker James Graham von der Universität Wisconsin-Madison in den USA. Seine Vorstellung: Die Pflanzen würden im Verlauf der Zeit so viel Sauerstoff produzieren, dass Menschen eines Tages auf dem Mars ohne Hilfsmittel atmen könnten! Falls es tatsächlich so weit kommen sollte, erleben das aber erst unsere Urururururururururururururururur...-Enkel: «Dies würde vielleicht 100000 Jahre dauern», sagt Christopher McKay.

Doch zurück auf die Erde, zurück in die Gegenwart: Bisher hat noch kein Mensch den Mars je betreten. Und bevor es so weit ist, müssen sich die Forscher noch über ganz andere Dinge Gedanken machen. Zum Beispiel darüber, dass ein Raumschiff für den Weg zum Mars und wieder zurück eine Menge Treibstoff braucht – mehr als es transportieren kann. Da es im Weltraum natürlich keine Tankstellen gibt, planen die Wissenschaftler, eine unbemannte Mission vorauszuschicken. Diese soll auf dem Mars ein Kraftwerk errichten, ferngesteuert und mit Robotern. Mit Hilfe von Wasserstoff verwandelt es dann Kohlendioxid in die Raketentreibstoffe Methan und Sauerstoff. Nach etwa zwei Jahren Betrieb könnte das erste Raumschiff mit Besatzung starten. Frühestens im Jahr 2030. Ob Christopher McKay dann mit dabei sein wird? Der Wissenschaftler ist heute 55 Jahre alt und in 20 Jahren für eine Reise zum Mars vermutlich schon etwas zu alt. Dennoch forscht und grübelt er weiter über die Umwandlung unseres Nachbarplaneten: «Das einzige Risiko ist doch, dass es nicht funktioniert.»

Uhr stoppen!

Lies jetzt von der Uhr deine benötigte Zeit ab und trag sie in den Ergebnisbogen ein (bei **Verständnistest 1**: «**Zeit**»). Dann ermittle mit Hilfe der nachfolgenden Tabelle deine Lesegeschwindigkeit in Wörtern pro Minute (WpM).

ERMITTLUNG DER LESEGESCHWINDIGKEIT (WpM)
Leben auf dem Mars

In der linken Kolonne der Spalten stehen deine möglichen Lesezeiten, rechts gegenüber liest du deinen WpM-Wert ab.

0–1 Min.	1–2 Min.	2–3 Min.	3–4 Min.	4–5 Min.
Zeit WpM	1.00 – 731	2.00 – 366	3.00 – 244	4.00 – 183
	1.05 – 675	2.05 – 351	3.05 – 237	4.05 – 179
0.10 – 4.386	1.10 – 627	2.10 – 337	3.10 – 231	4.10 – 175
0.15 – 2.924	1.15 – 585	2.15 – 325	3.15 – 225	4.15 – 172
0.20 – 2.193	1.20 – 548	2.20 – 313	3.20 – 219	4.20 – 169
0.25 – 1.754	1.25 – 516	2.25 – 302	3.25 – 214	4.25 – 166
0.30 – 1.462	1.30 – 487	2.30 – 292	3.30 – 209	4.30 – 162
0.35 – 1.253	1.35 – 462	2.35 – 283	3.35 – 204	4.35 – 159
0.40 – 1.097	1.40 – 439	2.40 – 274	3.40 – 199	4.40 – 157
0.45 – 975	1.45 – 418	2.45 – 266	3.45 – 195	4.45 – 154
0.50 – 877	1.50 – 399	2.50 – 258	3.50 – 191	4.50 – 151
0.55 – 797	1.55 – 381	2.55 – 251	3.55 – 187	4.55 – 149
5–6 Min.	**6–7 Min.**	**7–8 Min.**	**8–9 Min.**	**9–10 Min.**
5.00 – 146	6.00 – 122	7.00 – 104	8.00 – 91	9.00 – 81
5.05 – 144	6.05 – 120	7.05 – 103	8.05 – 90	9.05 – 80
5.10 – 141	6.10 – 119	7.10 – 102	8.10 – 90	9.10 – 80
5.15 – 139	6.15 – 117	7.15 – 101	8.15 – 89	9.15 – 79
5.20 – 137	6.20 – 115	7.20 – 100	8.20 – 88	9.20 – 78
5.25 – 135	6.25 – 114	7.25 – 99	8.25 – 87	9.25 – 78
5.30 – 133	6.30 – 112	7.30 – 97	8.30 – 86	9.30 – 77
5.35 – 131	6.35 – 111	7.35 – 96	8.35 – 85	9.35 – 76
5.40 – 129	6.40 – 110	7.40 – 95	8.40 – 84	9.40 – 76
5.45 – 127	6.45 – 108	7.45 – 94	8.45 – 84	9.45 – 75
5.50 – 125	6.50 – 107	7.50 – 93	8.50 – 83	9.50 – 74
5.55 – 124	6.55 – 106	7.55 – 92	8.55 – 82	9.55 – 74

Trag deinen Wert auf dem Ergebnisbogen ein unter: **Verständnistest 1** bei «**WpM**», **bevor** du zu den Fragen wechselst.

FRAGEBOGEN – TEST 1
Leben auf dem Mars

Bitte kreuze nur die Antworten an, die dem Text entsprechen.

1.) Was gibt es auf der Oberfläche des Planeten Mars?
   a) Flechten und Moose
   b) Eine endlose steinige Ebene
   c) Schluchten und Vulkane
   d) Das soll erst noch erforscht werden

2.) Wer behauptet, man könne den Mars bewohnbar machen?
   a) Ein Hobby-Astronom
   b) Ein Planetenforscher aus einer staatlichen Behörde
   c) Ein Professor der berühmten Harvard-Universität
   d) So klar behauptet das noch niemand

3.) Wie lange würde eine Reise zum Mars ungefähr dauern?
   a) Zehn Tage
   b) Drei Wochen
   c) Sechs Monate
   d) Vier Jahre

4.) Was ist die Durchschnittstemperatur auf dem Mars?
   a) Minus 53 Grad Celsius
   b) Um null Grad Celsius
   c) Plus 20 Grad Celsius
   d) Plus 100 Grad Celsius

5.) Was ist der wichtigste Grund dafür, dass auf dem Mars Leben entstehen könnte?
   a) Die kurze Entfernung zur Erde
   b) Es gibt genügend Sonnenlicht
   c) Es gibt Sauerstoff
   d) Es gibt gefrorenes Wasser

6.) Was heißt «Terraforming»?
   a) Die Umwandlung von Planeten, bis sie der Erde ähnlich werden
   b) Die Umwandlung von feinem Planetenstaub in Baumaterial
   c) Die Verwandlung einer Sandwüste in fruchtbares Ackerland
   d) Wird im Text nicht erwähnt

7.) Wie würden die ersten Menschen auf dem Mars leben?
   a) In kleinen dörflichen Gemeinschaften am Rande neuentstandener Wälder
   b) In Städten, die von riesigen Glaskuppeln überspannt werden
   c) Zunächst nur innerhalb von Wohn-Raumschiffen
   d) Wird im Text nicht erwähnt

8.) Was könnte in 900 Jahren auf dem Mars entstanden sein?
   a) Der erste Süßwassersee
   b) Die erste grüne Wiese
   c) Der erste Nadelbaum
   d) Der erste tropische Regenwald

9.) Welches Problem hätte ein Raumschiff zum Mars?
   a) Die Sauerstoffversorgung auf so engem Raum wird knapp
   b) Es benötigt mehr Treibstoff, als es transportieren kann
   c) Beim Eintritt in die kalte Mars-Atmosphäre erstarrt es zu Eis
   d) Weil man dicht an der Sonne vorbeifliegt, schmilzt das Raumschiff wie ein Schokoriegel

10.) Was soll als Erstes auf dem Mars errichtet werden?
   a) Eine Flagge
   b) Eine Anlage zur Wassergewinnung
   c) Ein ferngesteuertes Kraftwerk
   d) Ein Riesenteleskop mit angeschlossenem Labor

**Nun blättere bitte um
und überprüf deine Antworten!**

ANTWORTBLATT – TEST 1
Leben auf dem Mars

1.) c	5.) d	8.) c
2.) b	6.) a	9.) b
3.) c	7.) d	10.) c
4.) a		

Zähle die richtigen Antworten und ermittle den Prozentsatz: Zwei richtige Antworten entsprechen 20%, vier richtige Antworten entsprechen 40% usw. Trag deinen Prozentsatz in dem Ergebnisbogen unter **Verständnistest 1** bei «% Verständnis» ein.

Aus der Multiplikation von WpM und %-Verständnisgrad errechnest du jetzt deine «Effective Reading Rate» (ERR).

Beispiel:

226 WpM und 60% Verständnis bedeuten: 226 x 0,6 = 136 (ERR).

Trag deinen Wert bitte auf dem Ergebnisbogen unter **Verständnistest 1** bei «ERR» ein.

Willst du dein Ergebnis vergleichen?

Die durchschnittliche Lesegeschwindigkeit von Erwachsenen im deutschsprachigen Raum liegt bei 200 WpM. Bei einem Verständnis von 55% ergibt sich daraus eine durchschnittliche **ERR** von 110. In deiner Altersstufe wären 150–200 WpM und 60% Verständnis normal, aber damit solltest du dich nicht zufriedengeben.

Unseren Kursteilnehmern setzen wir das Ziel, ihre **ERR** mindestens zu verdoppeln. Nimm dir vor, mit Hilfe dieses Buches genauso gut zu werden. Die folgenden Übungen werden dich darin unterstützen – bleib dran!

Augenübungen

Jetzt kommt eine Übung, die schnelle Augenbewegungen und schnelles Reagieren erfordert. Das kennst du wahrscheinlich von Computerspielen, daher müsste das ganz gut funktionieren. Hier arbeitest du allerdings mit einem Stift und nicht mit der Tastatur oder dem Joystick. Mach die Übung so schnell wie möglich – nur dann erfüllt sie ihren Zweck: schlechte Lesegewohnheiten abzubauen. Lass dich überraschen, was du aus dieser Übung alles über dich erfahren kannst.

Vorgehen

Orientiere dich zunächst und lies die Erklärung für die gesamte Übung durch. Die Augenübung besteht aus vier Teilen: Wörter, Ziffern, Buchstaben, Synonyme.

Du beginnst mit den **Wörtern**. Schau dir in der obersten Zeile das erste Wort der linken Spalte an (es heißt «Mitte»). Dann geh diese Zeile von links nach rechts durch und stell fest, wo dieses Wort wieder auftaucht. Dort streichst du es an. Es taucht entweder **einmal, zweimal** oder **gar nicht** wieder auf. Dann schau sofort in die nächste Zeile. Orientiere dich wieder an dem ersten Wort dieser Zeile und geh nach dem gleichen Muster vor. So arbeitest du dich durch jede Zeile bis zum Ende der Seite.

Frag dich, ob du die Übung wirklich verstanden hast. Denn während der Übung hast du keine Zeit zum Nachdenken. Es geht um Sekunden! Ist alles klar? Dann starte die Uhr und führe die Übung «**Wörter**» durch. Wenn du fertig bist, guck schnell zur Uhr und trage die benötigte Zeit in den Ergebnisbogen ein unter **Augenübungen 1** bei «**Zeit**».

Geh anschließend wieder an den Anfang zurück und zähl deine Fehler. Hast du ein Wort übersehen oder ein falsches Wort markiert, gilt das jeweils als ein Fehler. Trag die Zahl in den Ergebnisbogen ein unter **Augenübungen 1** bei «**Fehler**».

Genauso führst du auch die nächsten Übungen «**Ziffern**»

und anschließend **«Buchstaben»** durch. Dort orientierst du dich jeweils an der ersten Zahl/Buchstabengruppe auf den einzelnen Zeilen. Arbeite immer mit höchstmöglichem Tempo!

Bearbeite auch die Übung **«Synonyme»** mit der gleichen Methode. Nur inhaltlich ändert sich etwas. Du suchst nicht mehr nach dem gleichen Wort, sondern nach einem Begriff, der eine ähnliche Bedeutung hat. Der gefundene Begriff müsste innerhalb eines Satzes gegen den ersten ausgetauscht werden können, ohne dass sich die Aussage entscheidend ändert. Beispiel: «Zieh deine **Socke** an.» Statt «Socke» könnte man auch **«Strumpf»** sagen. Also ist «Socke» ein Synonym für **«Strumpf»**. Der gesuchte Begriff muss nicht exakt das Gleiche bedeuten, aber ungefähr etwas Ähnliches aussagen. Ober- und Unterbegriffe lässt du auch gelten (Fahrzeug/Auto); ebenso bildhafte Erklärungen (knobeln/um die Ecke denken). Auch bei dieser Übung findest du auf jeder Zeile einmal, zweimal oder keinmal ein passendes Wort. Denk auch hier an ein hohes Tempo und überlege nicht lange, sondern entscheide spontan!

Unten auf der Seite findest du die richtigen Antworten. Aber schau erst dorthin, wenn du fertig bist – sonst ist es ja nicht spannend. Vergleiche, ob du alle gefunden hast oder ein falsches Wort angestrichen hast. Dann zählst du deine Fehler und trägst sie wieder im Ergebnisbogen ein.

Augenübung 1 WÖRTER

Mitte	Westen	Arbeit	Mitte	Hilfe
Nacht	Sache	Stück	Druck	Nacht
leicht	darum	leicht	leben	andere
Lösung	Kirche	Lösung	Lösung	Stunden
gehen	offen	gehen	führen	selbst
sowie	richtig	dagegen	einige	sowie
Aufgabe	Gesetz	Anfang	Chance	Blick
daran	stellen	suchen	daran	dennoch
Kreis	Kreis	Mensch	Streit	Medien
müssen	wieder	nehmen	müssen	anderen
waren	waren	zuletzt	stehen	keiner
wissen	wissen	können	wieder	wissen
durch	müssen	zeigen	etwas	durch
Europa	Europa	Schüler	Polizei	System
eines	unter	direkt	eines	häufig
Problem	Gesetz	Gewalt	Blick	Boden

Augenübung 1 ZIFFERN

968	658	968	611	738
579	405	421	886	579
297	297	446	297	112
425	135	425	703	814
382	113	017	942	190
275	529	533	275	961
744	451	744	524	288
448	662	420	448	719
424	424	708	218	424
978	920	630	978	693
123	922	079	292	123
102	999	146	324	261
376	376	527	117	331
818	361	818	421	026
289	909	729	750	289
413	814	413	406	413

Augenübung 1 BUCHSTABEN

mtw	mjf	jep	mtw	jhz
hyh	hyh	tnn	ivq	oox
gjz	xpe	btn	gss	lol
hxf	pys	hxf	rmx	qci
jhu	tja	ile	njb	jhu
fjo	ytn	asx	fjo	mfn
ybi	lkz	wam	rth	hfd
zhx	zhx	aad	zhx	ikx
zgb	kzs	zgb	cgp	yar
mtk	ggz	mtk	pea	fvk
ojm	rex	ojm	xpi	zbp
zkd	zjn	zkd	brn	rtp
qbm	xxs	kzu	gqf	qbm
aqm	kzy	aqm	aqm	lyw
pth	rko	eej	pth	tpc
usq	skl	rmo	wmy	usq

Augenübung 1 SYNONYME

karg	kümmerlich	bissig	unwirtlich	fälschlich
besiedeln	Schluss machen	genießen	zerstören	bevölkern
grübeln	grünen	nachdenken	schreien	gaffen
Tiefkühlkost	Bahnfahrkarte	Fensterrahmen	Fußballstar	Süßigkeitenecke
Zahl	Donnerwetter	Nummer	Graf	Überweisung
Spinner	Wirrkopf	Spezialist	Arbeiter	Verrückter
Planetenforscher	Maurerhandwerk	Fallschirmspringer	Astronom	Nonstop-Flug
Konstellation	Lockmittel	Stellung	Küchenhilfe	Erdbeergeschmack
Temperatur	Druckertreiber	Buswartehäuschen	Försterhochstand	Thermometer
Entwicklung	Entblößung	Verlauf	Fotoapparat	Ententeich
Atmosphäre	Frachtschiff	Weltraummüll	Pfannkuchen backen	Jahrmarkttrubel
sprießen	Spritzen	gedeihen	davonlaufen	wurzeln
Schutzschicht	Gebührenordnung	Solardach	Klimperkasten	Hülle
umwandeln	austauschen	klammheimlich	unterbieten	verändern
Weltraum	Luftkissenboot	All	Luftverschmutzung	Marsmenschen
Mission	Geschmacksverstärker	Astronautenanzug	Auftrag	Richtungswechsel

Richtige Lösungen: **karg**/kümmerlich/unwirtlich, **besiedeln**/bevölkern, **grübeln**/nachdenken, **Tiefkühlkost**/(nichts), **Zahl**/Nummer, **Spinner**/Wirrkopf/Verrückter, **Planetenforscher**/Astronom, **Konstellation**/Stellung, **Temperatur**/(nichts), **Entwicklung**/Verlauf, **Atmosphäre**/(nichts), **sprießen**/gedeihen, **Schutzschicht**/Hülle, **umwandeln**/austauschen/verändern, **Weltraum**/All, **Mission**/Auftrag

Rückblick auf die Ergebnisse der Augenübungen

Warst du wirklich so schnell wie möglich? Oder …
- … wolltest du auf keinen Fall einen Fehler machen und hast an manchen Stellen doch länger nachgedacht?
- … warst du doch nicht ganz konzentriert bei der Sache? Hast du vielleicht überlegt, was die Übung eigentlich soll? Oder hat dich die Suche nach Synonymen auf völlig andere Gedanken gebracht?

Wenn du diese Fragen ehrlich beantwortest, fängst du schon an, etwas über dich und deine Lesefehler zu lernen. In diesen unscheinbaren Übungen stecken nämlich viele Hinweise, wie du deinen Leseprozess verbessern kannst!

Worum geht es im nächsten Kapitel?

Jetzt kommt eine konkrete Hilfestellung für besseres Lesen. Wenn du ein Profi-Leser werden willst, bereitest du dich immer auf das nächste Kapitel vor. Du verschaffst dir zunächst einen Überblick, was auf dich zukommt. Hier blätterst du also die Seiten des zweiten Kapitels durch und siehst dir die Überschriften an, vielleicht die Bilder, auf jeden Fall das Fettgedruckte. Dann **weißt** du zwar noch nicht, was auf den Seiten steht, aber du hast bereits einen Eindruck gewonnen, worum es möglicherweise gehen *könnte*. Damit ist das Gehirn schon besser eingestimmt auf das Thema. Wir nennen diese Herangehensweise «Vorausschau». Man könnte sie auch als «Entdeckungsreise» oder mit «Witterung aufnehmen» beschreiben: So, wie der Bernhardiner am Handschuh des Verschütteten schnuppert und anschließend schnell die Stelle findet, wo er graben muss, um den Verunglückten zu finden. Neugierig zu sein, hilft dir sehr beim Lesen!

Die Vorausschau ist detailliert auf den Seiten 211–214 beschrieben. Erst dort fordere ich dich zu einem richtigen Einsatz dieser Methode auf (nicht alles auf einmal!). Hier habe ich aber schon einmal einige Fragen aufgelistet, mit denen du dich auf das Kapitel II einstimmen kannst.

Mögliche Fragen

Was kann ich machen, wenn ich keinen Spaß am Lesen habe?
Wie finde ich Texte, die mich interessieren?
Was ist denn so schlimm daran, wenn ich wenig lese, es gibt doch so viele Hörbücher und Lern-CDs?
Wie soll ich denn besser lesen lernen, wenn ich so wenig lese?
Gibt es Bücher, die mir bei all diesen Fragen helfen?

Die Fragen interessieren dich nicht, weil du schon gern und gut liest? Dann lass doch dieses Kapitel aus und geh gleich zu Kapitel III, du verpasst nichts Entscheidendes.
Dann lies mal schön!

II A Henne oder Ei –
was ist wichtiger (beim Lesen)?

Es hat Zeiten gegeben, in denen Lesen verboten war: Viele Sklaven in den amerikanischen Südstaaten wurden gehängt, weil sie versucht hatten, anderen das Lesen und Schreiben beizubringen. Oder sie wurden geschlagen, wenn man sie beim heimlichen Lesen ertappte. Einen anderen Weg, das Lesen abzuschaffen, ging der erste chinesische Kaiser Ch'in Shih Huang-ti (ca. 200 v. Chr.). Er ließ einfach alle Schriften verbrennen, die vor seiner Herrschaftszeit geschrieben wurden. Wer keine Informationen hat, ist eben leichter zu unterdrücken. Und vor 300 Jahren galt das Lesen auch in Deutschland noch als gefährlich. Besonders vor der «Lesesucht» der Frauen wurde gewarnt: Durch das Lesen würden sie Zeit und Geld verschwenden und den Haushalt vernachlässigen!

Bei uns heutzutage ist es eher umgekehrt: Eltern und Lehrer geben sich große Mühe, Jugendliche zum Lesen zu bewegen. Denn dass viele nicht lesen wollen, scheint eine Tatsache zu sein. Falls du auch von der Lese-Unlust betroffen bist, ist dieses Kapitel für dich wichtig. Allerdings wird hier nicht ein bestimmtes Buch empfohlen, das angeblich alle lesen, weil es doch so spannend ist. Wir möchten dir vielmehr zeigen, welche Gründe deine Unlust haben könnte. Und vor allem: wie du sie besiegst. Denn oft musst du einfach lesen, und dann ist es praktisch zu wissen, wie du es am besten anpackst.

Was könnte dich wohl eher zum Lesen bringen: eine Technik, die dir das Lesen leichter macht, oder ein spannendes Buch? Ich glaube, das ist so schwierig zu beantworten wie die berühmteste Frage der Welt: Was war zuerst da – die Henne oder das Ei? Das eine kann eben nicht ohne das andere entstehen! Auch das interessanteste Buch wird langweilig, wenn man sich mühsam durcharbeiten muss. Andererseits macht ein langweiliger Text auch mit der besten Technik keinen Spaß.

Wenn du schon ein begeisterter Leser bist, kannst du dieses Kapitel ruhig überspringen und zu Kapitel III gehen. Doch wenn du dich zum Lesen im Grunde immer zwingen musst, dann erkennst du dich vielleicht in diesen Aussagen von Jugendlichen wieder: «Lesen ist langweilig, ich spiele lieber mit dem Computer, treffe mich mit meinen Freunden oder mache Sport.» Oder: «Ich habe noch keine Bücher gefunden, die mich interessieren – ich muss mich da immer durchquälen.» Jungen sagen außerdem oft, dass Lesen etwas für Mädchen ist.

Langweilig – was heißt das eigentlich? Es bedeutet, etwas dauert eine «lange Weile» – also offenbar viel zu lange, bis im Text etwas Spannendes passiert. Man behauptet zwar: «Der Text ist nicht interessant.» Aber es könnte doch auch heißen: «Ich habe keine Zeit dafür – es dauert immer so lange, bis etwas kommt, das mich interessiert.» Damit sind wir bei der Lesetechnik. Ein ungeübter Leser ist langsam – für ihn ist jeder Text zäh. Wer mag schon Filme, die nur in Zeitlupe laufen? Da wandern die Gedanken schnell zu spannenderen Themen, und das Lesen ist erledigt. Schon ist der Teufelskreis in Gang gesetzt: Wer wenig liest, hat einen geringen Wortschatz und wenig Vertrauen in sein Text-Verständnis – und wird deshalb noch langsamer. Die Lust an diesem Zeitlupen-Lesen wird immer geringer, bis sie schließlich ganz erstirbt. Es ist verständlich, wenn dieser Leser sagt: «Bücher interessieren mich nicht.»

Wir behaupten nicht, dass man sich mit einer guten Technik alle Bücher spannend lesen kann. Aber in jedem Fall verringerst du die Qualen beim Lesen, wenn du die Technik besser beherrschst. Dieses Buch erklärt dir, worin deine Schwächen liegen könnten. Das zu erkennen, ist der erste wichtige Schritt, aus deiner Unlust herauszukommen. Mit dem Training übst du dann bessere Techniken ein. Aber genauso wichtig ist, dass du deine echten Interessen entdeckst.

Doch wie kannst du ohne großen Zeitaufwand feststellen, wofür du dich interessierst? **Wichtigster Tipp**: Beweg dich einfach genauso entspannt durch die Bücherwelt, wie du eine fremde Stadt kennenlernen möchtest. Oft prägen sich die eigenen Entdeckungen viel mehr ein als die angepriesenen Sehenswürdigkeiten. Ein tolles Geschäft findet man auch durch Zufall. Übertragen auf die Welt der Bücher heißt das: Such dir etwas aus! Und vor allem glaub bloß nicht, dass du jedes Buch **ganz** lesen musst! Spring einmal kurz über deine Abneigung gegen gedruckte Texte hinweg – nur für eine Viertelstunde. Zeitbegrenzung ist günstig, es soll neben deinem üblichen Programm leicht einzubauen sein. Dann nimm verschiedene Bücher, Zeitungen, Zeitschriften oder Comics zur Hand. Es müssen nicht die Bücher sein, von denen die Erwachsenen immer sagen, man müsse sie lesen. Jeder Text, der dir Spaß macht, ist gut! Sogar die Bedienungsanleitung für dein neues Handy!

Wenn du beim Herumblättern feststellst, dass dir der Text nicht gefällt, leg ihn ohne schlechtes Gewissen aus der Hand. Gib nicht auf, schmökere in ganz verschiedenen Themenfeldern. Mach es dir leicht: Fang in einem Sachbuch nicht unbedingt auf der ersten Seite an; auch durch die Einleitung brauchst du dich nicht zu quälen. Such gleich das Kapitel, das dich am meisten interessiert. Wenn du neugierig wirst, liest du ohnehin weitere Teile des Buchs. Vielleicht sogar freiwillig die Einleitung, weil du nach einer genauen Erklärung fahndest. So gestaltest du dir die Suche nach interessanten Inhalten leichter. Plötzlich sind keine Berge mehr zu bewältigen, sondern nur noch kleine Hügel.

Probier das Vorgehen aus, während du mit diesem Buch trainierst. Bei manchen Übungen darfst du dir deinen Text selbst aussuchen (z. B. wenn dieses Kapitel gleich zu Ende ist). Sicher findest du in eurem Bücherregal, in der Zeitung oder in der Schulbibliothek so viel Material, dass die Auswahl groß ist. Was macht dich neugierig? Ein Krimi, eine Geschichte aus dem Mittelalter, ein Artikel über deinen Lieblingssport oder -sportler, die Kinderseite der Zeitung (die lesen auch Erwachsene gern – heimlich!), ein Buch, bei dem dir einfach der Titel gefällt, oder oder oder ... Irgendetwas wirst du finden!

Gerade gute Leser kennen Bücher übrigens sehr oft nur in Ausschnitten. Wolfgang Herrndorf, der Autor von «Tschick», sagte in einem Interview: «... ich bin der König des ersten Kapitels. Ich habe von allem, was rauskommt, mindestens das erste Kapitel gelesen. Oder eine Seite oder einen Absatz.» Andere meinen, man solle einem Buch zumindest die «10-Seiten-Chance» geben – so viel wäre für einen ersten Eindruck nötig. Vielleicht ist das ja auch ein Tipp für dich. Dann hast du gleich eine Vorstellung von der «Versuchsmenge», die sinnvoll ist.

Kürzlich erzählte ein 15-jähriger Junge, dass er seit längerer Zeit nicht mehr den gleichen Spaß am Lesen gehabt hätte wie als Kind. Dann aber seien ihm seine Fantasy-Bücher von früher wieder eingefallen. Durch diese Geschichten kam die Freude am Lesen zurück. Das spricht für die Bücher – und für den Jungen, dass er sich zu den Kinderbüchern bekannt hat!

Es gibt viele Wege, das Interesse an Texten zu gewinnen. Aufschlussreich ist hierfür das Buch der Fernsehjournalistin Katrin Müller-Walde[4], die immer wieder versucht hatte, ihren Sohn zum Lesen zu bewegen – allerdings vergeblich. Dabei hielt sie sich durchaus an die Empfehlungen von Lehrern oder Buchhändlern. Doch es war letztlich ein 16-jähriger Schüler, der den richtigen Tipp gab: «Per Anhalter durch die Galaxis»

---

4 Katrin Müller-Walde: Warum Jungen nicht mehr lesen und wie wir das ändern können, Frankfurt/New York 2005.

von Douglas Adams. Ein Buch, das sie selbst zwar gar nicht mochte, das aber genau den richtigen Nerv bei ihrem Sohn traf. Von da an entwickelten sich seine Lesefreude und seine Lesefähigkeiten wie von selbst. Er hatte nur den richtigen Anstoß gebraucht.

Deshalb lässt Katrin Müller-Walde im zweiten Teil ihres Buchs Jugendliche zwischen 12 und 18 Jahren selbst zu Wort kommen. Sie berichten über Bücher, die sie gern gelesen haben. Sie deuten kurz den Inhalt an und bewerten das Buch. Sie erzählen, wie sie sich bei der Lektüre gefühlt haben und ob es spannend ist oder witzig. Frau Müller-Walde richtete sich mit diesem Werk hauptsächlich an Eltern von Jungen, die keine Freude am Lesen haben. Doch gerade diese Besprechungen sind für alle Jugendlichen eine Fundgrube. Unabhängig davon, ob sie Jungen oder Mädchen sind. Auch hier kannst du dir also Anregungen holen.

Oder du lässt dich ermutigen durch das Buch von Fußball-Profi Oliver Kahn: «Du packst es!» Er schildert dort ehrlich, welche Schwierigkeiten er zu Beginn seines Studiums hatte, sich «zwei, drei Sätze am Stück merken» zu können. Dann hat er sich hineingekniet, und ein Vierteljahr später «bereitete es [ihm] keine Probleme mehr, einen längeren Text zu lesen und seinen Inhalt auch zu behalten». Oliver Kahn geht auch in Schulen: Dort ermutigt er die Schüler dazu, sich Ziele zu setzen und darum zu kämpfen, sie zu erreichen. Damit ist sein Ansatz ähnlich wie unserer: deutlich zu machen, dass man nie stehen bleiben sollte!

Es ist so spannend auszuprobieren, was man im Leben erreichen kann. Fang doch beim Lesen an! Wir versprechen dir, dass du dich verbessern kannst. Dann erschließt du dir eigenständig neue Welten. Ich wünsche mir, dass wir Oliver Kahn für die Unterstützung unseres Themas gewinnen können. Das würde ein Zeichen setzen: Auch Lesen kann man trainieren!

Es muss ja nicht erst so weit kommen, wie der Kabarettist Karl Farkas vorschlug: «Die guten Bücher sollte man verbieten, damit sie auch gelesen werden.»

Was ist nun wichtiger: Henne oder Ei, spannender Text oder gute Technik? Einerlei – mit dem richtigen Text und der richtigen Technik zusammen wirst du auf jeden Fall ein guter Leser.

II B ... und noch zwei Lesetests

Freies Lesen

Eben haben wir dir empfohlen, in verschiedenen Bücherregalen herumzuschmökern, um ein Buch zu finden, das dich
interessieren könnte. Wenn du es noch nicht getan hast, dann
begib dich jetzt bitte auf die Suche – du brauchst nämlich Lese-
stoff für die folgende Übung. Such aber nicht lange, höchstens eine Viertelstunde. Entscheide dich für eine Stelle, mit der
du gern beginnen möchtest. Leg dort ein Lesezeichen hinein.
Dann bereitest du auf diesen Seiten die Übung vor: Du suchst
fünf verschiedene Zeilen aus, die typisch sind für diesen Textabschnitt. Auf jeder dieser Zeilen zählst du die Wörter. Diese
Zahlen addierst du und teilst das Ergebnis durch 5. Damit hast
du die **Durchschnittszahl der Wörter auf einer Zeile** berechnet.
(Meistens sind es zwischen 8 und 10 Wörter auf einer vollständigen Zeile.)

Jetzt besteht die Aufgabe darin, ein Stück von diesem Text
zu lesen und das Ergebnis zu messen. Lies diesen Text so, wie
du immer liest. Doch zuvor beachte die Anweisung in dem
folgenden Kasten.

Vorgehen:

1.) Leg dir einen Kurzzeitwecker (Timer) zurecht (z. B. auf
deinem Handy) oder geh auf unsere Website, dort haben
wir einen hinterlegt (www.improved-reading.de/buch). Im
Unterschied zur Stoppuhr zählt der Kurzzeitwecker die Zeit
rückwärts.
2.) Nun schlag das ausgewählte Buch dort auf, wo sich das
Lesezeichen befindet.

3.) Stell den Kurzzeitwecker auf 3 Minuten und fang sofort an zu lesen. Sobald die Zeit abgelaufen ist, legst du das Lesezeichen unter die zuletzt gelesene Zeile.
Jetzt starte die Uhr und beginn, den Text zu lesen!

Zeit abgelaufen? Zeile festgehalten, bis zu der du gekommen bist? Jetzt wird es leider etwas kompliziert:

1.) Zähle, wie viele Zeilen du geschafft hast.
2.) Die Anzahl der gelesenen Zeilen multiplizierst du mit der **Durchschnittszahl**, die du zu Beginn ausgerechnet hast. Nun weißt du, wie viele Wörter du in diesen 3 Minuten gelesen hast.
3.) Jetzt teilst du diese Zahl durch 3. Dann weißt du, wie viele Wörter du in 1 Minute gelesen hast. **Das Ergebnis ist deine Lesegeschwindigkeit!** Denn die Lesegeschwindigkeit wird in «Wörtern pro Minute» gemessen (WpM).

Die Formel für die Errechnung deiner Lesegeschwindigkeit ist also:

$$\frac{\text{Anzahl Zeilen} \times \text{Wörter pro Zeile}}{3}$$

Trag diesen Wert auf dem Ergebnisbogen unter **«Freies Lesen»/ Kapitel II** bei **«WpM»** ein (unterhalb der Tabelle für die Augenübungen).

Lautleseübung

Flüssig lesen zu können, ist eine wichtige Voraussetzung für das Verstehen. Wer beim Lesen häufig ins Stolpern kommt, reißt sich damit selbst aus dem inhaltlichen Zusammenhang heraus. Das Stolpern kann sehr verschiedene Gründe haben,

z. B.: Du verstehst zwar die einzelnen Wörter, begreifst aber trotzdem nicht die Satzaussage. Oder: Du kennst ein Wort nicht, und/oder es ist schwierig auszusprechen. Doch auch Ängstlichkeit und fehlende Übung führen zu diesem Hängenbleiben. So ist es möglich, dass man die Wörter zwar kennt, aber nicht genau weiß, wie sie geschrieben aussehen: entweder, weil man sie noch nicht so häufig gesehen hat, oder weil es Fremdwörter sind (z. B. Portemonnaie). Dann ist das automatische Erkennen der Wörter noch nicht so gut ausgeprägt. Vor allem, wenn die Sätze länger sind, wirkt sich die fehlende Übung aus. Hast du diese Erfahrung auch schon gemacht?

Häufig bleibt das Stolpern allerdings unbemerkt, weil es keiner hört. Lautes Lesen kann deshalb eine gute Hilfestellung sein, um flüssiger lesen zu lernen. Aus diesem Grund führen wir dich an ein Lautlese-Training heran. Dabei solltest du auch auf die richtige Satzmelodie achten, denn sie unterstützt das Verständnis. Das automatische Erkennen der Wörter stellt sich vor allem dann ein, wenn du denselben Text mehrmals liest. Zum Schluss kommst du vielleicht schon ohne zu stocken und mit der richtigen Betonung durch den ganzen Text. Ein großer Erfolg für deine Leseflüssigkeit!

Du solltest immer wieder üben, flüssig zu lesen, sobald du Gelegenheit dazu hast. Hier erfährst du, wie es funktioniert. Bei dieser Übung wäre es besonders gut, wenn du sie mit jemandem zusammen durchführen könntest. Du wirst gleich sehen, warum.

Vorgehen

Nimm das Buch, das du bei dem «Freien Lesen» benutzt hast. Lies darin zwei vollständige Seiten laut und mutig. Versuche, flüssig zu lesen und z. B. folgende Fehler zu vermeiden: «Brüten» über einem Wort, Auslassen oder Umstellen von Wörtern, falsches Aussprechen usw. Es kann aber sein, dass doch Fehler passieren. Dann machst du jedes Mal einen Strich auf einem Blatt Papier oder zählst sie mit den Fingern (vielleicht sind es ja gar nicht so viele Fehler). Wenn jemand anderes diese Zählarbeit übernehmen könnte, wäre es noch besser – frag doch mal.

Geh insgesamt dreimal auf diese Weise durch denselben Text. Bemühe dich, bei jedem Mal weniger «Hänger» zu haben. Schreib die drei Werte in den Ergebnisbogen, damit du auch hier deinen Fortschritt beobachten kannst.

«Paired Reading» – Lautlesen mit einem Lese-Lotsen

In Amerika wurde die Lautlese-Methode noch weiterentwickelt: zum «Paired Reading», dem «Paar-Lesen». Bei dieser Übung muss man allerdings unbedingt von einem erfahrenen Leser begleitet werden. Da du sie wirklich nicht allein durchführen kannst, haben wir sie nicht direkt in diesem Buch vorgesehen. Aber du findest eine detaillierte Beschreibung auf unserer Website. Einen kurzen Eindruck von dem Ablauf sollst du natürlich schon erhalten: Gemeinsam mit deinem Lese-Lotsen liest du einen Text deiner Wahl laut vor – wie im Chor. Bei Fehlern wiederholt ihr den Satz. Wenn du dich sicher fühlst, kannst du auch eine Weile allein laut vorlesen. Bei jedem nicht korrigierten Fehler steigt der erfahrene Leser wieder ein. Dieses Training führt ihr mehrmals pro Woche durch. Besonders, wenn du dich mit dem Lesen noch etwas schwertust, kannst du auf diese Weise schon bald eine spürbare Verbesserung bei der Worterkennung erzielen. Überleg einmal, von wem du dir dabei am liebsten helfen lässt – Eltern, Geschwister, Freunde ...

Worum geht es im nächsten Kapitel?

Was heißt denn «Lesetechnik» – ich kann doch schon lesen?
Wie funktioniert Lesen überhaupt?
Was bedeutet «Lesestrategie»?
Wenn ich schneller lese, verstehe ich doch noch weniger und
kann mir gar nichts mehr merken, oder?
Wie kann ich denn mein Gehirn «trainieren»?
Was haben die Augenübungen, die wir gemacht haben, mit
Lesen zu tun?

Ich hoffe, hier hast du einige Fragen gefunden, die dich
neugierig machen. Denn das Kapitel III solltest du auf jeden
Fall lesen. Dort legen wir wichtige Grundlagen für dein
Training.
Viel Spaß beim Lesen!

III A Nimm's sportlich –
Lesen will trainiert sein!

Einer der Hauptnachteile mancher Bücher ist die zu große Entfernung zwischen der ersten und der letzten Seite.

(Robert Lembke, Journalist)

Lesen – eine Herausforderung für unser Gehirn

Warum lesen wir eigentlich? Vielen macht es einfach Spaß, andere werden jetzt vielleicht stöhnen: «Weil wir es eben **müssen**!» Das stimmt natürlich auch – denn es wird spätestens von jedem Zehnjährigen erwartet, dass er es kann. Aber eigentlich **wollen** wir auch alle unbedingt lesen, selbst diejenigen, die überhaupt keine Lust auf dicke Bücher haben. Sogar die Lesefeindlichen wären nämlich entsetzt, wenn sie plötzlich nicht mehr lesen könnten. Denn wie sollen wir beispielsweise Freunde besuchen, wenn wir noch nicht einmal ihren Namen auf den Klingelschildern erkennen? Immer nur abzählen: das dritte Schild von unten rechts? Keinen Führerschein machen, keine fremde U-Bahn nutzen, den Untertitel beim Film nicht verstehen oder auf Computerzeitschrift, Facebook, Blogs und SMS verzichten müssen – nur weil wir nicht lesen können? Das will keiner!

Lesen kann also mit ganz unterschiedlichen Zielen verbunden sein: Freude, Spannung, Ablenkung, Wissen, Orientierung oder Verständigung mit Freunden (und Feinden). Vermutlich könntest du hier noch eigene Ziele aufzählen, aber eins ist sicher: Das Lesen läuft jedes Mal anders ab. Beobachte dich doch einmal dabei, auf welche Weise du vielleicht Romane wie *Harry Potter, Tintenherz* und *Twilight* liest, ein Kapitel im Geschichtsbuch über das Römische Reich, eine umfangreiche Textaufgabe in Mathe oder einfach den Sportteil in der Zeitung. Natürlich weißt du schon, dass es sich jeweils unterschiedlich anfühlt, diese Inhalte zu verstehen. Aber es ist gut, sich das auch einmal ganz bewusstzumachen: **Spannende Texte** liest man schnell und aufmerksam. Du willst unbedingt wissen, wie es weitergeht, und tauchst dabei in eine ganz andere Welt ein – Lesen ist dann eine Art «Kopf-Kino». **Sachtexte** dagegen sind oft mühselig, und du kommst nur langsam voran, weil kaum Bilder im Kopf entstehen. Deshalb schwirren deine Gedanken sehr leicht zu anderen, interessanteren Themen hin, mit denen du dich viel lieber beschäftigst. Sicher ist dir das auch schon passiert. Vielleicht schaffst du es auch nicht immer, dich an den Inhalt der Sachtexte zu erinnern. Und im Deutschunterricht sind die Romane, Kurzgeschichten, Dramen oder Gedichte oft so anspruchsvoll, dass dein «Kopf-Kino» nicht so schnell von selbst anspringt – noch nicht …

Natürlich sind die schwierigen Texte selten so spannend wie ein Krimi. **Aber du kannst dir das Lesen selbst der anstrengenden Texte deutlich erleichtern – mit den richtigen Techniken!** Als Erstes bedeutet das: einige Anfänger-Gewohnheiten zu vermeiden, die sich eben nicht nur bei Anfängern finden – sondern erstaunlich oft auch bei Erwachsenen! Wenn dir das gelingt, kannst du nicht nur besser lesen. Es verschwindet auch dieses lähmende Unlustgefühl, das viele erleben, wenn sie etwas lesen sollen, das sie überhaupt nicht interessiert. Genau für dieses Problem gibt es Lösungen.

Wir kümmern uns hier also zunächst gar nicht um die Inhalte des Lesens, sondern um die **Technik**, wie sich die Augen beim Lesen am besten über die Zeilen bewegen. Später, wenn die Technik «sitzt», erklären wir dir die **Strategien,** mit denen man Texte schnell und gut (effizient) bearbeitet. Strategien kennst du bereits aus deinem Alltag: Wenn du dich davor drücken willst, die Abfalltüte zur Mülltonne zu bringen, musst du plötzlich «unbedingt» eine Klassenarbeit vorbereiten. Funktioniert die Ausrede, freust du dich zusätzlich darüber, **wie** du es geschafft hast! Du denkst dir also Tricks aus, um ein bestimmtes Ziel zu erreichen. Genau die gleiche Funktion haben auch die Lesestrategien. Nur mit dem Vorteil, dass man sie sich nicht jedes Mal aufs Neue ausdenken muss. Man lernt sie einmal und kann sie dann immer anwenden. **Mit Hilfe der Lesestrategien gelingt es dir, unterschiedliche Texte effizient zu erarbeiten.** Außerdem wirst du dir den Inhalt besser merken.

Kinder und Wissenschaftler nehmen gern alles komplett auseinander, um selbst zu entdecken, wie es funktioniert. Das ist offenbar die beste Methode, um einen Gegenstand genau zu kennen. Deshalb entschlüsseln wir jetzt genauso die Geheimnisse des Lesens.

Wie funktioniert Lesen überhaupt?

Wie kommt es, dass wir in einer Gruppe von Schriftzeichen, die wir Buchstaben nennen, ein Wort erkennen? Auf welchem unsichtbaren Wege wandern die «toten» Wörter vom Blatt Papier in unseren Kopf und verwandeln sich dort in «lebendige» Personen und Geschichten? Warum erfassen wir den Unterschied zwischen «Maus» und «Saum», obwohl die beiden Wörter aus exakt den gleichen vier Buchstaben bestehen? Warum können wir nachvollziehen, wie aus «Stefan Raab» plötzlich «Berta Fasan» wird? **Wir sind eigentlich von Natur aus gar nicht so geschaffen, dass wir lesen können.** Denn der Mensch, von dem wir abstammen, ist unendlich viel älter als die Schrift. Deshalb gibt es auch nicht so etwas wie ein angeborenes «Lesezentrum» im Gehirn, das von selbst «anspringt» – wie z. B. das Sehen.

Warum das Lesen trotzdem funktioniert, ist eigentlich sensationell. Es wurde erst vor kurzem wirklich erforscht. Wir nutzen dafür nämlich Tausende von Nervenzellen im Kopf, die ursprünglich völlig andere Aufgaben hatten: Sie sollten das tägliche Überleben sichern. Die Indianer z. B. erkannten aus den Fußabdrücken, welches Tier über den Boden gerannt oder geschlichen war. Sie sahen, ob es verletzt war, denn dann waren die Spuren unregelmäßig oder tiefer. Somit wussten sie: Das Tier ist entweder leicht zu fangen oder besonders aggressiv. Gefahr konnte drohen, wenn sich überraschend Fußabdrücke von fremden Menschen zeigten. Die Umrisse «sprachen» also zu den Indianern; diese konnten die Spuren «lesen» und Schlussfolgerungen ziehen, wie sie sich verhalten sollten.

Ähnlich «sprechen» auch die Umrisse der Buchstaben zu uns. Die Laute, die sich damit verbinden, haben wir schon als Kleinkind gelernt. «Auto» und «Ball» können fast alle Zweijährigen sagen. Das Sprachprogramm in ihrem Kopf hat es sich einfach nebenbei gemerkt. Aber dass die Laute A-u-t-o auch durch Buchstaben dargestellt werden können, muss dem Gehirn extra und zeitaufwendig erklärt werden. Bestimmte Nervenzellen müssen nämlich erst geweckt (aktiviert) werden, um sie für die Arbeit des Lesens zu begeistern, die ihnen eigentlich fremd ist. Jetzt wundern wir uns auch nicht mehr, wenn das Lesenlernen oft nur langsam vor sich geht. Schließlich müssen sich die Schaltkreise im Gehirn erst einmal darauf einstellen, dass sie nicht mehr Hasen oder Antilopen jagen, sondern irgendwann die Kochrezepte für deren Zubereitung lesen sollen.

Das Ypsilon: «Ich war eine Astgabel ...»

Der Wissenschaftler Stanislas Dehaene erklärt die Fähigkeit des Menschen zu lesen so: Im Gehirn des Menschen sind seit Urzeiten bestimmte Schaltkreise von Nervenzellen (Neuronen) dafür zuständig, die Objekte in der Umwelt zu erkennen: z.B. Äste, Bäume, Tiere, Wasser oder Steine. Mit genau denselben Schaltkreisen kann der Mensch jetzt auch Schrift entziffern. Unser Buchstabe «Y» könnte auf die Form einer Astgabel zurückgehen, die den Menschen seit vielen Jahrtausenden vertraut ist. Der Mensch hat offenbar ein «Recycling» bestimmter Gehirnregionen vorgenommen und sie für andere Zwecke nutzbar gemacht: das Lesen.

Buchstaben stehen also «für» einen Laut. Und wenn etwas «für» eine bestimmte Sache steht, nennt man das ein **Symbol.** Unsere Welt ist voller Symbole: Du kennst z.B. sicher das Victory-Zeichen (für «Sieg»), bei dem die emporgereckten

Zeige- und Mittelfinger ein «V» bilden, oder den nach unten zeigenden Daumen als Symbol für «Niederlage».

Ganze Wörter sind ebenfalls Symbole. Sie stehen **für** die **Bedeutung,** die uns vermittelt werden soll. Unser «Auto» heißt im Englischen «car» und im Französischen «voiture». Obwohl das völlig unterschiedliche Buchstabenkombinationen sind, stellen sich Engländer, Deutsche und Franzosen aber das Gleiche vor, wenn sie diese Wörter lesen. Wie man sieht, kommt es gar nicht so sehr auf die einzelnen Buchstaben an, sondern auf die Vereinbarung, was die Wörter bedeuten sollen. Im Grunde ist es wie bei einer Geheimsprache. Wenn man den Code knackt, kann man sie verstehen. Viele von uns haben früher gern eigene Geheimsprachen benutzt. Da hieß dann «Auto» vielleicht «Bvup»: Der Code war einfach eine Verschiebung des Alphabets um einen Buchstaben (A=B, U=V, T=U und O=P). Voraussetzung war allerdings, dass wir bereits die Bedeutung des Alphabets entschlüsselt hatten! Weil also jede Schrift eigentlich ein Code ist, beschreibt man das **Lesen** als **«Dekodieren von Symbolen».** Oder ohne Fremdworte: **Lesen ist das Entschlüsseln von Zeichen, um die Aussagen des Autors zu verstehen.**

Zu einer guten Technik gehört es, rasch und sicher dekodieren zu können. Das bedeutet: Je besser man die Wörter kennt, umso schneller kann man lesen. Doch warum fällt dies unzähligen Menschen immer noch schwer, obwohl sie schon viele Jahre lang lesen? Warum zieht sich die Lektüre oft so quälend hin, selbst wenn man gut vertraut ist mit den meisten Wörtern? Natürlich kann das viele Gründe haben. Aber wahrscheinlich liegt es ganz einfach an bestimmten Fehlern, die man unbewusst macht. Ohne es zu merken, schleppen die meisten Menschen nämlich einige Techniken aus der ersten Klasse mit sich, d. h. aus der Zeit, in der sie lesen lernten.

Doch was damals für die Erstklässler völlig richtig und notwendig war, braucht man später bestimmt nicht mehr – du auch nicht! Die rasante Entwicklung deines Gehirns bemerkst du auf vielen Gebieten schon selbst. Auch deine Augenmuskulatur ist inzwischen (fast) fertig ausgeprägt. Warum solltest du diese Vorteile nicht auch für besseres Lesen nutzen? Du darfst vielleicht noch nicht in jede Disco – doch bei den Lesetechniken verfügst du schon weitgehend über die Möglichkeiten der Erwachsenen.

Von Anfänger-Gewohnheiten kannst du dich jetzt also wirklich verabschieden. Eigne dir einfach die Profi-Techniken an, die du hier kennenlernst. Damit verhinderst du rechtzeitig, dass du dich in den nächsten Jahren – ohne es zu merken – an Lesefehler gewöhnst, die wie Bleigewichte an dir hängen (und jeden Text unnötig «schwer» machen). Sie würden dich nämlich massiv am zügigen Vorankommen hindern – in der Schule und im Beruf. Außerdem rauben dir die Lesefehler einfach die Freude am Lesen. Wenn du dein Gehirn nur mit kindlichen Lesetechniken forderst, verliert es das Interesse an jedem Buch – und sei es noch so spannend.

Aus unserer Sicht gibt es drei Hauptlesefehler, die du vermeiden solltest.

Erster Hauptlesefehler: Einzelwortlesen

In diesem Abschnitt wird der erste Lesefehler erklärt. Er schleicht sich oftmals heimlich ein und stellt uns winzige unsichtbare Fallen, in denen wir auf unserem Weg durch die Zeilen steckenbleiben. Er ist typisch für viele Menschen, die das Lesen beschwerlich finden. Will man diesen Fehler vermeiden, ist es gut zu wissen, wie sich die Augen beim Lesen verhalten. Mit ihrer Hilfe transportieren wir schließlich den Text in das Gehirn. Und dieser «Transport» lässt sich erheblich verbessern!

Was machen die Augen «von selbst» beim Lesen?

Wenn man den Lesevorgang in seine Einzelteile zerlegt, erlebt man einige Überraschungen. Es fühlt sich doch immer so an, als würden unsere Augen beim Lesen ganz glatt über den Text gleiten – wie auf einer Eisfläche. Doch das stimmt gar nicht! Von Natur aus bewegen sich unsere Augen immer in kurzen **Sprüngen** durch die Welt!

Beim Lesen hüpfen sie wie ein kleiner Frosch über die Zeile. Und **nur dann**, wenn der Frosch landet, kann er den Boden unter seinen Füßen sehen.

Von Natur aus bewegen sich unsere Augen immer in **Sprüngen** durch die Welt! Beim Lesen hüpfen sie wie ein kleiner Frosch über die Zeile. Und **nur dann**, wenn der Frosch landet, kann er den Boden unter seinen Füßen sehen.

Genauso «landen» deine Augen nach jeweils einem Mini-Sprung wieder auf dem Text und bleiben dort einen ganz kurzen «Augenblick» stehen. **Nur** bei diesem Stillstand können sie die Wörter erkennen und lesen – nicht bei ihrem Sprung. Während dieses Anhaltens wird das Schriftbild vom Auge über den Sehnerv an das Gehirn weitergereicht. Dort werden die Symbole entschlüsselt. So entstehen in deinem Kopf innere Bilder, Informationen und Geschichten, die du dir merken kannst, auch wenn du die Wörter nicht mehr siehst. Denn wenn du ein spannendes Buch zuklappst, erinnerst du dich ja trotzdem noch an den Inhalt.

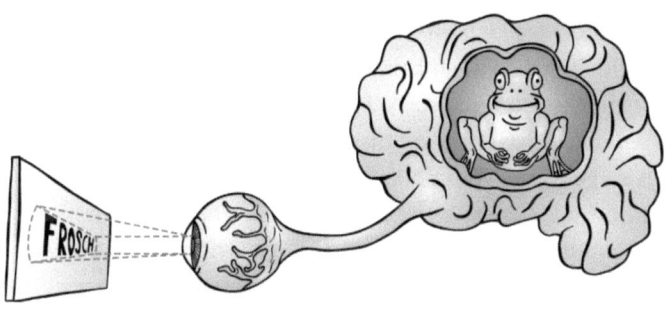

Der Leseprozess besteht also zunächst darin, dass die Augen abwechselnd Sprünge und Stopps aneinanderreihen. Immer wenn sie anhalten, nehmen sie ein Stück Text auf – wie eine Kamera beim Fotografieren eines Gegenstands. Diese **(Blick)**-**Stopps** nennt man **«Fixierungen»**, die **(Blick-)Sprünge** dazwischen heißen **«Sakkaden»**. Beides geht so blitzschnell, dass wir diesen regelmäßigen Wechsel praktisch gar nicht wahrnehmen. Für den erwachsenen Leser gelten folgende Werte, und nach unserer Kenntnis gilt dies auch für deine Altersstufe:

L Eine Fixierung dauert ca. 250 Millisekunden,
    d. h. eine Viertelsekunde.
L Eine Sakkade dauert sogar nur 15–30 Millisekunden.

Um ein Gefühl dafür zu bekommen, wie schnell eine Fixierung ist, kannst du sie dir mit der folgenden Übung einmal bewusstmachen (ohne Buch): Setz dich so hin, dass du gut im Raum umhersehen kannst. Ohne den Kopf zu bewegen, guckst du jetzt vier Gegenstände an: unmittelbar hintereinander und so schnell, wie du kannst! Am besten suchst du sie vorher aus, dann kennst du schon die Blickrichtung. Probier es ruhig ein paarmal hintereinander aus. Hast du jetzt eine ungefähre Vorstellung davon, dass man in einer Sekunde vier Fixierungen vornehmen kann?

Wozu sind diese Blicksprünge überhaupt nützlich? Warum bleiben die Augen nicht einfach die ganze Zeit auf dem Text? Während dieses kleinen Blicksprungs sehen die Augen nichts und schicken also auch keine Botschaft an das Gehirn. Durch diese kurze «Sendepause» werden die Wörter in der richtigen Reihenfolge im Gehirn verarbeitet (vorausgesetzt, du hast sie auch so gelesen). Wenn alle Informationen auf einmal hereinstürmten, wäre das wie ein Konfettiwirbel – ein unermessliches Durcheinander: Das Gehirn müsste die Symbole erst einmal zeitaufwendig sortieren, um den Sinn zu verstehen. Wie wichtig dem Gehirn das Ordnen ist, merken wir ja schon bei einem kompliziert geschriebenen Text mit vielen Nebensätzen. Oder wenn wir etwas als unlogisch empfinden – dann protestiert das Gehirn regelrecht und verweigert die Zustimmung.

Gewohnheiten eines Leseanfängers

Als du mit dem Lesen anfingst, hast du gelernt, dass die Laute deiner Sprache auch durch Buchstaben ausgedrückt werden können. Du musstest die Buchstaben «zurückverwandeln» in Laute und dann in Wörter, die du kanntest: Jetzt konntest du lesen! Zunächst geschah dies an einfachen Beispielen:

O-M-A, II-A-S-E oder R-O-T. Schließlich hast du das ganze Alphabet gelernt. Von nun an hättest du also alle Wörter lesen können. So schnell ging das aber nicht! Denn in dieser Zeit warst du so sehr damit beschäftigt, die einzelnen Zeichen zu entziffern, dass du kaum wirklich zum «Lesen» gekommen bist: «VVVooolllmmmiiilllccc...hhhh... ach nee: ch» – so hörte sich das vielleicht an, wenn du morgens am Frühstückstisch unbedingt die Schrift auf einer Packung entziffern wolltest. Es dauerte eine Weile, bis du erfasst hast, dass dort «Vollmilch» stand. Im nächsten Schritt konntest du die Wörter zwar schon flüssiger entziffern – aber oftmals wusstest du gar nicht, was du da gelesen hattest, weil du die Bedeutung der Wörter nicht gut kanntest. Das können wir einfach so behaupten, denn diese Zwischenstufe zum richtigen Lesen ist ganz normal.

Heute siehst du das Wort «Vollmilch», und **sofort** weißt du die Bedeutung – als ob dieses Wort einfach die Milch selbst darstellt. Lesen funktioniert bei dir schon automatisch: Du siehst ein Wort – und zack: Die Bedeutung ist da! Doch trotzdem passiert es dir vielleicht auch heute noch bei einem nicht so leichten Text, dass du ihn zwar wunderbar (vor-)lesen kannst, aber am Ende nichts oder nur wenig vom Inhalt weißt. Falls du das bei dir schon beobachtet hast, kannst du dich trösten: Damit bist du nämlich nicht allein.

Was haben denn nun die Blicksprünge und Fixierungen mit den Anfänger-Gewohnheiten zu tun? Ganz zu Beginn deines Lesens sind deine Augen vorsichtig von einem Buchstaben zum nächsten gesprungen, um bloß keinen zu übersehen. Mit der Zeit wurden die Sprünge etwas mutiger, weil du die Wörter schon im Ganzen wiedererkanntest. Doch um ein Wort richtig entschlüsseln zu können, musstest du deine Fixierung ausschließlich auf dieses einzelne Wort richten, einerlei, ob es kurz oder lang war. Deshalb hast du deine Augen immer nur von Wort zu Wort gelenkt. Dein Vorangehen bestand aus einem sogenannten **Einzelwort-Lesen**: Mit jeder Fixierung wurde nur ein einziges Wort erfasst. Das war für die Anfangszeit richtig, denn damals hattest du noch nicht die Fähigkeit, rechts und links von diesem Wort etwas zu sehen. Das Erstaunliche ist nur: Die meisten Menschen bleiben ihr Leben lang bei dieser Technik – obwohl sie es viel besser könnten! Denn ein geübter Leser bewegt sich in größeren Sprüngen durch den Text und nutzt dabei die Leistungsfähigkeit seiner Augen voll aus.

Wer hingegen in einem Text alle Wörter durchgehend nur einzeln fixiert, gerät rasch in die Einzelwort-Falle, die ihn am schnellen Lesen hindert. Auch das Textverstehen wird dadurch erschwert (siehe Kapitel IV und VIII). Sobald man aus den Anfängen herausgewachsen ist, wirkt sich nämlich das **Wort-für-Wort-Lesen** als ein **gewaltiger Lesefehler** aus. Deswegen befindet sich hier eine wesentliche «Stellschraube» für eine Verbesserung der Lesetechnik.

Öffne die Einzelwort-Falle: Wortgruppen sehen

Wenn man jedes Wort einzeln fixiert, ist das Lesen umständlich und dauert ziemlich lange. Genau wie bei einem Lese-Anfänger. Aber wie macht man es besser? Stell dir vor, du willst für vier Personen Kirschen kaufen. Nimmst du jede Kirsche einzeln aus der Kiste, um sie in deine Tüte zu werfen? Wohl kaum. Entweder gibt es eine kleine Schaufel, oder du greifst dir immer eine Handvoll heraus. So ähnlich ist es auch beim Lesen. Deine Augen sollten viel mehr als nur ein einzelnes Wort «aufpicken» – denn heute können sie es! Deine Blickmöglichkeit ist in den letzten Jahren nämlich ganz schön in die Breite gegangen (und das ist hier ausnahmsweise etwas Gutes). Das solltest du ausnutzen!

Wie die Flügelspanne bei einem Vogel oder die Armspanne bei uns Menschen lässt sich auch die Breite unseres Blickes beim Lesen messen. Wir bezeichnen sie als «**Blickspanne**» oder auch als «**Fokus**». Nur innerhalb dieser Blickspanne sehen wir die Wörter so scharf, dass wir sie lesen können.

Erwachsene haben **beim Lesen** vom Papier eine **Blickspanne von etwa 3 – 4 cm**.

Also ungefähr so breit: _____

Weiter oben haben wir gesagt, dass die Augen sich in Mini-Sprüngen über den Text bewegen (S. 58–59). Und nur wenn sie zwischen den Sprüngen auf den Zeilen «landen», nehmen sie – mit einer Fixierung – die Wörter auf. Nun wissen wir auch, **wie viel** unsere «Augen-Kamera» dabei erfassen kann. Denn **mit einer Fixierung kann man alle Wörter erfassen, die sich auf dieser kleinen Strecke von maximal 4 cm befinden!** Und das ist im Normalfall deutlich mehr als nur ein Wort! Oftmals sind es zwei oder vielleicht drei Wörter (nicht alle sind ja so lang wie das Wort «Kartenvorverkaufsbeginn» …).

Da du bald erwachsen bist, ist deine Blickspanne fast ausgereift. Also kannst **auch du** es schaffen, wenigstens zwei, vielleicht sogar drei Wörter mit einer Fixierung zu erfassen. Das hat nämlich zwei Vorteile. **Erster Vorteil: Du erhöhst deine Lesegeschwindigkeit spürbar.** Rechne bitte kurz mit: Eine Fixierung dauert eine Viertelsekunde. Wenn du in diese Viertelsekunde drei Wörter hineinpackst statt eins, bist du eben dreimal schneller. Beim Lesen sieht das dann so aus:

Entweder fixierst du jedes der drei Wörter einzeln …

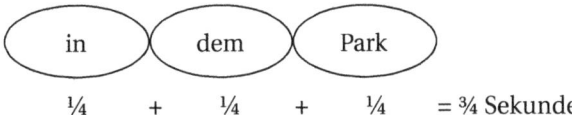

… oder du nimmst diese Wörter mit einer einzigen Fixierung in den Blick:

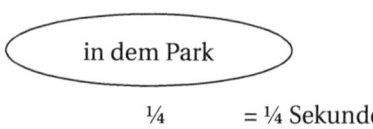

¼   = ¼ Sekunde

Du bist also wirklich dreimal schneller – hier ist es sogar zu sehen (und zwar auf einen Blick)!

Jetzt fragst du vielleicht: Macht man das denn als Erwachsener nicht automatisch? Was ist so großartig an diesem Vorschlag? Aus unserer Erfahrung heraus können wir sagen: Die meisten Menschen nutzen ihre Blickspanne beim Lesen nicht voll aus. Sie gehen zwar mit ganz entspanntem Blick durch den Tag. Doch sobald sie anfangen zu lesen, ziehen sie ihre Augen unmerklich zusammen – und verengen dadurch ihr Blickfeld. (Diese Einschränkung lässt sich ganz gut nachempfinden, wenn du mit einer Bleistiftspitze ein kleines Loch in ein Blatt Papier stichst und versuchst, durch dieses Loch zu lesen. Das Experiment übertreibt ein wenig – aber es macht das Problem so schön anschaulich.)

Es gibt verschiedene Gründe für diese Einzelwort-Falle. Wer so liest, hat vermutlich die Sorge, etwas auszulassen bzw. zu übersehen. Außerdem glauben viele Menschen, dass die Augen ohnehin nur ein einzelnes Wort erfassen können – das haben sie schließlich so gelernt (damals in der Grundschule …). Damit bringen sie sich aber nicht nur um ein schnelleres Tempo, sondern auch um ein besseres Verständnis.

Denn hier kommt der **zweite Vorteil: Du verstehst den Sinn eines Satzes viel besser**, wenn du gleich eine Gruppe von Wörtern erfasst. Meistens stehen nämlich genau die Wörter in einem Satz nebeneinander, die auch sinngemäß eng zusammengehören. Nimm doch noch einmal unser Beispiel. Wenn du mit einer Fixierung siehst:

… weißt du sofort, worum es geht. Du siehst den Park direkt vor dir. Du kannst dieses Bild gut im Kopf behalten und findest schnell in den Text hinein.

Wenn du aber die Wörter einzeln abarbeitest, geschieht Folgendes. Du siehst das Einzelwort «in» – das sagt für sich genommen wenig aus. Dann erfasst du «dem» – deine Textkenntnis ist nicht gestiegen … Erst bei «Park» ist klar: Ach, das ist gemeint!

Das Textverständnis wird also mühsam Wort für Wort aufgebaut. Manchmal quält man sich dabei so langsam voran, dass man tatsächlich am Ende eines Satzes die ersten Wörter schon wieder vergessen hat (das liegt an unserem Gedächtnis, siehe Kapitel VIII). Nimmst du dagegen gleich eine **Gruppe** von Wörtern in den Blick, weißt du viel schneller, worauf der Autor hinauswill. Deshalb kannst du den ganzen Satz besser verstehen und leichter behalten. Es ist genau wie bei einem Puzzle: Es ist viel einfacher, 50 große Teile zu einem Bild zusammenzusetzen als 150 kleine Teile.

Trainingsvorbereitung

Im letzten Abschnitt haben wir den Weg zu besseren Blickprozessen beschrieben. Jetzt geht es um dich. Wir wollen dich Schritt für Schritt zum Lesen von Wortgruppen führen. Zunächst probierst du aus, was du schon kannst.

Als Erstes beobachtest du deine Augen dabei, wie sie sich auf einer Textzeile voranbewegen. Das klingt etwas merkwürdig, denn du kannst dich ja nicht selbst sehen. Vielleicht findest du jemanden, der diese Aufgabe für dich übernimmt. Das wäre praktisch. Aber man kann auch selbst ein Gefühl dafür entwickeln, wann die Augen stillstehen und wann sie sich mit einem winzigen Ruck zu den nächsten Wörtern bewegen.

Das Experiment beginnt: Such dir von dieser Buchseite eine Zeile aus. Halte das Buch am besten etwas hoch, sodass dein Gegenüber deine Augen sehen kann. Dann lies einfach fünf bis sechs Zeilen so, wie du üblicherweise liest. Lass dein Gegenüber zählen, wie häufig das Auge auf jeder Zeile nach rechts ruckt. Am Ende der Zeile angelangt, macht es einen großen Sprung von ganz rechts nach ganz links zum Anfang der jeweils nächsten Zeile. Auch das ist gut zu beobachten. Nach unserer Erfahrung sind es wahrscheinlich ca. 7–10 Blickstopps, die du in jeder Zeile vornimmst. Doch jetzt versuch einmal das, was wir vorhin beschrieben haben: mehrere Wörter auf einmal zu erfassen. Spring in denselben Zeilen nun nicht von Wort zu Wort, sondern von Wortgruppe zu Wortgruppe. Dann dürften sich vermutlich nur 3–4 Blickstopps zählen lassen. Das bedeutet, du hast mit jedem Blickstopp 2–3 Wörter aufgenommen.

Das Ergebnis deines Experiments hängt natürlich auch davon ab, wie lang «deine» Wörter waren. Doch sei überzeugt: Grundsätzlich bist du schon in der Lage, zumindest **zwei Wörter** mit **einer Fixierung** zu erfassen (vorausgesetzt, sie sind nicht ellenlang). In deine Blickspanne passen nämlich zwei Wörter genauso bequem hinein wie ein Einzelwort – probier es aus:

1.) Schornstein fegen
2.) Schornsteinfeger

Kannst du die zwei Wörter «Schornstein fegen» genauso mit einer Fixierung erfassen wie das Einzelwort «Schornsteinfeger»? Oder springen deine Augen doch zwischen «Schornstein» und «fegen» hin und her? Dann versuch am besten, deinen Blick ganz ruhig in die kleine Lücke zwischen den zwei Wörtern zu richten. Jetzt siehst du sie beide gleichzeitig. Es kann sein, dass sich diese Art des Sehens etwas merkwürdig anfühlt. Das liegt an dem neuen, ungewohnt weiten Winkel deiner Augen. Stell dir einen kleinen Papierschirm vor, wie er oft auf einem großen Eisbecher steckt. Wenn du ihn zusammendrückst, befindet sich kaum etwas unter seinem Dach. Schiebst du ihn ganz weit auf, verdeckt er deutlich mehr vom Eis. So ähnlich ist es auch mit deinen Augen, wenn du versuchst, ihre volle Spannweite zu nutzen.

Bei zwei Wörtern findest du das vielleicht noch recht einfach. Doch auch drei Wörter lassen sich mit einem Blick erfassen – ohne dass die Augen von einem Wort zum anderen springen. Der Vergleich mit einem Bild zeigt, dass du es schaffen kannst. Unter diesem Absatz «wartet» ein kleiner Zug. Ihn erfasst du bestimmt mit **einem** Blick (und siehst nicht nacheinander seine Einzelteile: Räder, Rauch usw.). Unter dem Bild steht eine Drei-Wort-Gruppe. **Wechsele mit der Fixierung mehrmals zwischen dem Zug und der Wortgruppe hin und her.** Versuch unbedingt, alle drei Wörter zusammen mit einem genauso «unbewegten» Blick wahrzunehmen wie das Bild – und nicht zwischen ihnen hin und her zu springen.

ein kurzer Zug

Wenn du das einige Male wiederholst, entsteht ein Gefühl dafür, was deine Augen leisten können.

Wichtig dabei ist: Versuch zunächst, die Wortgruppe nur zu **sehen** – nicht, wie gewohnt, zu **lesen.** Es genügt völlig, wenn du mit einer Fixierung die drei Wörter gleichzeitig wahrnimmst. Um das **Verstehen** kümmern wir uns erst später. Wenn du nämlich nicht auf den Inhalt achten musst, bist du viel entspannter. Dann lässt sich dein Augen-«Schirm» auch weiter aufspannen!

Die breite Blickspanne muss trainiert werden, damit sie zur Gewohnheit wird. Am besten gleich mit den folgenden Übungen!

III B Trainingsbeginn – fang einfach an!

Im Theorieteil hast du gerade gelernt, dass wir beim Lesen Gewohnheiten haben, die das Verständnis und das flüssige Lesen erschweren. Als Erstes nehmen wir uns vor, das Wort-für-Wort-Lesen zu vermeiden. Dafür machst du jetzt eine Reihe von Übungen. Das Ziel lautet:

Erfasse bei jedem Blickstopp mehrere Wörter gleichzeitig.

Was erwartet dich jetzt?

Arbeite am besten den ganzen Übungsblock ohne Unterbrechung durch. Halte dich auch an die Reihenfolge der Übungen, denn sie greifen ineinander und unterstützen sich gegenseitig.

1.) Lass dir von den **Fokussierungsübungen** beweisen, dass der Blick auf mehrere Wörter zugleich nicht schwieriger ist als der Blick auf ein einzelnes Wort.

2.) Mit **Sinngruppenübungen** kannst du die schnelle, breite Fixierung mehrerer Wörter zugleich in einem Text anwenden.

3.) Die **Augenübungen** werden deine Blickbewegungen und deine Entscheidungen beschleunigen. Deine Augenmuskeln prägen sich dabei die neuen Bewegungsabläufe ein, die für größere Blicksprünge erforderlich sind.

4.) Der **Verständnistest** bietet dir die Möglichkeit, die neuen Techniken auszuprobieren.

5.) Mit einer **spielerischen Entspannungsübung** kannst du danach deinen Augen etwas Gutes tun.

6.) Eine **Lautleseübung** soll deinen Lesefluss und das Gefühl für die Satzmelodie verbessern.

7.) Zuletzt wollen wir dich mit einigen Fragen auf den nächsten Theorieteil **einstimmen** und etwas neugierig machen.

Nach diesem System sind auch die weiteren Praxisteile aufgebaut.

Fokussierungsübungen

«Zoom in – zoom out»:
Bring deine Augen aufs Normalmaß!

Zu Beginn des Trainings wollen wir dir verdeutlichen, wie breit deine normale Blickspanne ist. Das geht am besten, indem man zunächst bewusst das Falsche macht. Schau in der folgenden Wortgruppe nur auf das Wort «in»:

in dem Park

Spürst du, wie anstrengend das ist? Sicher musst du die Augen dafür ganz stark anspannen. Dann **entspanne** jetzt deinen Fokus etwas und sieh gleichzeitig auch das Wort «dem»:

in dem Park

Das ist bestimmt schon etwas leichter. Nun lockere die Augen völlig und nimm auch das dritte Wort hinzu:

in dem Park

Jetzt sagst du wahrscheinlich: «Ja, und? Was ist daran so besonders?» Gut so! Es kommt dir also normal vor, diese drei Wörter mit einem Blick zu sehen – genau das wollten wir dir beweisen. Aber tritt bitte auch noch den «Rückweg» durch den Park an, um zu spüren, wie unnatürlich so ein enger Blick ist: Geh diesmal von **unten** nach oben und lass deinen Blick immer enger werden. Tut fast schon weh, oder?

Fokussierungsübung: Wortpyramide

In solchen Wortgruppen auch ganze Texte zu lesen, ist allerdings viel schwieriger. Um es zu lernen, veränderst du im nächsten Schritt deutlich deine Blickprozesse. Wir wollen dich dabei ganz bewusst überfordern: Du wirst es wahrscheinlich nicht schaffen, alles so vollständig klar zu sehen wie verlangt; aber danach wirst du mehr erkennen als vorher. Es wird sich ähnlich anfühlen wie andere Erfahrungen: Wenn du mit einem krummen Rücken dasitzt und ihn einmal für kurze Zeit kräftig überdehnst (Brust raus), fällt es dir danach leichter, dich gerade aufzurichten. Das allein – und einmalig – ist natürlich keine ausreichende Gymnastik, und auch fürs Lesen gilt: Nur durch kräftige Anstrengung kommst du wirklich aus deinen «schwerfälligen» Gewohnheiten heraus!

Vorgehen

Erinnere dich an deinen entspannten Blick auf «in dem Park». Diesen «Weitblick» brauchst du auch für die kommende Aufgabe. Richte den Blick jeweils auf die Mitte jeder einzelnen Zeile der Wortpyramide und versuche, so viel Text wie möglich zu erkennen.

In der oberen Zeile siehst du lediglich «der»; dafür nutzt du nur einen kleinen Teil deines möglichen Blickfokus. Da links und rechts von «der» aber nichts weiter steht, fällt dir das gar nicht auf. In der zweiten Zeile wird das «der» auf beiden Seiten von «xxx» eingerahmt: Diese Symbole nimmst du auf jeden Fall irgendwie wahr – ob du willst oder nicht. Sie auszublenden, wäre anstrengend. Es ist tatsächlich einfacher und entspannter, **mehr** als nur dieses einzige kleine Wort zu sehen. Es wird dir also leichtfallen, in der folgenden Zeile mit einem Blick «der Frosch» zu sehen, statt nur: «der». Entspanne deinen Fokus weiter und versuche, auch die beiden folgenden Zeilen jeweils

komplett zu erfassen. Achte darauf, dass der Blick nicht nach
links oder rechts wegspringt, wenn die Zeilen breiter werden: In
jeder Zeile soll genau **ein** Blickstopp stattfinden, nicht zwei oder
gar drei. Zum Schluss beobachte, was spätestens in der letzten
Zeile mit deinen Augen passiert.

der

xxx der xxx

der Frosch

der Frosch quakt

der Frosch quakt abends

der Frosch springt in den See

Konntest du die beiden letzten Zeilen wirklich noch mit einem
Blick erfassen – ohne dass die Augen sich bewegten? Und wenn
ja: Hast du tatsächlich noch alles richtig scharf gesehen? Vermutlich konntest du nur noch die Mitte der Wortgruppe klar
sehen, und an den Rändern wurde es verschwommen. Stimmt's?
Aber das ist gar kein Nachteil. Wenn du schon «Frosch quakt»
klar erkennen konntest, warum solltest du das Wort «der»
davor auch scharf ansehen? Für dein Textverständnis ist es
selten entscheidend! Normalerweise reicht es, wenn wir solche
Wörter nur unscharf erkennen (wir nennen das «peripher»).
Denn selbst wenn wir sie bloß als «Randerscheinung» wahrnehmen: Wir wissen, dass sie dort stehen, weil wir sie so häufig
an solchen Stellen gesehen haben. Unser Gehirn ist in der Lage,
sie schon bei diesem ungenauen Eindruck zu verstehen und
präzise zu ergänzen.

Die Erfassung mehrerer Wörter bei einem Blickstopp ist nur eine Frage der Übung – und das unterstützen wir als Nächstes.

Fokussierungsübung: Wort & Wörter

Wir bleiben dabei, dass du (erst einmal) **nicht lesen** und verstehen sollst, sondern **nur gucken**! Spring in der folgenden Tabelle mit den Augen in jeder Zeile so schnell wie möglich von der linken zur rechten Spalte. Bemühe dich, das Schriftbild dabei immer klar zu erkennen. Es hilft dir für das spätere Lesen in Wortgruppen, dass du abwechselnd auf ein zusammengesetztes Wort und auf eine ähnliche Wortgruppe schaust. Gewöhne die Augen daran, nur einen Blickstopp vorzunehmen und dann schnell loszulassen. **Du brauchst nicht zu verstehen, was die Wörter bedeuten** – also bitte nicht grübeln!

Autofahrer	Auto fahren
Autoreparatur	Auto reparieren
Bandenführer	Bande führen
Bergbesteigung	Berg besteigen
Besserwisser	besser wissen
Bildungsförderung	Bildung fördern
Blumensträuße	Blumen kaufen
Comiczeichner	Comic zeichnen
Computerhersteller	Computer herstellen
Dachdecker	Dach decken
deutschsprachig	deutsche Sprache
Erzählerfiguren	Figuren erzählen
Filmvorführung	Film vorführen
Handybesitzer	Handy besitzen
Kopfkissenzerwühler	Kopfkissen zerwühlen
Krimischreiber	Krimis schreiben

Kulturveranstaltungen	Kultur veranstalten
Märchenerzähler	Märchen erzählen
Pflaumenernte	Pflaumen ernten
Programmplanung	Programm planen
Reaktionsverzögerung	Reaktion verzögern
Rollenverteilung	Rollen verteilen
Ruftoneinstellung	Rufton einstellen
Schatzsuche	Schatz suchen
Schlittschuhläufer	Schlittschuh laufen
Spurensuche	Spuren suchen
Staubsauger	Staub saugen
Steuerzahler	Steuern zahlen
Tastensperre	Tasten sperren
Tausendfüßler	tausend Füße
Textmarkierung	Text markieren
Theaterspiele	Theater spielen
Unterhaltungssendung	Unterhaltung senden
Vergangenheitsbewältigung	Vergangenheit bewältigen
Verschwendungsgeist	Geist verschwenden
Wettervorhersage	Wetter vorhersagen
Zeitschriftenabonnement	Zeitschriften abonnieren

Womit hattest du größere Schwierigkeiten: mit dem schnellen Erkennen des einzelnen, langen Worts oder mit der Blickausrichtung auf zwei Wörter zugleich? In unseren Tests haben wir beides erlebt. Wichtig ist, dass entweder die eine oder die andere Form dich in der Gewöhnung an die breitere Blickausrichtung unterstützt. Und wahrscheinlich hättest du noch viel schneller sein können. Das erleben wir auf jeden Fall immer in unseren Kursen. Nur auf ein Wort zu «gucken», aber nichts verstehen zu wollen, ist schwierig. Wir wehren uns innerlich dagegen, denn wir lesen ja, **um zu verstehen**. Doch betrachte diese Übungen

im Moment wirklich nur als «Gymnastikstunde für die Augen».
Sie müssen sich an die neuen, besseren Blicke gewöhnen – und
das geht nicht, wenn man gleichzeitig verstehen will. Lass dich
darauf ein, es passiert nichts Gefährliches. Ich verspreche dir,
dass wir dich später zum verstehenden Lesen führen werden.

Weiteres Vorgehen

Die nächsten Übungen werden «deinen Augen Beine machen»!
Sie werden deine Blickdynamik erhöhen und dich an das
Fokussieren mehrerer Wörter zugleich gewöhnen. Auch hierbei
konzentrierst du dich auf den **mechanischen** Teil des Lesens,
also auf das bloße Gucken. **Verstehen ist verboten!** Das ist zur
Abwechslung doch ganz angenehm, oder?

Zuerst kommt eine «Sinngruppenübung». So nennen wir
Wortgruppen, bei denen die Wörter in einem sinnvollen Zu-
sammenhang stehen, z. B.: «die nächste Übung» (mehr dazu auf
S. 104–107 in Kapitel IV).

Starte die Stoppuhr, sobald du anfängst. Versuche, die Wortgruppen so schnell wie möglich nacheinander **rein bildlich** zu
erfassen. Zeile für Zeile, immer von links nach rechts! Achte
dabei **nicht** auf den Inhalt – das kommt später. Wir wissen, wie
schwierig es ist, Wörter zu sehen, ohne sie zu lesen. Aber hier wird
es dir leichter fallen, weil es um einen Text aus einem Gesetz geht,
den du in diesem Tempo gar nicht so schnell verstehen kannst
(und vielleicht auch nicht willst). Solche Texte müssen immer
langsam und oft mehrmals gelesen werden, um den Inhalt genau
zu verstehen. Wir haben bewusst einen derart abschreckenden
Text gewählt, damit es dir leichter fällt, die Schrift immer nur
als «Bild» wahrzunehmen. Bei jedem Blickstopp erfasst du
also die komplette Wortgruppe und gehst vor allem nie zurück.
Am Ende der Übung guckst du genauso schnell auf die Uhr.

Schreibe nach jeder der folgenden Sinngruppenübungen
die jeweils benötigte Zeit in deinen Ergebnisbogen unter **Sinn-
gruppenübungen/Kapitel III** bei «Übung 1», «Übung 2» usw.

Wortgruppen-/Sinngruppenübungen

Sinngruppenübung 1

Erfasse jetzt   die einzelnen Wortgruppen   mit einem Blick

Jugendschutz   in der Öffentlichkeit
§ 4 Gaststätten
(1) Der Aufenthalt   in Gaststätten   darf Kindern
und Jugendlichen   unter 16 Jahren   nur gestattet werden,
wenn eine   personensorgeberechtigte
oder erziehungsbeauftragte Person   sie begleitet
oder wenn sie   in der Zeit   zwischen 5 Uhr   und 23 Uhr
eine Mahlzeit oder   ein Getränk einnehmen.
Jugendlichen ab 16 Jahren   darf der Aufenthalt   in Gaststätten
ohne Begleitung   einer personensorgeberechtigten   oder
erziehungsbeauftragten Person   in der Zeit   von 24 Uhr
und 5 Uhr morgens   nicht gestattet werden.
(2) Absatz 1   gilt nicht,   wenn Kinder   oder Jugendliche
an einer Veranstaltung   eines anerkannten Trägers
der Jugendhilfe teilnehmen   oder sich   auf Reisen befinden.
(3) Der Aufenthalt   in Gaststätten,   die als Nachtbar
oder Nachtclub   geführt werden,   und in vergleichbaren
Vergnügungsbetrieben   darf Kindern   und Jugendlichen
nicht gestattet werden.
(4) Die zuständige Behörde   kann Ausnahmen   von Absatz 1
genehmigen.

Notiere jetzt   deine benötigte Zeit   auf dem Ergebnisbogen.

… waren es mehr als 20 Sekunden? Dann hast du deine Augen nicht richtig losgelassen. Woher ich das weiß? Das kannst du selbst ausrechnen. Eine Fixierung dauert im Durchschnitt nur ¼ Sekunde, und es waren 60 Sinngruppen. Ohne «Verstehen-Wollen» hättest du alle Sinngruppen in etwa 15 Sekunden erfassen können! Schade – Verstehen war doch verboten! Nur **sehen**, nicht **lesen**, heißt hier die Aufgabe! Doch tröste dich, es geht den meisten so. Wir sind nun einmal daran gewöhnt, Schrift automatisch in Bedeutung zu übersetzen.

Vielleicht hast du gemerkt, dass manche besonders langen Wörter schon selbst wie eine ganze Wortgruppe aussehen, z. B. «personensorgeberechtigte» (bloß nicht nachdenken, was das heißt!).

Diese Wörter erfordern eine einzelne Fixierung, weil sie lang und kompliziert sind. Auch bei anderen Wörtern kann es sinnvoll sein, sie einzeln zu erfassen, wenn sie in einem bestimmten Zusammenhang besonders wichtig sind. Hauptsache, du baust deine Fähigkeit, breit zu gucken, immer weiter aus.

Konzentriere dich auch bei der folgenden Übung auf das schnelle, bildhafte Erfassen der dargestellten Symbolgruppen. Diesmal haben wir für die gleiche Übung nur eine andere Schrift gewählt, die dir hoffentlich sehr fremd erscheint. Dabei kannst du nicht an Bedeutungen «festkleben». Daher wird es dir jetzt bestimmt leichter fallen, die gewünschte Zielzeit von 15 Sekunden zu erreichen. Starte die Stoppuhr – und fang an!

Sinngruppenübung 2

Ερφασσε φετζτ   διε φολγε Ωορτγρ   φεωει μιτ εινεμ Βλιχκ

θυγενδσχηυτζ   δερ ∠φφεντλιχηκειτ
ιν Γαστοτττεν
(1) Δερ Αυφεντηαλτ   ιν Γαστοτττεν   δαρφ Κινδερν
υνδ θυγενδλιχηε   υντερ 16 θαηρε   νυρ γεσταττετ ωερδεν,
ωενν εινε   περσονενσοργεβερεχητιγτε
οδερ   ερζιεηυνγσβεαυφ Περσον   σιε βεγλειτετ
οδερ ωενν σιε   ιν δερ Ζειτ   ζωισχηεν 5 Υηρ   υνδ 23 Υη
εινε Μαηλζειτ οδερ   ειν Γετρνκ ειννεημεν.
νδλιχηεν αβ 16 θαηρε   δαρφ δερ Αυφεναλτ   ιν Γαστοτττεν
οηνε Βεγλειτυνγ   εινερ περσονενσοργεβερεχη   οδερ
ερζιεηυνγσβεαυφτ Περσον   ιν δερ Ζειτ   ϖον 24 Υηρ
υνδ 5 Υηρ μοργενσ   νιχητ γεσταττετ ωερδεν.
(2) Αβσατζ 1   γιλτ νιχητ,   ωενν Κινδερ   οδερ θυγενδλιχ
αν εινερ ςερανσταλτυνγ   εινεσ ανερκανντεν Τργερσ
δερ θυγενδηιλφε τειλνεημε   οδερ σιχη   αυφ Ρεισεν βεφινδεν
(3) Δερ Αυφεντηαλτ   ιν Γαστοτττεν,   διε αλσ Ναχητβαρ
οδερ Ναχητχλυβ   γεφ]ηρτ ωερδεν,   υνδ ιν ϖεργλειχηβαρ
ςεργν]γυνγσβετριεβεν   δαρφ Κινδερν   υνδ θυγενδλιχηεν
νιχητ γεσταττετ ωερδεν.
(4) Διε ζυστνδιγε Βεη]ρδε   κανν Αυσναημεν   ϖον Αβσατζ
γενεημιγεν.

Notiere jetzt wieder deine benötigte Zeit auf dem Ergebnis-bogen.

… warst du diesmal schneller? Jetzt weißt du sicher schon mehr, worum es bei dieser Übung geht. Du entwickelst vielleicht ein Gefühl dafür, was «Sehen plus Verstehen» im Gegensatz zu «**nur Sehen, nicht Verstehen**» bedeutet. In der folgenden Übung sind griechische Symbole und deutsche Wörter gemischt. Vielleicht hilft dir das, die deutschen Wörter beim nächsten Mal genauso wenig inhaltlich zu erfassen wie die «griechischen». Lass keine Sinngruppen oder Zeile aus, sondern **sieh** alles – aber nur jeweils einmal, spring also nicht zurück! Ziel: 15 Sekunden. **Und nun los!**

Sinngruppenübung 3

Ερφασσε φετζτ   διε φολγε Ωορτγρ   φεωει μιτ εινεμ Βλιχκ

Jugendschutz   in der Öffentlichkeit
§ 4 Gaststätten

(1) Δερ Αυφεντηαλτ   ιν Γαστσττтεν   darf Kindern
υνδ ϑυγενδλιχηεν   unter 16 Jahren   νυρ γεστατтετ ωερδεν,
ωενν εινε   περσονενσοργεβερεχητιγτε
οδερ   ερζιεηυνγσβεαυφ Περσον   sie begleitet
οδερ ωενν σιε   ιν δερ Ζειτ   ζωισχηεν 5 Υηρ   υνδ 23 Υηρ
εινε Μαηλζειτ οδερ   ein Getränk einnehmen.
νδλιχηεν αβ 16 ϑαηρε   δαρφ δερ Αυφεναλτ   ιν Γαστσττтεν
οηνε Βεγλειτυνγ   εινερ περσονενσοργεβερεχη   οδερ
ερζιεηυνγσβεαυφτ Περσον   ιν δερ Ζειτ   ϖον 24 Υηρ
und 5 Uhr morgens   νιχητ γεστατтετ ωερδεν.
(2) Αβσατζ 1   γιλτ νιχητ,   ωενν Κινδερ   oder Jugendliche
αν εινερ ςερανσταλτυνγ   εινεσ ανερκανντεν Τργερσ
δερ ϑυγενδηιλφε τειλνεημ   οδερ σιχη   αυφ Ρεισεν βεφινδν
(3) Der Aufenthalt   ιν Γαστσττтεν,   διε αλσ Ναχητβαρ
οδερ Ναχητχλυβ   γεφ]ηρτ ωερδεν,   υνδ ιν ϖεργλειχηβαρε
ςεργν]γυνγσβετριεβεν   δαρφ Κινδερν   υνδ ϑυγενδλιχηεν
νιχητ γεστατтετ ωερδεν.
(4) Die zuständige Behörde   καννν Αυσναημεν   ϖον Αβσατζ
γενεηιμγεν.

Notiere jetzt   deine benötigte Zeit   auf dem Ergebnisbogen.

80

... Ziel erreicht oder langsamer gewesen? Waren es deutlich mehr als 15 Sekunden? Sei beruhigt, das ist normal, denn so schnell können sich deine Augen und das Gehirn nicht auf die neue Aufgabe einstellen. Seit du lesen kannst, lässt es sich gar nicht vermeiden, dass du Wörter auch spontan verstehen **willst**. Das ist ja auch etwas richtig Gutes. Deswegen wolltest du wahrscheinlich bei den deutschen Wörtern auch länger verweilen (oder sogar zurückspringen?). So schwer es ist: Versuch, diesem Impuls im Moment möglichst nicht zu folgen. Nur dann kannst du einen Veränderungsprozess in Gang setzen. Schieb deine Bedenken zur Seite und bringe deine Augen in Schwung!

Trainiere die größeren Blicksprünge, die Vorwärtsorientierung und das «Loslassen» nun einmal rein mechanisch, und zwar anhand eines vollständigen Textes. Ohne Zeitmessung.

Zwischenübung: Große Blicksprünge

Vorgehen

Für die nächste Übung haben wir einen Text mit zwei Strichen unterteilt. Du lässt deinen Blick – Zeile für Zeile – immer in den Raum zwischen den Linien springen. Den Textteil dort erfasst du mit **einer Fixierung**. Einerlei, wie viele Wörter es sind. Oft werden sie auch vom Sinn her nicht eng zusammengehören. Es kann sogar passieren, dass der Strich mitten durch ein Wort geht. Kümmere dich nicht darum. Lass deine Augen einfach nur unbeirrt von einer Spalte zur nächsten springen. In einem möglichst regelmäßigen Rhythmus – und mit hohem Tempo! Am besten sprichst du dabei vor dich hin, als ob du die **Fixierungen** auf einer Zeile abzählen wolltest: eins-zwei-drei (Walzer ist vielleicht nicht dein Lieblingstanz, aber den Rhythmus kennst du bestimmt. Halte ihn durch, ohne ins Stocken zu kommen). Wenn du schnell zählst, feuerst du dich gleichzeitig an. Es macht **wirklich** gar nichts, wenn du dabei den Sinn des Textes **nicht** verstehst.

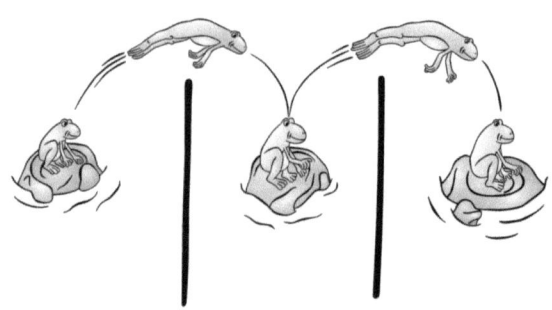

Ein rundum perfekter Abend[5]

Meine erste SMS an Jana: «Ich warte an der Tanke auf dich, auf dem Mäuerchen, ganz am Ende, unter dem Baum, Tarik.» Und zu Hause brennt der Baum. Wenn ich nach Hause komme, bin ich Freiwild. Bis dahin bin ich frei. Ich werde Jana sehen. Hoffentlich.

Mohammad ist mir nicht gefolgt. Der wird wach liegen bleiben, um ja nix zu verpassen von Vater und mir, wenn ich nach Hause komme. Andere haben so coole Brüder und ich einen Zombie.

Ich bleibe stehen und atme durch. Ich schwitze, toll, ich sehe Jana und bin verschwitzt, stinke wie ein Schwein. Vielleicht kaufe ich mir ein Deo in der Tanke. Wovon? 2,68 Euro finde ich in meinen Taschen, nachdem ich alle abgeklopft habe. Ein rundum perfekter Abend.

---

5 Aus: Thorsten Nesch: Joy-Ride Ost, Rowohlt 2010, S. 32f., mit freundlicher Genehmigung des Verlags bearbeitete Version.

Weiter. Weiter durch die verdammten Seitenstraßen Wessenheims, in denen es um diese Uhrzeit nach Abendessen und Hundekot riecht. Fernseher flimmern hinter Gardinen und plärren fremdsprachige Gewinnershows in die Häuserschluchten. Auf der Straße ist kaum jemand zu sehen. Nicht um diese Uhrzeit.

Es geht bergab, wieder runter zur Hauptstraße, wo die Autos vorbeirasen. Ihre Farben, ihre Abstände, ihre Geräusche, als würden immer die gleichen Autos einmal um Wessenheim herumfahren, wie ferngesteuert. Schon von weitem erkenne ich Jana, wie sie am vereinbarten Platz unter dem Baum sitzt. Sie ist schon da! Ich merke, wie ich schneller gehe. Gesehen hat sie mich noch nicht, sie schaut vor sich auf den Boden. Traurig. Das Hupen der Wagen, als ich die Straße überquere, lässt sie hochschauen. Sie steht auf, und ich laufe zu ihr hin, bleibe vor ihr stehen, stumm, sie auch. Ihre Augen, sie hat geheult. Sie umarmt mich, ich umarme sie, ihr Gesicht auf meiner Schulter, dort, wo sie mich hingestupst hatte. Und ich stinke nach Schweiß. Ihr scheint das egal. Sie duftet, sie duftet nur.

Jana ist auch diejenige, die den Griff nach einer Ewigkeit wieder lockert. Mich hätte man mit einem Spachtel von ihr entfernen müssen. Sie setzt sich auf das Mäuerchen und ich mich neben sie.

Hast du es wirklich geschafft, dich völlig von dem Inhalt zu lösen? Beim ersten Mal ist das sicher schwierig. Wenn du doch zwischendurch ein bisschen lesen wolltest, dann wiederhol die Übung einfach. Sobald du die Geschichte kennst, ist es viel einfacher!

Augenübungen

Gleich triffst du das zweite Mal auf Augenübungen. Erinnerst du dich noch an das Wichtigste bei dieser Aufgabe? Sie soll **so schnell wie möglich** durchgeführt werden (Zeile für Zeile, immer von links nach rechts und jeweils ein Blickstopp pro Spalte)! Schau noch einmal auf deinen Ergebnisbogen: Vermutlich hast du bei den Augenübungen meistens keinen Fehler gemacht oder bloß einen einzigen – und darauf bist du sicher ganz stolz. Wir leider nicht. Denn für uns bedeutet das: Du warst wahrscheinlich nicht schnell genug. Wenn du den Anspruch hast, diese Tempoübungen fehlerfrei durchzustehen, kannst du dich nicht auf die idealen Blickbewegungen konzentrieren. Auf dieser Trainingsstufe geht es uns noch nicht um Fehlerfreiheit (darum kannst du dich später wieder kümmern). Deswegen sollst du auch in keinem Fall während der Aufgaben zurückspringen, um dich zu kontrollieren. Riskiere einfach, dass du etwas übersehen hast! Denn erst einmal sollen die folgenden Ziele erreicht werden, weil sie überhaupt die Voraussetzung für ein gutes Verständnis sind:

1.) Große Blicksprünge einüben

2.) Vertrauen in die eigene Wahrnehmungsfähigkeit stärken

3.) Augenmuskeln trainieren

Denk also bei der folgenden Augenübung ausschließlich an dynamische Bewegungen! Lass die Fehler einfach zu – konzentriere dich darauf, deine Augen zu Höchstleistungen anzutreiben. Die Augen sind das Schnellste an uns, teste deine Grenzen aus! Nur wenn du dabei zunächst Fehler zulässt, gewöhnst du dich an das neue Tempo. Später kannst du gern wieder perfekt sein. Aber dann bist du **zusätzlich schnell**.

Endlich wirst du für Fehler mal gelobt – wann kommt das schon vor? Fordere dich also noch mehr, indem du Zeitziele setzt. Trag sie in deinen Ergebnisbogen ein (unter **Augen-**

übungen jeweils in das Feld «Ziel». Deine Ergebnisse gehören in die Zeile Nummer **2**):

Wörter:	20 Sek.
Ziffern:	25 Sek.
Buchstaben:	25 Sek.
Synonyme:	50 Sek.

... und wenn jetzt Fehler entstehen, ist das nicht enttäuschend, sondern eine gute Vorbereitung für entspanntes Lesen. Versuch, möglichst dicht an die Zielzeiten heranzukommen – los!

Augenübung 2 WÖRTER

sagen	sagen	schreiben	ihrem	wählen
Kosten	Handtuch	Gefahr	Leben	Kosten
sowie	dürfen	lassen	sowie	gehören
Projekt	Aktie	Gesetz	Projekt	Angebot
setzen	ändern	wenige	denen	setzen
Woche	Thema	Woche	Frage	Woche
ebenso	eines	ebenso	kleine	beide
Osten	Meter	Kreis	Japan	Osten
finden	sonst	finden	wollen	können
nehmen	viele	weiter	darum	während
niemand	niemand	besten	werden	durch
bereits	dessen	sehen	bereits	diesen
haben	stark	haben	ohnehin	haben
liegen	rechnen	dagegen	sowohl	etwas
genau	direkt	genau	darauf	haben
Seite	Richter	Aufgabe	Seite	Region

Augenübung 2 ZIFFERN

420	677	835	420	928
762	692	762	463	761
939	626	240	594	083
215	329	215	215	982
328	328	771	235	360
443	755	605	443	453
333	558	333	413	664
810	574	264	152	810
444	186	103	856	444
505	505	616	546	816
526	965	458	486	994
607	265	802	607	821
743	579	887	743	294
030	597	030	739	030
223	000	664	223	200
188	188	897	417	188

Augenübung 2 BUCHSTABEN

unv	nva	dpt	unv	tyf
kjf	ujg	lfo	uey	kjf
dqx	dqx	qqb	ezv	uec
bxb	fjk	avy	uuz	dnc
knl	qhi	atk	knl	qor
lfd	ygm	lfd	ula	lfd
hdk	hdk	efv	urt	jpp
mpr	ezg	zzr	mpr	frt
mqf	izl	mqf	gmy	oag
qrc	kbi	brc	qrc	ori
ffj	tkz	bzu	yfm	ffj
csr	csr	rnq	umg	blc
siu	ozk	gqk	kpd	hdf
cmz	syi	cmz	cmz	ijd
msp	qkl	pmv	tto	msp
ame	vvy	pxv	ame	rwl

Augenübung 2 SYNONYME

College	Film	Zehe	Hochschule	Vogel
Teenager	Hamster	Kind	Waschbecken	Jugendlicher
Proviant	Vorrat	Geburt	Quelle	Fleisch
Jachthafen	Truhe	Fluss	Kapitän	Kaffee
Koje	Lauer	Schlafstelle	Fisch	Ohnmacht
lax	leicht	klein	vertieren	lässig
wölben	essen	laufen	anschwellen	dehnen
Panik	Angst	Halm	Vanille	Gemüt
wogen	schwanken	schaukeln	täuschen	wiegen
Notruf	Kalender	Fuchtel	Buchstaben	Sahnetorte
Bildschirm	Tastatur	Dorf	Glotze	Leiste
Breitengrad	Kugelschreiber	Käse	Fuchs	Jacht
Leitstelle	Schlauch	Einsatzzentrale	Gitter	Mandarine
Route	Reiseweg	Molch	Deodorant	Rute
manövrieren	trinken	lenken	probieren	bugsieren
Lichtkegel	Ruder	Scheinwerfer	Pyramide	Anteil

Richtige Lösungen: **College**/Hochschule, **Teenager**/Jugendlicher, **Proviant**/Vorrat, **Jachthafen**/(nichts), **Koje**/Schlafstelle, **lax**/lässig, **wölben**/anschwellen/dehnen, **Panik**/Angst, **wogen**/schwanken/schaukeln, **Notruf**/(nichts), **Bildschirm**/Glotze, **Breitengrad**/(nichts), **Leitstelle**/Einsatzzentrale, **Route**/Reiseweg, **manövrieren**/lenken/bugsieren, **Lichtkegel**/Scheinwerfer

Rückblick auf die Augenübungen

❏ Hast du die Zielzeiten erreicht? Gut! Großer Erfolg!

❏ Falls nicht, woran hat es wohl gelegen?

   ❏ Schaffst du bei dem hohen Tempo noch nicht so große Blicksprünge?

   ❏ Bist du doch manchmal zurückgesprungen, um dich zu kontrollieren?

   ❏ Immer noch Angst, etwas falsch zu machen?

Vielleicht erkennst du den Nutzen dieser Übungen für das bessere Lesen nicht sofort. Doch die Übungen sind einfach ideal dafür geeignet, den ersten Hauptlesefehler abzubauen (die anderen beiden Hauptlesefehler werden damit auch schon «attackiert». Aber das erklären wir erst in Kapitel IV–VI). Dein Blick wird so eingestellt, dass du später zügig lesen kannst und gleichzeitig mehr verstehst. Diese Umstellung klappt aber nur, wenn du erst einmal möglichst schnell bist. Vergiss das oberste Ziel deines Schulalltags: keine Fehler zu machen. Übe das Loslassen, hier darfst du es.

Weiteres Vorgehen

Probiere jetzt die neuen Techniken einmal aus: beim nächsten Verständnistest. Lies ihn wieder zügig und mit der Absicht, ein (recht) gutes Verständnis zu erzielen. Sei aber diesmal etwas risikofreudiger als beim ersten Mal. Lasse Fehler und Verständnislücken ruhig zu. Achte auf die folgenden Tipps, die du bei dem ersten Test noch nicht kanntest:

1.) **Weite deinen Blick**: Nicht von einem Wort zum nächsten gehen, sondern pro Blickstopp mehrere Wörter erfassen.

2.) **Richte deine Blicke nach vorn**: Verbiete dir das Zurückspringen, selbst wenn du dich unsicher fühlst. Denk nicht darüber nach, was du verpasst haben könntest.

3.) **Sei zuversichtlich**: Vertraue darauf, dass du die wesentlichen Informationen wahrnimmst – trotz des höheren Tempos. Das Verständnis ist jetzt vielleicht nicht sehr hoch, aber das ist im Moment in Ordnung. Antworte rasch auf alle Fragen, auch wenn du unsicher bist. Das ist kein Raten, sondern du lernst, deiner Wahrnehmungsfähigkeit zu vertrauen. Wie man weiß, ist das «Bauchgefühl» eine gute Entscheidungsgrundlage.

Verständnistest 2

Weißt du noch, wie es geht? Kurze Erinnerung: zügig lesen, Zeit aufschreiben, WpM eintragen, Fragen beantworten, Verständnis in Prozent (%) ermitteln, ERR ausrechnen – und alles auf dem Ergebnisbogen erfassen. Wenn du es noch einmal genau wissen willst, schau in den Kasten im Kapitel I, Seite 21.

Und jetzt los mit dem zweiten Verständnistest!

Über Bord

Skipper Leif Evertsson stürzt ins Meer. Jetzt muss sein Sohn eine schwere Entscheidung treffen.

von John Dyson[6]

**Bitte diese Seite erst umblättern,
wenn du die Stoppuhr gestartet hast.**

---

6 Aus: Reader's Digest (www.readersdigest.de), mit freundlicher Genehmigung des Verlags gekürzte und bearbeitete Version.

Über Bord

Als die letzte Woche der Sommerferien anbrach, war der 16-jährige Robin Evertsson nur noch gelangweilt. In dem kleinen Haus der Familie im schwedischen Göteborg gab es nichts zu tun, außer zu schlafen oder fernzusehen. In wenigen Tagen würde seine College-Zeit beginnen. Er wollte Polizist werden.

Sein Vater Leif Evertsson, 43, war insgeheim verärgert darüber, dass Robin nur herumhing. Aber er wollte keinen Streit und schlug stattdessen vor: «Wir müssen unbedingt mal raus. Sollen wir für ein paar Tage segeln gehen?»

«Klingt gut», meinte der Teenager. Ein bisschen Zeit mit seinem Vater zu verbringen, wäre okay, dachte er. Am Mittwoch, dem 12. August, besorgten Vater und Sohn Proviant und segelten dann vom Jachthafen aus los. Mit etwas Glück wären sie gegen Mitternacht auf der Insel Læsø. Aber als das Boot auf offene See gelangte und die Wellen größer wurden, spürte Robin Übelkeit, und er streckte sich in einer der Kojen aus.

Als Leif auf seinen schlafenden Sohn sah, fragte er sich mit Sorge, wie Robin mit dieser laxen Haltung wohl sein Leben meistern würde. Was für ein Polizist würde aus ihm werden?

Bei Sonnenuntergang um 22.30 Uhr geriet das Boot in schlechteres Wetter. Plötzlich erkannte Leif, dass eines der Segel sich seltsam wölbte. Entsetzt sah er, dass der gesamte Mast sich hin und her bewegte. Jeden Augenblick konnte er seitwärts kippen und dabei möglicherweise ein Loch in das Boot schlagen – oder ihnen auf den Kopf fallen. Panik erfasste Leif. Anstatt das Boot aus dem Wind zu drehen und das Segel zu entlasten, fasste er einen folgenschweren Entschluss. «Ich muss das reparieren», sagte er.

Breitbeinig sitzend rutschte Leif über das auf und ab wogende Deck vor dem Mast. Verärgert stellte er fest, dass er kein Werkzeug mitgenommen hatte. «Hol mir die Zange!», schrie er seinem Sohn zu. Robin durchsuchte gerade den Werkzeugkasten, als ein plötzlicher Schrei ihn aufschreckte. «Robin! Ich bin im Wasser!» Robin sah, wie sein Vater von einer Welle angehoben wurde. «Halt durch, Papa!», schrie er, griff sich das neue Telefon seines Vaters in der Kabine und wählte den Notruf. Doch er erhielt nur eine automatische Ansage in Dänisch. Robin verdrängte seine Panik und durchdachte die Lage: Ich bin derjenige, der Hilfe holen muss. Der Entschluss war qualvoll. Wie konnte er seinen Vater zurücklassen? Aber wie sollte andererseits Hilfe kommen, wenn er hierblieb? Nach 20 Minuten wurde ihm klar, dass es sinnlos war, wieder und wieder im Kreis zu segeln.

Robin sah sich den GPS-Bildschirm an. Bei einem größeren Bildausschnitt kam die vertraute schwedische Küste in Sicht; das erleichterte ihm den Entschluss. Er drehte bei und steuerte auf Schweden zu. Alle paar Minuten zog er das Handy aus der Tasche und überprüfte die Anzeige. Noch immer kein Netz.

Um 1.48 Uhr wählte Robin zum sechsten Mal den Notruf. Völlig überrascht hörte er eine Frauenstimme antworten: «Notrufzentrale». Er antwortete ruhig: «Mein Vater ist etwa fünf Meilen vor Læsø ins Meer gefallen.» Robin drückte die Navigationstaste auf dem GPS, so wie sein Vater es ihm gezeigt hatte, fand aber keinerlei Angaben über Längen- und Breitengrad. «Was siehst du in der Umgebung?», fragte die Frau von der Leitstelle. «Die Lichter von Schweden kommen gerade in Sicht. Hinter mir sind Schiffe und eine große weiße Fähre mit einem Zeichen auf dem Schornstein.»

Die Fähre, die Robin sehen konnte, war die *Crown of*

Scandinavia auf Nordroute von Kopenhagen nach Oslo. Um 2.50 Uhr wurde das kleine Segelschiff von der Fähre aus gesichtet. Ein schwedischer Rettungshubschrauber startete. Um 3.19 Uhr saß Robin im Hubschrauber. Leif war seit fast vier Stunden im Wasser.

Leif hatte, während ihn die raue See hin und her warf, Stiefel und Hose abgestreift, um leichter zu werden. Seine Lage war verzweifelt, aber er konnte kämpfen. Es dauerte lange, bis er begriff, dass die Lichter, die er schon eine Weile in der Ferne gesehen hatte, zu Schiffen gehörten und dass sie näher kamen. Einige bange Minuten lang fürchtete Leif, dass ihn das Boot, das ihm am nächsten war, überfahren würde. Verzweifelt manövrierte er sich in den Lichtkegel und schrie. Ein Hubschrauber schwebte aus dem dunklen Himmel herab. Um 4.57 Uhr funkte der Pilot zur Leitstelle: «Der Mann ist im Hubschrauber. Er ist durchgefroren, aber er lebt.»

Die Rettungsmannschaften lobten Robins Selbstbeherrschung und seine mutige Entscheidung, Hilfe zu holen. Auch Leif bewunderte und lobte seinen Sohn aus vollem Herzen: «Robin ist ein großartiger Junge, der in dieser Nacht erwachsen geworden ist. Er wird ein guter Polizist werden.»

Uhr stoppen!

Trage deine benötigte Zeit unter **Verständnistest 2** bei «Zeit» ein. Nun blätterst du bitte um und ermittelst deine Lesegeschwindigkeit in Wörtern pro Minute.

ERMITTLUNG DER LESEGESCHWINDIGKEIT (WpM)
Über Bord

0–1 Min.	1–2 Min.	2–3 Min.	3–4 Min.	4–5 Min.
Zeit WpM	1.00 – 735	2.00 – 368	3.00 – 245	4.00 – 184
	1.05 – 678	2.05 – 353	3.05 – 238	4.05 – 180
0.10 – 4.410	1.10 – 630	2.10 – 339	3.10 – 232	4.10 – 176
0.15 – 2.940	1.15 – 588	2.15 – 327	3.15 – 226	4.15 – 173
0.20 – 2.205	1.20 – 551	2.20 – 315	3.20 – 221	4.20 – 170
0.25 – 1.764	1.25 – 519	2.25 – 304	3.25 – 215	4.25 – 166
0.30 – 1.470	1.30 – 490	2.30 – 294	3.30 – 210	4.30 – 163
0.35 – 1.260	1.35 – 464	2.35 – 285	3.35 – 205	4.35 – 160
0.40 – 1.103	1.40 – 441	2.40 – 276	3.40 – 200	4.40 – 158
0.45 – 980	1.45 – 420	2.45 – 267	3.45 – 196	4.45 – 155
0.50 – 882	1.50 – 401	2.50 – 259	3.50 – 192	4.50 – 152
0.55 – 802	1.55 – 383	2.55 – 252	3.55 – 188	4.55 – 149
5–6 Min.	**6–7 Min.**	**7–8 Min.**	**8–9 Min.**	**9–10 Min.**
5.00 – 147	6.00 – 123	7.00 – 105	8.00 – 92	9.00 – 82
5.05 – 145	6.05 – 121	7.05 – 104	8.05 – 91	9.05 – 81
5.10 – 142	6.10 – 119	7.10 – 103	8.10 – 90	9.10 – 80
5.15 – 140	6.15 – 118	7.15 – 101	8.15 – 89	9.15 – 79
5.20 – 138	6.20 – 116	7.20 – 100	8.20 – 88	9.20 – 79
5.25 – 136	6.25 – 115	7.25 – 99	8.25 – 87	9.25 – 78
5.30 – 134	6.30 – 113	7.30 – 98	8.30 – 86	9.30 – 77
5.35 – 132	6.35 – 112	7.35 – 97	8.35 – 86	9.35 77
5.40 – 130	6.40 – 110	7.40 – 96	8.40 – 85	9.40 – 76
5.45 – 128	6.45 – 109	7.45 – 95	8.45 – 84	9.45 – 75
5.50 – 126	6.50 – 108	7.50 – 94	8.50 – 83	9.50 – 75
5.55 – 124	6.55 – 106	7.55 – 93	8.55 – 82	9.55 – 74

Trage deinen Wert auf dem Ergebnisbogen ein unter: **Verständnistest 2** bei **«WpM»**, **bevor** du zu den Fragen wechselst.

FRAGEBOGEN – TEST 2
Über Bord
Bitte kreuze nur die Antworten an, die dem Text entsprechen

1.) Aus welchem Land stammt Robin?
   a) Dänemark
   b) Litauen
   c) Island
   d) Schweden

2.) Welchen Beruf will Robin später ergreifen?
   a) Feuerwehrmann
   b) Polizist
   c) Pilot
   d) Rettungsschwimmer

3.) Worüber ärgert sich Robins Vater, bevor sie auf Segeltour gehen?
   a) Robin versagt in der Schule
   b) Robin hatte Ärger mit den Nachbarn
   c) Robin bringt ständig wilde Freunde mit nach Hause
   d) Robin hängt nur im Haus herum

4.) Was passiert mit Robin als Erstes auf See?
   a) Ihm wird übel
   b) Er gerät in Streit mit seinem Vater
   c) Er stößt sich den Kopf an den niedrigen Decken
   d) Keine der Antworten ist richtig

5.) Was stellt Robins Vater verärgert fest, als er den Mast reparieren will?
   a) Sein Sohn spielt Computer, anstatt ihm zu helfen
   b) Der Mast lässt sich nicht mehr reparieren
   c) Er hat sich nicht warm genug angezogen
   d) Er hat das Werkzeug vergessen

6.) Was passiert, als Robin das erste Mal den Notruf wählt?
   a) Es wird sofort ein Rettungshubschrauber geschickt
   b) Der Notruf-Mitarbeiter kann ihn nicht hören
   c) Es kommt nur eine automatische Ansage in Dänisch
   d) Eine unfreundliche Stimme bittet ihn darum, später noch
   einmal anzurufen

7.) Was kann Robin in der Umgebung erkennen?
   a) Schiffe und eine weiße Fähre
   b) Eine bewohnte Insel mit hellerleuchteten Häusern
   c) Nur ein paar Flugzeuge und vorbeifliegende Möwen
   d) Nichts

8.) Was befürchtete Leif, kurz bevor er gerettet wurde?
   a) Dass ihn im letzten Moment seine Kräfte verlassen
   könnten
   b) Dass ihn das Boot, das ihm am nächsten war, überfahren
   würde
   c) Dass er von gefährlichen Fischen angegriffen werden
   könnte
   d) Dass sein Sohn sich verirrt haben könnte

9.) Wie viel Zeit ist von den ersten Turbulenzen mit dem Mast
   bis zu Leifs Rettung aus dem Wasser ungefähr vergangen?
   a) Zwei Stunden
   b) Sechs bis sieben Stunden
   c) Ein Tag
   d) Darüber wird nichts ausgesagt

10.) Was geschieht mit Robin, als die Rettung eintrifft?
   a) Er segelt allein zum Hafen zurück
   b) Das Rettungsteam übernimmt die Kontrolle des Segel-
   boots
   c) Er wird in ein Boot der Küstenwache aufgenommen
   d) Er wird in einen Rettungshubschrauber aufgenommen

**Nun blättere bitte um
und überprüfe deine Antworten!**

ANTWORTBLATT – TEST 2
Über Bord

1.) d	5.) d	8.) b
2.) b	6.) c	9.) b
3.) d	7.) a	10.) d
4.) a		

Trag den Prozentsatz der richtigen Antworten bitte auf dem Ergebnisbogen unter **Verständnistest 2** ein. Multipliziere WpM und den Verständnisgrad in Prozent und füge diese neue ERR ebenfalls auf diesem Bogen ein.

Wie zufrieden bist du mit deinem Ergebnis? Im Kurs wird an dieser Stelle meistens eine deutliche Temposteigerung erreicht. Außerdem sind mehr Fragen richtig beantwortet, als die Teilnehmer erwartet hatten. Trifft das auch bei dir zu? Uns würde es nicht überraschen. Du hast mit der neuen Technik schon einige Lesefehler unterlassen und damit dein Verständnis und das Tempo gesteigert. Vielleicht hast du dich mit diesem schnelleren Lesen aber noch nicht richtig wohl gefühlt. Auch das ist normal und geht den meisten so – vielleicht beruhigt dich das etwas.

Weiteres Vorgehen

An dieser Stelle solltest du deine Augen etwas entlasten und entspannen. Beim Lesen werden die Augen ohnehin stark gefordert, und durch die Umstellung auf die neuen Techniken spürst du die Anstrengung noch stärker. Die Übung auf der nächsten Seite soll zu aktiver Augenentspannung beitragen: Du nimmst nämlich nicht nur waagerechte, sondern auch senkrechte und diagonale Blickbewegungen vor – anders als beim Lesen. Also renn in die Bewegungspause!

Spielregel

Beginne bei dem Wort «Blume». Suche dann das Bild einer Blume. Unter diesem Bild steht ein Wort («Schere»), zu dem du wiederum das Bild suchst. In dieser Weise lenkst du deine Augen von einem Kästchen zum nächsten, bis du schließlich bei dem Bild einer Hose angekommen bist. Damit bist du am Ziel. Mach auch das zügig – gemütlich bringt es nichts!

Augenentspannungs-Spiel

Das Ziel ist die Hose, aber geh über die anderen Bilder dorthin.

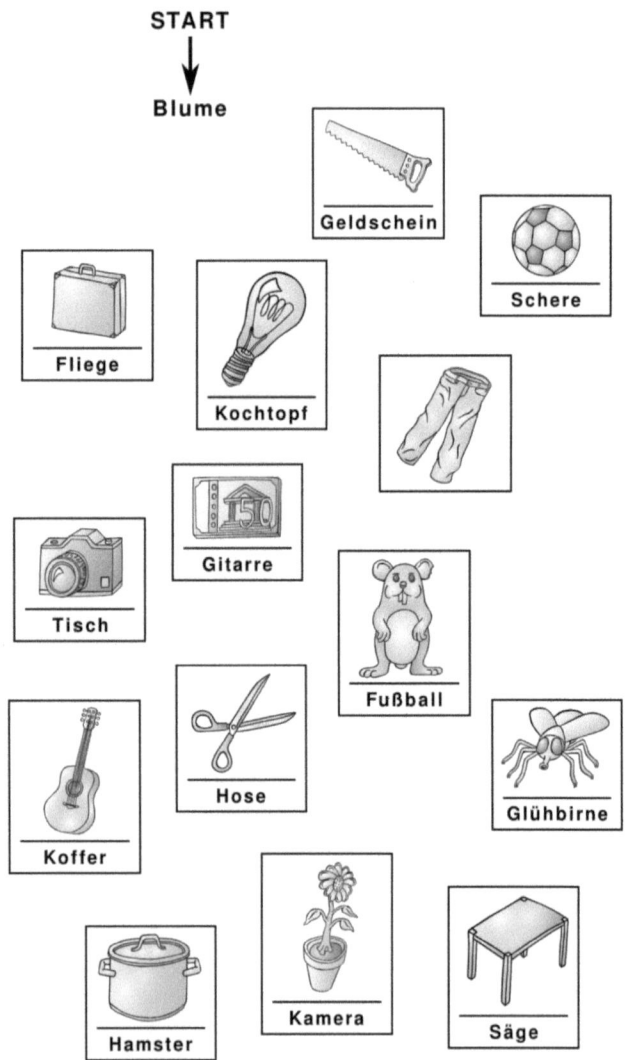

START

Blume

Geldschein

Schere

Fliege

Kochtopf

Gitarre

Tisch

Fußball

Koffer

Hose

Glühbirne

Hamster

Kamera

Säge

Weiteres Vorgehen

Wenn du eine Pause machen willst, dann ist jetzt eine ganz gute Gelegenheit. Du hast hoffentlich einen kompletten Übungsteil hintereinander durchgearbeitet. Das ist einfach am sinnvollsten. So werden Gehirn und Auge am besten trainiert. Also gönn dir die Unterbrechung, dann bist du wieder ausgeruht und besser konzentriert für den nächsten Erklärungsteil. Die Fragen zu dem nächsten Kapitel solltest du dir auch erst kurz vorher ansehen (s. u.). Dann ist dein Gehirn für das Lesen besser eingestimmt.

Worum geht es im nächsten Kapitel?

Jetzt weiß ich, dass ich nicht einzelne Wörter, sondern Wortgruppen lesen soll – aber ist es egal, welche Wörter das sind? Welche Wörter gehören sinngemäß zusammen und welche nicht? Und wie kann ich das wissen, wenn ich den Satz noch gar nicht gelesen habe?
Kann ich diese sinnvollen Wortgruppen auch mit einem Blick erkennen?

Und nun lies wirklich!

IV A Größere Schritte wagen: Sinngruppen erfassen

Sinngruppen machen Sinn

Im letzten Kapitel haben wir nicht nur erklärt, dass man einen Text schneller erfasst, wenn man breiter fokussiert. Wir haben auch behauptet: Man behält den Inhalt auf diese Weise besser (siehe den Vergleich mit dem Puzzle). Jetzt denkst du wahrscheinlich: **Klingt gut – aber dafür müsste ich den Inhalt ja *doch* verstehen!** Stimmt! Das wirst du auch bald. Du solltest zwar am Anfang deines Trainings hauptsächlich «Augen-Gymnastik» machen. Aber beim regelmäßigen Üben wirst du feststellen, wie allmählich immer mehr Wörter in deinem Kopf hängenbleiben – ganz von selbst. In diesem Kapitel lernst du außerdem wichtige Werkzeuge kennen, die dir dabei helfen, nicht nur breit zu blicken, sondern auch durchzublicken.

Das Wortgruppen-Lesen birgt nämlich auch ein Geheimnis. Erst wenn du den Schlüssel dazu im Auge hast, wird es funktionieren. In jedem Satz ziehen sich bestimmte Wörter fast magnetisch an, weil sie nicht nur nebeneinanderstehen, sondern zusammen einen Sinn ergeben; andere stoßen sich voneinander ab, weil sie zu zwei unterschiedlichen Sinneinheiten gehören. Die Herausforderung besteht darin, diejenigen Wörter zusammen in eine Fixierung zu packen, die auch im Satzaufbau eng zusammengehören. Eine kleine Gruppe von Wörtern, die gemeinsam bereits einen gewissen Sinn ergeben, heißt deshalb (sehr naheliegend) «Sinngruppe». Auf Englisch nennt man eine Sinngruppe **«Chunk»**, das bedeutet Bündel. Beim Lesen sollst du also Wörter bündeln, deshalb spricht man auch vom «Chunking». Später erläutern wir das noch näher.

Eine solche Sinngruppe war z. B. unsere Wortgruppe aus Kapitel III. Nicht jede Wortgruppe ist eine Sinngruppe – das hast du schon selbst gemerkt ... Doch in diesem Fall ist es so, weil eine kleine Aussage darin steckt bzw. ein Bild, das man sich merken kann:

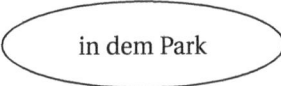

Eine Sinngruppe zu erwischen, kann leicht sein, wenn der Satz kurz und einfach ist:

Hier ist es klar, welche Wörter eng zusammengehören. Man würde nicht auf den Gedanken kommen, etwa solche Wortgruppen zu bilden: **Ich zeichne ... gern die ... Tiere in ... dem Park**

... weil der Sinnzusammenhang zwischen einigen Wörtern ja förmlich zerrissen wird.

In jeder Sprache gibt es typische Redewendungen, die man häufig hört oder liest. Dies wird uns oft erst dann richtig bewusst, wenn wir sie in einer fremden Sprache extra lernen müssen, wie z. B. die «idioms» im Englischen (to take care, all the best, let it be, at the moment etc.). Auch in deinem Alter hast du solche Wortkombinationen der eigenen Sprache schon so oft gelesen, dass sie dir ganz vertraut sind, z. B.: **jeden Tag, viele Grüße, noch nicht, immer wieder, zum Glück**. Oder sogar drei Wörter: **Wind und Wetter, das ist billig, Spiel fällt aus, in vielen Fällen**.

Bei diesen vertrauten Sinngruppen musst du doch wirklich nicht mehr jedes Wort einzeln anschauen – oder? Da genügt **ein** Blick – und du weißt, was dort steht. In solchen Fällen kannst du also mit einer einzigen Fixierung durchaus schon drei Wörter erfassen! Das lässt sich übrigens gut zusammen mit anderen trainieren: eine Redensart auf einen Zettel schreiben, blitzschnell zeigen und wegziehen. Wer erkennt dabei die meisten Wörter mit einem Blick? Aus wenigen «Signalen» das richtige Ergebnis schnell zu kombinieren, ist auch ein gutes Gehirntraining.

Deutlich schwieriger ist es allerdings, vollständige Sätze in Sinngruppen zu erfassen. Das muss man wirklich üben! Die meisten Sätze sind nicht so bequem aufgebaut, dass immer zwei oder drei Wörter nacheinander eine Sinngruppe ergeben. Kleine senkrechte Striche im Satz, die ihn in Sinngruppen unterteilen, wären ausgesprochen praktisch – aber es gibt sie nicht. Du könntest sie dir übungshalber bei einem Absatz einmal selbst einzeichnen: Dann springst du mit den Augen von einer Sinngruppe zur nächsten und versuchst, den Text auf diese Weise zu verstehen. Aber das kann keine Dauerlösung sein – der Leseprozess soll ja gerade einfacher werden.

Am besten ist es, wenn du **möglichst gelassen und entspannt** liest. Dann ist nämlich auch dein **Fokus entspannt,** und du kannst seine maximale Breite nutzen. Vielleicht hast du schon einmal bemerkt, dass manche Menschen die Augen stark verengen, wenn sie sich ärgern. In diesem Zustand kann man vermutlich keine Sinngruppen aufnehmen. Aber es gibt natürlich noch weitere **Tipps, wie du das Lesen in Sinngruppen erreichst.**

Das Treffen mit Golnias verlief weitaus anders, als Frederik es sich vorgestellt hatte. Bereits der Weg zu dem vereinbarten Treffpunkt gestaltete sich unerwartet schwierig. Mehrere Male musste sich der Junge vor den Schergen des Fürsten verstecken, die die Straßen nach ihm absuchten.

Der alte Magier ... mit der Lumpenkutte ... und dem wirren Haar ...

hatte in der Nähe der alten Eiche, bei der sie sich treffen wollten, auf Frederik gewartet.

Dein «Netz» beim Lesen:
der Zusammenhang

Wenn bei Facebook der Server ausfällt, kannst du deine Freunde in der ganzen Welt nicht mehr auf diese Weise kontaktieren. Die Informationen fließen nur dann in alle Richtungen, wenn das «Netz» heil ist. Ein Text ist ein «Netz» im Kleinformat. Alle Aussagen eines Textes greifen letztlich ineinander – auch wenn sie nicht direkt nebeneinander stehen. Diesen inhaltlichen Gesamtzusammenhang nennt man den Kontext (im Lateinischen bedeutet das: «verflochten»). Die Kenntnis des Zusammenhangs baut sich natürlich erst langsam während des Lesens auf: Man erobert sich den Inhalt nur allmählich, Satz für Satz. Wer konzentriert liest, ahnt dabei oft voraus, wie die Handlung verlaufen wird. Automatisch entstehen bestimmte Erwartungen, was als Nächstes passieren könnte. Und Worte, die wir erwarten, begreift das Gehirn schneller als andere, die unerwartet kommen – das hat die Forschung gezeigt. Der Satz:

«Das Sofa ist weich und bequem» geht leichter in deinen Kopf als der Satz: «Das Sofa ist weich und lacht.»

Und was hat das mit der Bildung von Sinngruppen zu tun? Wenn du immer bewusst den Kontext im Kopf hast, führen dich deine Erwartungen zielsicherer zu dem passenden «Landeplatz» der Augen: Du kannst besser entscheiden, welche Wörter als Sinngruppe zusammengehören. Diese Erfahrung hast du vielleicht schon selbst gemacht: bei einem Text, den du zum zweiten Mal liest. Da wussten deine Augen recht genau, wo sie «landen» sollten mit ihren Fixierungen! Wenn du ein Buch schon kennst, ist das Vertrauen in die eigene Lesefähigkeit natürlich groß. Doch dieses Vertrauen lässt sich auch bei neuen Texten entwickeln. Je mehr du liest, desto sicherer kannst du dich auf Texte einstellen. Deine Voraussage, wie der Satz vermutlich weitergeht, wird immer zuverlässiger (wie bei einer Wettervorhersage, in der man immer mehr abgesicherte Werte berücksichtigen kann). Damit gelingt dir auch das Sinngruppenbilden zunehmend besser. Aber sei geduldig mit dir: Erwarte nicht, dass du einen Text zu hundert Prozent in Sinngruppen erfassen kannst – so ist einfach kein Text aufgebaut. Doch der Anteil deiner Fixierungen, mit denen du «perfekte» Sinngruppen erfasst, wird durch das Training bestimmt steigen.

Wenn du beim Lesen immer den Kontext im Kopf hast, ergeben sich noch weitere Vorteile: Dein Gehirn hat alle Antennen ausgefahren und befindet sich vollständig «auf Empfang». Deshalb erkennt es auch viele Wörter, die von den Augen eigentlich nur verschwommen wahrgenommen werden: das periphere Sehen macht's möglich!

Peripheres Sehen:
Antennen ausrichten

Deine Augen können auf einer Textstrecke von 3 bis 4 cm so scharf sehen, dass du lesen kannst – aber sie sehen darüber hinaus noch viel mehr. Probiere Folgendes aus: Streck die Arme nach links bzw. rechts gerade vom Körper weg, als ob du fliegen wolltest. Dann drehst du deine Hände hin und her, wackelst mit den Fingern – und schaust dabei streng geradeaus. Trotzdem siehst du in den Augenwinkeln, dass sich seitlich etwas bewegt. Dein Verstand sagt dir: Es sind deine Hände – obwohl du sie nicht genau erkennst. Dieses Sehen aus den Augenwinkeln nennt man «peripheres Sehen». Es ist für uns überlebenswichtig! Ohne das periphere Sehen würden wir ständig unter ein Auto kommen oder Stufen hinabstürzen. Aber auch in weniger gefährlichen Situationen brauchen wir es zur Orientierung im Raum: z. B. um Fußball zu spielen oder Rad zu fahren.

Das periphere Sehen ist auch für das Lesen unentbehrlich: Denn tatsächlich erfasst du immer etwas mehr als nur die Wörter innerhalb der Strecke von 4 cm. Links und rechts davon kannst du weitere Wörter **fast** sehen oder erahnen, auch wenn es vielleicht nur kleine Wörter sind (z. B. der, die, das oder: ich, du, er, …). Wenn du den Kontext im Kopf hast, musst du für diese Wörter gar nicht extra Platz in einer Fixierung reservieren. Du ahnst nämlich oft schon, wo sie stehen, weil sie dort einfach hingehören. Es genügt also völlig, wenn du sie lediglich peripher wahrnimmst – am Rand der Sinngruppe. Oder, wenn du einen großen Blicksprung machst: zwischen zwei Sinngruppen. Das Gehirn «empfängt» zwar nur ein verschwommenes Wortbild, entschlüsselt aber den Sinn völlig klar. Es ergänzt einfach das, was an Deutlichkeit fehlt, durch Erfahrung. Du kannst also mutiger Sinngruppen bilden und größere Blicksprünge machen – dein Gehirn wird «mitziehen»!

Zeichensetzung:
hilfreiche Knoten im «Netz»

Stell dir vor, in einem Netz lösen sich plötzlich die meisten Knoten – was passiert? Die einzelnen Taue fallen sofort auseinander. Bei einem Text ohne Zeichensetzung geschieht genau das Gleiche: Der Sinnzusammenhang zerfällt. So kann ein Satz ganz unterschiedliche Aussagen haben, je nachdem, wo das Komma steht:

Sie versprach dir jedes Jahr wieder ein neues Notebook zu kaufen …

Für welche Kommasetzung würdest du dich entscheiden:

1.) Sie versprach**,** dir jedes Jahr wieder ein neues Notebook zu kaufen.

2.) Sie versprach dir jedes Jahr wieder**,** ein neues Notebook zu kaufen.

Im ersten Satz bekommst du jedes Jahr ein neues Notebook, das wäre dir wohl lieber. Im zweiten Satz erhältst du jedes Jahr nur das Versprechen, dass sie dir ein neues kaufen wird …

Das Komma zerlegt also den Satz in sinnvolle Teile (Teilsätze). Es entscheidet damit einfach (ohne uns zu fragen), wie wir den Inhalt verstehen sollen. Die gesamte Zeichensetzung hat diese Funktion: Punkt, Fragezeichen, Anführungsstriche usw. sind kleine stumme Signale, die unser Denken an wichtigen Verknüpfungspunkten auf den richtigen Weg führen. Wir sollten sie deshalb bewusst wahrnehmen – sie helfen uns nämlich auch bei der Sinngruppen-Bildung!

Der Trick besteht darin, dass wir bei jedem Satzzeichen genau wissen: **Hier ist auch eine Sinngruppe zu Ende!** Denn ein Punkt, Komma, Gedankenstrich usw. sprengen normalerweise keine Sinngruppe. Im Gegenteil: Diese Zeichen signalisieren uns eine winzige Pause, nach der ein neuer Mini-Sinnabschnitt beginnt. Deswegen kann man während des

Vorlesens auch so gut Luft holen an diesen Stellen. Ist also ein Teilsatz kurz, besteht er praktisch aus dieser einen Sinngruppe. Ein langer Teilsatz weist mehrere Sinngruppen auf.

Und auch hier funktioniert unsere Spezial-Antenne: **Mit dem peripheren Sehen nehmen wir die Zeichensetzung nämlich schon wahr, bevor wir den Text richtig lesen.** Dadurch entdeckt unser Gehirn frühzeitig die «Grobgliederung» eines Satzes und beginnt bereits mit der Verarbeitung. Während du dies liest, hat dein Gehirn schon entdeckt, dass der folgende fettgedruckte Satz in drei kleine «Portionen» unterteilt ist:

Gestern Morgen, als es schneite, kam ich zu spät zur Schule.

Für die ersten beiden Sinnabschnitte ist die Sinngruppen-Bildung leicht. Erst den dritten Teilsatz musst du ohne die Unterstützung durch Satzzeichen in Sinngruppen einteilen. Dabei hast du z. B. folgende Möglichkeiten:

kam ich zu spät ... zur Schule. (= zwei Fixierungen) oder:

kam ich ... zu spät ... zur Schule. (= drei Fixierungen)

Die Zeichensetzung teilt einen Satz also in kleinere «Strecken» ein. Wenn du darauf achtest, ist die Sinngruppen-Bildung leichter. Es ist im Grunde wie bei vielen anderen Aufgaben: Teilt man sie in kleinere Portionen ein, verlieren sie ihren Schrecken.

Obwohl wir die Zusammenhänge so genau erklärt haben, raten wir dir: Grüble bloß nicht darüber nach, wo genau eine Sinngruppe anfängt oder wo sie aufhört. Das Erfassen von Sinngruppen funktioniert nämlich am besten, wenn es ganz automatisch passiert. Voraussetzung ist, dass wir konzentriert lesen – und vor allem nicht zu langsam! Es ist wie beim Radfahren. Wer ängstlich und langsam ist, kippt viel schneller vom Rad als derjenige, der entschlossen vorwärts saust.

Erster Hauptlesefehler: Zusammenfassung

Was ist der erste Hauptlesefehler? Das Einzelwort-Lesen bzw. Wort-für-Wort-Lesen.

Warum ist das Wort-für-Wort-Lesen ungünstig? Wir lesen damit viel zu langsam und behalten zu wenig. Außerdem ist es langweilig, deshalb bleiben die Gedanken nicht beim Text.

Was wollen wir ändern? Wir wollen in Sinngruppen lesen! Wenn wir mehrere Wörter gleichzeitig fixieren, lesen wir schneller, behalten besser, und das Lesen macht deutlich mehr Spaß!

IV B Schritt für Schritt zum Erfolg

Eine kurze Erinnerung an die vorangegangenen Themen:

1.) **Entspannter Blickfokus**: Versuche, bei jedem Blickstopp mehrere Wörter gleichzeitig zu erfassen. Je sicherer du darin wirst, desto leichter verstehst du den Kontext (Zusammenhang) und erkennst immer mehr **sinnvolle Einheiten** («Chunks»).

2.) **Peripheres Sehen**: Nutze u. a. die Zeichensetzung, um die richtigen Wörter für das Chunking auszuwählen.

Die vielen Wiederholungen helfen dir, diese neuen Techniken allmählich zu verinnerlichen («einzuschleifen») – so wie beim Fußball, wo du nicht jedes Mal aufs Neue überlegen musst, wie du den Ball treten sollst. So wird es dir gelingen, neue Gewohnheiten zu schaffen und die alten hinter dir zu lassen.

Im Moment darf es dir nur auf das WIE ankommen. Auch ein Turmspringer stürzt sich nicht gleich vom 10-Meter-Brett hinunter. Er trainiert die Bewegungsabläufe auf einem Trampolin oder springt in eine Schaumstoffgrube. So lange, bis er sie automatisch beherrscht. Denn die Sprünge selbst dauern nur 1,5 bis 2 Sekunden – da gibt es keine Zeit zum Nachdenken. Unsere Blickprozesse laufen noch viel schneller ab, wie du ja weißt. Umso wichtiger ist es, sie in der neuen Form zu automatisieren.

Fokussierungsübungen

Fokussierungsübung: Bilder

Schau auf die Bilder und gewöhne dich an einen entspannten Blick. Geh von oben nach unten: mit je einem Blickstopp erst auf das Bild, dann auf den Text darunter.

Eidechse

Großer Vogel

Ein Schäferhund wacht

Ein Schwein beim Fressen

Dieser Text ist zu breit für einen Blick

Fokussierungsübung:
Häufige Wortverbindungen

Übertrage diesen entspannten Blickfokus jetzt auf das Erfassen von häufigen Wortverbindungen. Das ist ein guter Einstieg in das Chunking, denn diese Wörter hast du wahrscheinlich schon oft zusammen gesehen. Ein aufwendiges Entziffern ist deshalb nicht notwendig. (In vielen Schulbüchern wird es zahlreiche weitere Beispiele von Sinngruppen geben, die du schon so oft gelesen hast, dass du sie automatisch erkennst. Wenn du Lust hast, prüf das doch einmal nach.) Hier folgt jetzt eine Auflistung von solchen Wortverbindungen, an denen du üben kannst. Achte auf Folgendes: Bei jedem Blickstopp erfasst du eine Wortgruppe in dieser Tabelle. Fang oben links an, spring zügig auf den Zeilen von links nach rechts in die Spalten – nicht innerhalb einer Spalte von oben nach unten! Das ginge zwar etwas schneller, aber wir wollen ja das Lesen vorbereiten, und das ist nun mal von links nach rechts.

er log

na gut

im Flur

also gut

hilf mir!

gib's zu!

glaub mir

setz dich

komm mit

sein Vater

klingt gut

viel zu tun

zum Teufel

ganz genau

bis morgen

letztes Mal

tut mir leid

nicht wahr?

keine Sorge!

um halb zwei

das da

ach ja

hör auf!

ich weiß

steig ein

sei still!

sehr blöd

wart's ab

ein Engel

jeden Tag

kann sein

alles klar

er ist fort

hast recht

bist du's?

wie gesagt

was ist los?

na endlich!

volle Kanne

weg von hier

so alt

im Bett

oh doch!

ich bin's

der Neue

schau mal

sag schon

kein Wort

auf geht's!

bis später

echt krass

ich dachte

wieso das?

meine Güte

fast so groß

na dann los!

vergiss es!

so ungefähr

ich bin baff

mir reicht's!

Sinngruppenübungen Kapitel IV

Bei der nächsten Aufgabe fokussierst du wieder so schnell wie möglich eine Zusammenstellung von Wortgruppen. Dafür nimmst du eine Übung, die du schon einmal durchgeführt hast. Du meinst, die kennst du schon, und das hat keinen Sinn? Doch – und zwar genau deshalb, **weil** du sie kennst! Denn dann hast du die Wörter alle schon einmal wahrgenommen und verzichtest beim zweiten Mal eher darauf, sie richtig **lesen** zu wollen. Du tastest mit deinen Augen alle Sinngruppen ab, so schnell du kannst, am besten völlig ohne zu denken! Es ist nur Augengymnastik – lass dich wieder darauf ein, den Sinn überhaupt nicht zu verstehen (auch wenn sie «Sinngruppen» heißen ...)!

Die vertraute Aufgabe findest du in Kapitel III B. Dort nimmst du dir die Sinngruppenübungen 1 bis 3 vor (Seite 76, 78, 80). Deine Zeit trägst du wieder in deinen Ergebnisbogen ein (unter **Sinngruppenübungen / Kapitel IV** bei «Übung 1», «Übung 2» usw.). Versuche, eine deutliche Verbesserung gegenüber dem ersten Mal zu erzielen!

Komm nach der Übung an genau diese Stelle zurück.

Wieder da? Wie war der zweite Durchgang? Vermutlich kannst du die Dynamik noch weiter verbessern – oder hast du tatsächlich schon die 15 Sekunden erreicht? Die meisten wollen den Inhalt immer noch verstehen und «lesen», statt mit den Augen nur schnell die Wortgruppen zu erfassen. Eigentlich erstaunlich, denn so spannend sind die Wörter wirklich nicht. Solche Anfangsschwierigkeiten zeigen wieder, wie schwer es ist, Gewohnheiten abzulegen – selbst in deinem Alter. Was meinst du, welche Schwierigkeiten erst die Erwachsenen damit haben! Deshalb ist es gut, dass du früh mit dieser Veränderung beginnst.

Vorgehen

In dem folgenden Text sind die Sinngruppen nicht so vorgeformt wie in den drei Übungen, die du eben gemacht hast. Du musst selbst den richtigen Blickstopp und die Breite deines Blickes bestimmen. Nutze dabei bewusst die Satzzeichen! Fokussiere immer die Wörter zusammen, die durch die Satzzeichen eingerahmt werden. Aber nicht überall ist es so bequem. Manche Sinngruppen sind nicht durch Satzzeichen voneinander getrennt. In diesem Fall musst du selbst bestimmen, welche Wörter du als Gruppe in eine Fixierung packst. Eine Hilfestellung können auch Wörter wie «und» bzw. «oder» bieten, die häufig zwei Sinngruppen voneinander trennen.

Auch jetzt geht es wieder darum, dass du der Übung halber möglichst schnell bist und nicht wirklich liest. Aber nichts auslassen, sondern vollständig fokussieren! Trage die Zeit dann wieder auf dem Ergebnisbogen ein. Zielzeit: 15 Sekunden.

Sinngruppenübung 4[7]

«Wo willst du denn überhaupt hin?»

«Ist doch egal.»

«Wenn man wegfährt, wär irgendwie gut, wenn man weiß, wohin.»

«Wir könnten meine Verwandten besuchen. Ich hab einen Großvater in der Walachei.»

«Und wo wohnt der?»

«Wie, wo wohnt der? In der Walachei.»

«Hier in der Nähe, oder was?»

«Was?»

7   Aus: Wolfgang Herrndorf: Tschick, Rowohlt • Berlin, Berlin 2010, S. 96 f. (leicht bearbeitet).

«Irgendwo da draußen?»

«Nicht *irgendwo* da draußen, Mann. In der Walachei.»

«Das ist doch dasselbe.»

«Was ist dasselbe?»

«Irgendwo da draußen und Walachei, das ist dasselbe.»

«Versteh ich nicht.»

«Das ist nur ein *Wort*, Mann», sagte ich und trank den Rest von einem Bier. «Walachei ist nur ein Wort! So wie Jottwehdeh.»

«Meine Familie kommt von da.»

«Ich denk, du kommst aus Russland?»

«Ja, aber ein Teil kommt auch aus der Walachei. Mein Großvater.»

«Das ist, als hättest du einen Großvater in Jottwehdeh.»

«Und was ist daran so komisch?»

«Jottwehdeh gibt's nicht, Mann! Jottwehdeh heißt: *janz weit draußen*. Und die Walachei gibt's auch nicht. Wenn du sagst, einer wohnt in der Walachei, heißt das: Er wohnt in der Pampa.»

Notiere jetzt deine benötigte Zeit auf dem Ergebnisbogen.

Wenn du länger als 15 Sekunden gebraucht hast, ist das verständlich. Das liegt natürlich an dem Text, an dem man sich leicht festliest – auch wenn man es eigentlich gar nicht will. Außerdem musste das Auge diesmal selbst die Anhaltspunkte für das Erfassen der Sinngruppen finden. An diesen Vorgang musst du dich auch erst gewöhnen. Deshalb ist die Aufgabe nicht so leicht, wie sie vielleicht wirkt. Aber gerade bei diesem Text lässt sich der rein mechanische Prozess des Lesens gut üben, weil die Sätze nicht ganz so lang sind.

Gehe jetzt gleich zur folgenden Augenübung: Training der Blickprozesse ist angesagt! Bist du bereit für ein hohes Tempo?

Augenübungen

Wie war das mit den Fehlern bei den letzten Augenübungen? Hast du sie schon ganz entspannt zugelassen? Vielleicht sogar mit Vergnügen? Dann konntest du vermutlich deine Zeit schon verbessern?! Fehler sind anfangs nicht nur unvermeidlich, sondern sogar **notwendig!** In manchen Zusammenhängen sind sie einfach nicht so störend, weil das Ziel ein anderes ist. Wie bei deinem Fremdsprachenunterricht: Wenn du versuchst, dich mutig in der fremden Sprache auszudrücken, ist das allemal besser als zu schweigen, weil du es nicht perfekt kannst. Im Ausland freut man sich, wenn du dich um die Sprache bemühst und nimmt dir die Fehler überhaupt nicht übel. In diesem Sinne: Lass die Augen laufen!

Hast du schon bemerkt, was bei dir passiert, wenn es **keine** passende Lösung in der Zeile gibt? Wahrscheinlich hast du gedacht: «Das kann nicht sein. Ich habe bestimmt etwas übersehen!» Dann bist du zurückgegangen in der Zeile. Ergebnis? Alles richtig! Es gab einfach nichts zu markieren. Dir fehlte nur das Vertrauen, dass du bei dem hohen Tempo alles gesehen hast. Genau das Gleiche passiert oft beim richtigen Lesen – und auch dort ganz unnötig. Denn dadurch leidet unser Lesen. Im Einzelnen wird dies in Kapitel V erklärt. Bei der Augenübung kannst du aber bereits beginnen, Vertrauen in dich selbst zu trainieren. Vielleicht denkst du auch zukünftig beim Lesen schon einmal daran?

Die Übung wird etwas schwieriger, aber die Zeitziele bleiben bestehen. Man wächst mit seinen Herausforderungen ... Trag deine Werte wieder auf dem Ergebnisbogen ein (bei: **Augenübungen** 3).

Augenübung 3   WÖRTER

verletzen	innerhalb	ehemalig	nämlich	verletzen
darüber	erstmals	wichtig	darüber	dadurch
Richtung	Richtung	Geschäft	Internet	Vorjahr
bleiben	sprechen	gestern	richtig	betonen
ebenfalls	gewinnen	erklären	ebenfalls	jeweils
Sprache	Diskussion	Produktion	Sprache	Geschäft
Meinung	Meinung	Funktion	Interesse	Meinung
bedeuten	inzwischen	entwickeln	vielleicht	bedeuten
zunächst	zunächst	während	verloren	gestern
eigentlich	deshalb	bereits	eigentlich	durchaus
Vertreter	Produktion	Vertreter	Ergebnis	Koalition
Sprache	Wochenende	Bericht	Milliarden	Hauptstadt
zufolge	bereits	zunächst	zufolge	deshalb
bringen	hingegen	überhaupt	wirklich	bringen
Theater	Theater	Drittel	Politik	Wochenende
Ergebnis	Regierung	Prozent	Ergebnis	Ergebnis

Augenübung 3 ZIFFERN

4484	8328	4484	2659	7225
7861	5984	8678	4449	7861
3262	3262	1917	8829	9496
3905	4153	3912	1590	9548
2224	0786	7402	2224	8351
7053	6684	4933	2002	7053
5367	2946	6588	7970	9645
1791	2584	4966	1791	1791
4477	2630	4477	4756	9960
1700	5770	5434	1700	9648
8095	7130	7046	8095	3971
8180	8180	4357	1934	8180
9009	5952	3621	3674	4094
3526	7849	0903	3526	3897
7962	6620	0060	7962	8343
1957	1957	1129	7428	7278

btsu	hinh	kwio	aydh	btsu
vqjd	ylpv	vqjd	ysgu	cfhi
feei	feei	omxf	wslp	wojs
ghpt	ghpt	ghpt	ugxb	wekp
qiws	guek	qiws	vxyj	qybt
fdjy	mune	qdzl	fdjy	paof
gfsc	pldw	fdui	dhtb	spfo
gbix	ajkz	gbix	gbix	svta
cvqo	kuob	cvqo	knuj	cvqo
ewof	tyok	mphv	ewof	jntp
zngk	mxuk	zngk	owwn	icil
vqlo	mnot	gqai	bisj	swon
ufrv	boqf	ufrv	foaq	vvvo
sbze	vdcg	zlom	sbze	skaj
mfow	mfow	mryq	azyn	xpps
pttn	oxvx	pttn	tmeo	hwra

Augenübung 3 SYNONYME

Müllkippe	Tunnel	Mülltüte	Mülldeponie	Mähdrescher
barfuß	bargeldlos	bescheiden	erkältet	mit nackten Füßen
renommiert	berühmt	angesehen	wiederbelebt	rechteckig
Nudeln	Prozent	Erdkunde	Mais	Farbstift
Villa	Schatztruhe	Bruchbude	tolles Auto	schickes Haus
Erfolg	Pritsche	Gelingen	Krone	Erlass
Dolmetscher	Aasgeier	Stiftung	Krimskrams	Dolomiten
Armut	Hütte	Esel	Elend	Geldnot
Ausbildung	Prozent	Unterricht	Unterkunft	Mitteilung
Falle	Kreuzung	Feder	abwaschen	Fuchs
kündigen	aufhören	zuhören	schreiben	entlassen
schminken	spannend	putzen	rasieren	aufsammeln
rotzfrech	dreist	stören	unverschämt	alleine
Öffentlichkeit	Geheimnis	Allgemeinheit	Ohrring	breite Masse
verfluchen	schwören	labern	verdammen	loben
Konvoi	Fahrzeugkolonne	Kartoffeln	Strommast	Bildschirm

Richtige Lösungen: **Müllkippe**/Mülldeponie, **barfuß**/mit nackten Füßen, **renommiert**/berühmt/angesehen, **Nudeln**/(nichts), **Villa**/(schickes Haus), **Erfolg**/Gelingen, **Dolmetscher**/(nichts), **Armut**/Elend/Geldnot, **Ausbildung**/Unterricht, **Falle**/(nichts), **kündigen**/aufhören/entlassen, **schminken**/(nichts), **rotzfrech**/dreist/unverschämt, **Öffentlichkeit**/Allgemeinheit/breite Masse, **verfluchen**/verdammen, **Konvoi**/Fahrzeugkolonne

Rückblick auf die Augenübungen

Bist du gründlicher, d. h. langsamer geworden, weil die Übung schwieriger war? Buchstaben und Zahlen hatten diesmal eine Stelle mehr. Falls deine Zeiten gleich geblieben sind, hast du dich also zumindest ein wenig verbessert! Wenn du es bisher noch nicht geschafft hast: Beim nächsten Mal versuchst du unbedingt, die Zielzeiten zu erreichen – und wenn es zehn Fehler kostet!

Weiteres Vorgehen

Ob dich die bisherigen Übungen schon ein Stück vorangebracht haben? Die Ergebnisse des folgenden Verständnistests werden es zeigen! Vertraue auf deine Fähigkeiten (das hast du ja schon geübt), und fall nicht aus lauter Vorsicht in alte Gewohnheiten zurück. Wenn du dein Lesetempo (im Vergleich zum ersten Test) deutlich erhöhst, ist ein Verständnis von 60 % momentan völlig ausreichend. Achte wieder auf:

1.) **Breite Fokussierung** (entspannter Blick). Wenn du auf Satzzeichen achtest, ahnst du gleich, welche Wörter zusammengehören (Sinngruppen erfassen).

2.) **Vorwärtsorientierung**. Sei neugierig auf das, was kommt, und denk nicht ängstlich darüber nach, was du verpasst haben könntest.

3.) **Zuversicht**. Traue deinem ersten Eindruck, «brüte» nicht über den Antworten und ändere nicht deine Entscheidung.

Verständnistest 3

Weißt du noch, wie es geht? Kurze Erinnerung: zügig lesen, Zeit aufschreiben, WpM eintragen, Fragen beantworten, Verständnis in Prozent ermitteln, ERR ausrechnen – und alles auf dem Ergebnisbogen erfassen. Wenn du es noch einmal genau wissen willst, schau in den Kasten auf Seite 21.

Und jetzt los mit dem dritten Verständnistest!

Hilfe für Kambodschas Waisen

Scott Neeson führte ein glamouröses Leben
als Hollywood-Produzent –
bis er in der Hauptstadt Kambodschas etwas sah,
das ihn für immer veränderte.

von Robert Kiener[8]

**Bitte diese Seite erst umblättern,
wenn du die Stoppuhr gestartet hast.**

8 Aus: Reader's Digest (www.readersdigest.de), mit freundlicher Genehmigung des Verlags gekürzte und bearbeitete Version.

Hilfe für Kambodschas Waisen

Die Müllkippe kann ich riechen, bevor ich sie sehe. Ich bin nach Phnom Penh gekommen, um Scott Neeson zu begleiten: nach Steung Meanchey, einer elf Hektar großen und 30 Meter hohen Mondlandschaft aus verrottendem Müll am Stadtrand. In Gummistiefeln klettern Neeson und ich auf den Müllberg. Es stinkt nach Schwefel und verwesendem Fleisch. Vom Gipfel des riesigen Müllbergs kann ich inmitten dunkler Rauchschwaden Hunderte Müllsammler erkennen: ein paar Erwachsene, doch vor allem Kinder.

Zu meinem Erstaunen sind viele von ihnen barfuß. Ihre Haut ist von der Sonne und vom Dreck geschwärzt. Ein Konvoi schwerbeladener Müllwagen donnert heran, dicht gefolgt von einem Schwarm Müllsammler, die sich selbst als «Aasgeier» bezeichnen. Jeder will als Erster Beute machen, wenn die Lkws ihre unappetitliche Fracht abkippen.

Kinder kommen herbeigelaufen und begrüßen Neeson ausgelassen: «Ich will lernen. Ich möchte zur Schule gehen!» Neeson betreut über 400 Kinder in der von ihm gegründeten Stiftung Kambodschanischer Kinderfonds (CCF).

Weshalb setzt sich Scott Neeson für diese wie Ratten im Müll hausenden Kinder ein? Die Geschichte liest sich wie ein Drehbuch: Bis 2003 bezeichneten die Medien den 44-Jährigen aus der amerikanischen Filmbranche als «Mr. Hollywood». Er besaß alle Statussymbole seiner Zunft – ein Millionengehalt als Marketingdirektor von Sony Pictures, eine Villa in Beverly Hills und einen Porsche 911.

Trotz des Erfolgs fehlte ihm etwas. Einem engen Freund gestand er: «Es muss im Leben mehr geben, als Filme zu machen.» 2003 startete Neeson zu einer fünfwöchigen Rucksack- und Motorradtour durch Asien. Ursprünglich wollte er allenfalls ein paar Tage in Phnom Penh bleiben, doch die Armut, die Liebenswürdigkeit und die Anmut der Kambodschaner, die er dort erfuhr, gingen ihm unter die Haut. Er stornierte seine Rundreise und begann, auf eigene Faust die Stadt zu erkunden.

Das Bild, das sich Neeson auf der Müllkippe in Steung Meanchey bot, rührte ihn zu Tränen. Hunderte Müllsammler wühlten nach wiederverwertbarem Glas, Metall und Papier – in der Hoffnung, genug Geld für die nächste Mahlzeit zu verdienen.

Sein Blick fiel auf einen Knirps in abgerissener Kleidung und rußgeschwärzter Haut. Er konnte nicht erkennen, ob es ein Junge oder ein Mädchen war. Er bat den Dolmetscher, das Kind herbeizurufen. Das Mädchen hieß Rithy, sie war zwölf Jahre alt. Rithy erzählte ihm, dass sie noch nie eine Schule besucht habe. Ein anderes Mädchen, die neunjährige Nich, gesellte sich zu ihnen und hörte aufmerksam zu. Beide rochen entsetzlich. Neeson versprach den Müttern 50 Dollar im Monat, wenn sie die Mädchen anstatt auf die Müllkippe zur Schule schickten. Sie waren einverstanden.

Er beschloss, seine Geschäftsreisen so zu planen, dass er einmal pro Monat in Phnom Penh sein konnte. In nur sieben Monaten hatte Neeson ein Gebäude in der Stadt angemietet, einen kleinen Mitarbeiterstab angeheuert und zwölf obdachlose Kinder von der Mülldeponie in Steung Meanchey geholt.

Eines Tages, während eines Besuchs in der kambodschanischen Hauptstadt, klingelte sein Mobiltelefon. Ein Filmstar und sein Agent, die auf Promotiontour waren, riefen von Europa aus an.

«Scott, wir haben ein Problem», sagte der Agent. Neeson, der morgens erfahren hatte, dass fünf Kinder in seinem Hort Typhus hatten, antwortete: «Was gibt's?» «Das vom

Studio gecharterte Privatflugzeug hat weder die richtige Mineralwassermarke noch das von uns gewünschte Essen an Bord. Wir steigen nicht ein, bis das geregelt ist», sagte der Agent. Der Filmstar fügte ungeduldig hinzu: «Ich habe es nicht nötig, mir das Leben so schwermachen zu lassen. Bring das in Ordnung, Scott!»

Nach diesem Vorfall entschied Neeson, seinen Job zu kündigen und Hollywood den Rücken zu kehren. 2004 gründete er den Kinderfonds CCF mit rund 80 000 Euro aus eigener Tasche. Ursprünglich wollte er 45 Kinder aufnehmen, ihnen mit Unterstützung von acht Mitarbeitern ein Dach über dem Kopf, geregelte Mahlzeiten und Schulunterricht bieten. In einem gepflegten vierstöckigen Gebäude sitzen Dutzende Kinder vor Computern, machen Englischhausaufgaben oder ruhen sich aus in ihren aufgeräumten Schlafsälen.

Er redet nicht gern in der Öffentlichkeit und lässt lieber die Geschichten «seiner Kinder» für sich sprechen. Zum Beispiel die von Nyta, 13 Jahre, die Scott auf der Müllkippe auflas. Ein einheimischer Geldgeber übernahm ihre Ausbildungskosten an einer renommierten englischsprachigen Schule in Phnom Penh. Von den anderen Schülern als «Müllsammler» verspottet, kam sie häufig in Tränen aufgelöst zum CCF. Doch sie gab nie auf. «Nach ihrem ersten Schuljahr war sie Klassenbeste», erzählt Neeson stolz.

Uhr stoppen!

Trage deine benötigte Zeit unter **Verständnistest 3** bei «Zeit» ein. Nun blättere bitte um und ermittle deine Lesegeschwindigkeit in Wörtern pro Minute.

ERMITTLUNG DER LESEGESCHWINDIGKEIT (WpM)
Hilfe für Kambodschas Waisen

0–1 Min.	1–2 Min.	2–3 Min.	3–4 Min.	4–5 Min.
Zeit WpM	1.00 - 705	2.00 - 353	3.00 - 235	4.00 - 176
	1.05 - 651	2.05 - 338	3.05 - 229	4.05 - 173
0.10 - 4.230	1.10 - 604	2.10 - 325	3.10 - 223	4.10 - 169
0.15 - 2.820	1.15 - 564	2.15 - 313	3.15 - 217	4.15 - 166
0.20 - 2.115	1.20 - 529	2.20 - 302	3.20 - 212	4.20 - 163
0.25 - 1.692	1.25 - 498	2.25 - 292	3.25 - 206	4.25 - 160
0.30 - 1.410	1.30 - 470	2.30 - 282	3.30 - 201	4.30 - 157
0.35 - 1.209	1.35 - 445	2.35 - 273	3.35 - 197	4.35 - 154
0.40 - 1.058	1.40 - 423	2.40 - 264	3.40 - 192	4.40 - 151
0.45 - 940	1.45 - 403	2.45 - 256	3.45 - 188	4.45 - 148
0.50 - 846	1.50 - 385	2.50 - 249	3.50 - 184	4.50 - 146
0.55 - 769	1.55 - 368	2.55 - 242	3.55 - 180	4.55 - 143

5–6 Min.	6–7 Min.	7–8 Min.	8–9 Min.	9–10 Min.
5.00 - 141	6.00 - 118	7.00 - 101	8.00 - 88	9.00 - 78
5.05 - 139	6.05 - 116	7.05 - 100	8.05 - 87	9.05 - 78
5.10 - 136	6.10 - 114	7.10 - 98	8.10 - 86	9.10 - 77
5.15 - 134	6.15 - 113	7.15 - 97	8.15 - 85	9.15 - 76
5.20 - 132	6.20 - 111	7.20 - 96	8.20 - 85	9.20 - 76
5.25 - 130	6.25 - 110	7.25 - 95	8.25 - 84	9.25 - 75
5.30 - 128	6.30 - 108	7.30 - 94	8.30 - 83	9.30 - 74
5.35 - 126	6.35 - 107	7.35 - 93	8.35 - 82	9.35 - 74
5.40 - 124	6.40 - 106	7.40 - 92	8.40 - 81	9.40 - 73
5.45 - 123	6.45 - 104	7.45 - 91	8.45 - 81	9.45 - 72
5.50 - 121	6.50 - 103	7.50 - 90	8.50 - 80	9.50 - 72
5.55 - 119	6.55 - 102	7.55 - 89	8.55 - 79	9.55 - 71

Trage deinen Wert auf dem Ergebnisbogen ein unter: **Verständnistest 3** bei «**WpM**», **bevor** du zu den Fragen wechselst.

FRAGEBOGEN – TEST 3
Hilfe für Kambodschas Waisen

Bitte kreuze nur die Antworten an, die dem Text entsprechen.

1.) In welcher Stadt spielt sich die Erzählung ab?
   a) Manila
   b) Phnom Penh
   c) Ho-Chi-Minh-Stadt
   d) Schanghai

2.) Zu welcher Altersgruppe gehören die Müllsammler von Steung Meanchey hauptsächlich?
   a) Kinder
   b) Junge Erwachsene
   c) Ältere Menschen, die ihre Rente aufbessern müssen
   d) Jung und alt gemischt

3.) Wie nennen sich die Müllsammler selbst?
   a) Könige der Unterwelt
   b) Schmutzfinken
   c) Aasgeier
   d) Aussätzige

4.) Wie wurde Scott Neeson früher von den Medien genannt?
   a) Mr. Beverly Hills
   b) Mr. Hollywood
   c) Mr. Sony
   d) George Clooney II

5.) Wie kam Scott Neeson auf die Idee, den Müllsammlern zu helfen?
   a) Durch eine religiöse Bekehrung
   b) Durch einen Todesfall in seiner Familie
   c) Durch Erzählungen eines engen Freundes
   d) Durch eine mehrwöchige Asien-Tour

6.) Was suchen die Müllsammler auf der Müllkippe hauptsächlich?
a) Wiederverwertbares Glas, Metall und Papier
b) Weggeworfene Lebensmittel
c) Alte Kleidungsstücke
d) Geld und Wertgegenstände

7.) Was fehlte an Bord des Privatflugzeugs mit dem Filmstar?
a) Die erforderlichen Drehbücher zum Proben der Rolle
b) Die gewünschten Filme zur Unterhaltung während des
Flugs
c) Die richtige Mineralwassermarke und das gewünschte
Essen
d) Die Schwimmwesten

8.) Wie reagierte Scott Neeson auf dieses Problem?
a) Er geriet in helle Aufregung
b) Er kündigte seinen Job
c) Er feuerte seinen Agenten
d) Es war ihm egal

9.) Wer ist Scott Neesons Gegner und versucht, seine Arbeit zu
behindern?
a) Die Polizei
b) Die örtliche Mafia
c) Ein ehemaliger Mitarbeiter
d) Wird im Text nicht erwähnt

10.) Die Erfolgsgeschichte am Ende des Textes erzählt von einem:
a) Mädchen, das in der Schule zur Klassenbesten wird
b) Mädchen, das eine erfolgreiche Schauspielerin wird
c) Jungen, der vom Müllsammler zum Millionär wird
d) Jungen, der später selbst in Neesons Projekt arbeitet

**Nun blättere bitte um
und überprüfe deine Antworten!**

1.) b	5.) d	8.) b
2.) a	6.) a	9.) d
3.) c	7.) c	10.) a
4.) b		

Trag den Prozentsatz der richtigen Antworten und die «Effective Reading Rate» (ERR) bitte auf dem Ergebnisbogen unter **Verständnistest 3** bei «ERR» ein.

Na, was sagt dir dein Ergebnis? Hast du dich schon verbessert? Schau auf deine ERR. Ein gutes Ergebnis wäre hier: eine deutliche Steigerung des Lesetempos (durch den Einsatz der richtigen Techniken) und ca. 50–70 % Verständnis. Hast du allerdings die Temposteigerung durch Auslassen von Textteilen erreicht, kannst du kein gutes Verständnis erwarten. Und wenn weder Tempo noch Verständnis hoch waren: Bist du vielleicht ängstlich zum Einzelwortlesen zurückgekehrt? Oder hast dich zu oft «umgeschaut», um dich noch einmal zu vergewissern, was da stand? Langsames Lesen kann auch ein Zeichen für mangelnden Mut zur Veränderung sein.

Weiteres Vorgehen

Schließ den Übungsteil wieder mit einem Augenentspannungs-Spiel ab. Du findest es auf der nächsten Seite.

Spielregel

Außer einer Entspannung der Augenmuskeln wollen wir hier das Gefühl für Sinngruppen unterstützen. Lies dir erst das folgende Gedicht durch (du kennst es wohl schon). Versuch, es dir zu merken und es dann in der richtigen Reihenfolge in den Ovalen wiederzufinden.

Dunkel war's, der Mond schien helle,
schneebedeckt die grüne Flur,
als ein Wagen blitzesschnelle
langsam um die Ecke fuhr.
Drinnen saßen stehend Leute,
schweigend ins Gespräch vertieft,
als ein totgeschoss'ner Hase
auf dem Wasser Schlittschuh lief.

Augenentspannungs-Spiel

Sinngruppen-Puzzle

Dunkel war's,

die grüne Flur,

Schlittschuh lief.

der Mond schien helle,

schweigend

auf dem Wasser

Drinnen saßen

schneebedeckt

ins Gespräch vertieft,

um die Ecke fuhr.

blitzesschnelle

als ein Wagen

als ein totgeschoss'ner Hase

stehend Leute,

langsam

Lautleseübung

Jetzt wäre eine Lautleseübung genau die richtige Abwechslung. Erinnerst du dich, warum «Leseflüssigkeit» so wichtig ist? In Kapitel I haben wir es erklärt. Nimm für die Übung wieder zwei Seiten des Buchs, das du dir zu Beginn ausgesucht hast. Schlag aber neue Seiten auf. Lies den Text laut und zähle dabei wieder deine Fehler. Es wäre wirklich gut, wenn du jemandem die Seiten vorlesen könntest, der dann auch das Zählen übernimmt. Schreib die Zahl in den Ergebnisbogen. Dann lies noch zweimal und trag jedes Mal deine «Hänger» ein. Merkst du, wie du sicherer wirst? Es gelingt dir wahrscheinlich zunehmend besser, mit den Augen der Stimme immer etwas vorauszueilen. Dadurch weißt du schon, was auf dich zukommt, und kannst die richtige Satzmelodie finden. Dies erleichtert das Verstehen, wodurch dann wiederum das Stocken weniger wird.

Und jetzt «darfst» du wieder eine Pause machen.
Erhol dich etwas von den Übungen, damit du entspannt an den nächsten Erklärungsteil herangehst. Bevor du Kapitel V erarbeitest, lies die nächsten Fragen, um dich auf den Inhalt vorzubereiten.

Worum geht es im nächsten Kapitel?

Kennst du das: Die Augen gehen über den Text, aber die Gedanken sind ganz woanders?

Hast du je darüber nachgedacht, wie dieses Abschweifen der Gedanken mit deiner Konzentration zusammenhängt?

Kannst du dir vorstellen, dass du aufmerksamer wirst, wenn du deine Augenbewegungen immer mutig nach vorne richtest?

Hast du dich schon einmal dabei beobachtet, wie oft das Abschweifen bei einem Krimi passiert im Vergleich zu einem Schulbuch?

V A Vertraue dir selbst – auch wenn es schwerfällt

Zweiter Hauptlesefehler: häufiges Zurückspringen

Achtung! Den folgenden Satz am besten laut lesen – und durchhalten:

Kannst du dir vorstellen du dir vorstellen, dass unglaublich viele Menschen unglaublich Menschen fast alle Texte in dieser Menschen sehr merkwürdigen, umständlichen und vor allem merkwürdigen, umständlichen und vor allem zeitraubenden Weise lesen allem zeitraubenden lesen …?

Im Klartext: Kannst du dir vorstellen, dass unglaublich viele Menschen fast alle Texte in dieser sehr merkwürdigen, umständlichen und vor allem zeitraubenden Weise lesen?

Mit diesem Beispiel sind wir mittendrin in dem zweiten Lesefehler: dem häufigen Zurückspringen im Text (Regression). Das heißt: Die Augen gehen immer wieder zu einigen Wörtern zurück, die sie kurz zuvor bereits gesehen haben. Dadurch werden Wörter wiederholt gelesen, doch nun in bunter Reihenfolge – und der Satzbau gerät völlig durcheinander.

Wer sich in dieser Art durch den Text voranbewegt, macht es sich so schwer, als müsste er sich in einem Dschungel durchschlagen. Kein Wunder, dass Lesen dann als anstrengend empfunden wird! Das Hin- und Herspringen im Text ist auch bei vielen erwachsenen Lesern sehr ausgeprägt. Sie merken aber oft gar nicht, dass sie ihre Augen so steuern. Vielleicht ergeht es dir ja ähnlich? Bei den Augenübungen kannst du das selbst feststellen: Hast du dort manchmal die Augen kurz zurückgeschickt, um dich selbst zu kontrollieren? Es ist übrigens verständlich, dass man das Zurückspringen beim Lesen nicht immer bemerkt. Wenn wir mit einem Text kämpfen, meinen wir oft, er sei eben schwierig. Selten kommen wir auf den Gedanken, dass es unser Leseprozess ist, der das Verständnis erschwert.

Es gibt verschiedene Arten des Zurückspringens – der Satz am Anfang des Kapitels war natürlich ein Extrembeispiel. Und nicht immer ist Zurückspringen ungünstig, manchmal kann es sogar sinnvoll sein. Deshalb erklären wir jetzt die unterschiedlichen Formen, Gefahren und Nutzen des Zurückspringens.

Unabsichtliches Zurückspringen – ganz schlecht!

Auch dieser zweite Lesefehler entwickelt sich unbemerkt aus den Anfänger-Gewohnheiten der Grundschulzeit. Erinnere dich doch einmal an deine ersten Versuche, ganze Sätze zu lesen. Wort für Wort entziffernd, hast du dich vorangearbeitet. Doch dabei musstest du dich immer vergewissern, ob du auch alle vorherigen Wörter behalten hast. Um sicherzugehen, hast du zwischendurch regelmäßig einen Blick zurück eingebaut. Das war damals ein richtiger und wichtiger Vorgang, weil das Gedächtnis die Wörter eben nicht lange «online» halten kann. Außerdem hattest du die meisten Wörter noch nicht gedruckt gesehen, sodass oft ein zweites Hingucken nötig war: «Am Sonntagmorgen durfte der Postbote lange im Beet liegen und schlafen.» ??? «Bett»! Das ständige Zurückspringen war also ein Zeichen von Unerfahrenheit und Unsicherheit. In deinem Alter brauchst du aber diese Rückversicherung nicht mehr. Sie behindert dich eher. Du baust dadurch nämlich Hindernisse auf, die einen harmlosen Satz plötzlich sperrig und schwierig machen. Denn was sind die **Folgen des häufigen Zurück-springens?**

Erstens: Durch das Zurückspringen wird unnötig viel Zeit verbraucht. Das lässt sich an dem chaotischen Beispielsatz sogar abzählen. Er besteht aus 36 Wörtern – ohne Zurückspringen wären es nur 22 Wörter! Durch das Herumspringen im Satz entstehen also viel mehr Fixierungen. Denn auch Rücksprünge im Text sind Fixierungen! Damit ist klar: **Durch das Zurückspringen bremst du deine Lesegeschwindigkeit.** Sie hängt übrigens gar nicht so sehr davon ab, ob du manchmal auf einem Wort länger verweilst. Viel entscheidender für die Lesegeschwindigkeit ist die **Anzahl** der Fixierungen! In dem chaotischen Beispielsatz sind es über 60 % mehr als notwendig. Also brauchst du über 60 % mehr Zeit als ohne Rücksprünge.

Zweitens: Der vorgesehene Aufbau eines Satzes wird zerstört. Die Aussage des Autors wird «gesprengt», die Logik seines Satzaufbaus durcheinandergewirbelt. Das Gehirn muss die Wörter wieder richtig sortieren, um den Satz zu verstehen. Das schafft es zwar, aber nur mit einem zusätzlichen Kraftaufwand. Im Abschnitt über den «Kontext» wurde deutlich, dass das Gehirn beim Lesen viel lieber ein wenig vorauseilt und bereits ahnt, was kommen könnte. Darin liegt seine große Stärke. Es will nicht zurück! Zumindest nicht in diesen Hasensprüngen.

Drittens: Das Gehirn verliert das Interesse, weil von den Augen viel zu langsam etwas Neues weitergereicht wird. Es «schaltet ab» – und wir verstehen oder behalten gar nichts mehr.

Auch Menschen mit vielen Jahren Leseerfahrung wollen oft nicht auf dieses Zurückspringen verzichten. Unbewusst glauben sie immer noch, dass sie sich nur auf diese Weise wirklich an alles perfekt erinnern und nichts übersehen. Das Zurückspringen soll ihnen Sicherheit geben, nichts falsch zu machen. Dieses Verhalten ist uns allen vertraut, wenn wir z. B. wichtige Papiere zusammenstellen für Referate oder Bewerbungen.

Dann sehen wir lieber dreimal nach, ob alle Unterlagen beisammen sind. Oder bei Flugreisen: Auf dem Weg zum Flughafen vergewissern wir uns immer wieder, ob wir Ticket und Pass auch wirklich bei uns tragen. Diese Absicherung geschieht aber meist bei eher nichtalltäglichen Vorhaben. Deinen Schülerausweis für den Bus brauchst du jeden Tag. Deshalb vertraust du deiner Erinnerung, ihn eingesteckt zu haben, und prüfst es nicht ständig nach.

Mit einem ähnlichen Selbstbewusstsein könntest du auch an das Lesen herangehen. Du hast die meisten Wörter schon tausende Male gesehen und kommst viel schneller voran als ein Anfänger. Deshalb behältst du die Wörter leichter – vor allem, wenn du sie in Sinngruppen liest. Verlass dich einfach darauf, dass du nichts übersehen hast. Wenn du dich unbedingt kontrollieren möchtest, dann zum Schluss. Dann wirst du vermutlich feststellen, dass dir nichts Wichtiges entgangen ist. Diese Rücksprünge bringen also nichts – nur Chaos und Zeitverlust. Deshalb solltest du **beim Lesen immer vorwärts orientiert sein: Du wirst schneller vorankommen und mehr behalten.**

Absichtliches Zurückspringen – das gute (manchmal ...)

Darf man denn wirklich niemals zurückspringen? Doch – aber nur bewusst und gezielt! Nimm einmal an, du entdeckst Widersprüche im Text oder glaubst es zumindest. Dann musst du natürlich zu den entsprechenden Stellen zurückgehen und die Aussagen miteinander vergleichen. Oder: Am Anfang eines Textes steht eine komplizierte Behauptung, die der Autor mit vielen Argumenten beweisen möchte. Wenn du dich nach einigen Seiten nicht mehr an die genaue Formulierung der

Behauptung erinnerst, ist es zweckmäßig, sie noch einmal bewusst zu lesen.

Das Zurückspringen ist also immer dann sinnvoll, wenn wir auf eine konkrete Frage eine Antwort suchen. Doch auch dies sollte nicht zu schnell geschehen. Oft klären sich die Fragen von selbst, wenn du «dranbleibst». Solange du den Zusammenhang noch verstehst, versuch das Zurückspringen zu vermeiden. Bleib bei der Vorwärts-Orientierung im Text! Manchmal genügt es nämlich, zum Schluss nur die wichtigsten Sätze noch einmal zu lesen. Dann bist du viel schneller und besser durch den Text gekommen, als wenn du immer wieder Rücksprünge gemacht hättest. Also selbst das «gute» Zurückspringen nur in ausgewählten Fällen anwenden!

Absichtliches Zurückspringen – das schlechte

«Was stand denn da eigentlich?» Hast du dich das auch schon oft am Ende einer Seite gefragt? Die meisten Menschen erleben dies beim Lesen so häufig, dass sie sich darüber ärgern. Sie haben die feste Absicht, ganz konzentriert zu lesen – aber es funktioniert einfach nicht. Immer wieder denken sie dabei an etwas völlig anderes (Was mache ich heute Abend? Wen muss ich noch anrufen? Welche Freunde will ich nachher treffen?). Oder der Text regt sie zu Gedankenflügen an: Bei einem Geschichtsbuch über das alte Rom sind sie plötzlich – schwupp – im letzten Urlaub. Das kann sehr angenehm sein. Doch dabei entfernen sie sich innerlich weit vom Text. Sie sehen zwar noch die Wörter, nehmen aber nicht mehr den Sinn auf. Irgendwann erschrecken sie: «Ach, schon wieder nichts mitgekriegt!» Also zurück! Sie versuchen, die Seite noch einmal zu lesen: bewusst langsam, um wirklich alles zu behalten. Doch genau das wird nicht funktionieren. Dann fragen sie sich entsetzt: «Warum kann ich mich bloß nicht konzentrieren?»

Inzwischen kennst du den Grund wohl schon: Das Abschweifen unserer Gedanken liegt oft daran, dass wir zu langsam lesen. Unser Gehirn kann sehr viele Informationen verkraften – es will sie aber auch zügig bekommen! Wenn wir es unterfordern, gleitet es in die schönsten Tagträume, denkt über alles Mögliche nach, nur nicht über unseren Text. Das Gehirn ist in diesem Zustand wie ein Motor im Leerlauf: angeschaltet, aber es bewegt nichts voran. Erst wenn wir es richtig fordern, wird es wieder aufmerksam. Und eine **volle Aufmerksamkeit ist die wichtigste Voraussetzung, wenn wir uns etwas merken wollen**. Deshalb dienen alle guten Lesetechniken letztlich **einem** gemeinsamen Ziel: Sie sollen diese Aufmerksamkeit wach halten und auf ausgewählte Inhalte konzentrieren.

Ein höheres Lesetempo kann für deine Konzentration ausgezeichnet sein – probier es aus! Du musst ja dein Tempo nicht gleich um 100 Prozent steigern. Auch bei 20 oder 30 Prozent höherer Geschwindigkeit wirst du dir schon vieles besser merken können. Wenn du noch unter 200 Wörtern pro Minute liest, versuch auf jeden Fall, über die «200er-Latte» zu springen. Denn mit einem Tempo von 150–200 Wörtern pro Minute wirst du kaum Erfolge erleben. Du schleppst dich durch den Text, die Konzentration bricht ein, und du nimmst nichts mehr auf, weil sich dein Gehirn längst verabschiedet hat und gedanklich irgendwo in der Sonne liegt.

Bei einem schnelleren Lesetempo – ohne Rücksprünge – richtet dein Gehirn die volle Aufmerksamkeit auf den Text. Du verstehst mehr und behältst den Inhalt besser. Auch wenn dir das einleuchtet: Das Schwierigste für dich liegt jetzt wohl darin, den Hebel umzulegen und diese Technik wirklich anzuwenden. Statt zu zweifeln, solltest du ruhig Vertrauen in deine Fähigkeiten setzen. **Auch deine Augen** können bei höherem

Tempo den Text wahrnehmen – und werden nichts übersehen! Lass dich von anfänglichen Misserfolgen nicht abschrecken. Sag bitte nicht gleich: «Das geht nicht!», sondern lieber: «Ich pack das!»

Zweiter Hauptlesefehler: Zusammenfassung

Was ist der zweite Hauptlesefehler? Das Zurückspringen im Text.

Was ist besonders schlecht? Das unabsichtliche Zurückspringen, wenn die Augen auf den Zeilen hin und her tanzen. Das nehmen wir meistens gar nicht wahr, aber das Gehirn leidet darunter.

Warum «leidet» das Gehirn? Das Lesen dauert länger, und das geringe Lesetempo macht es schwerer, sich auf den Text zu konzentrieren. Wenn unsere Gedanken dann abschweifen, müssen wir uns anschließend immer wieder neu in das Thema hineindenken. Das Hin und Her der Augenbewegungen bringt auch die Botschaft des Autors durcheinander und macht sie schwer verständlich.

Was wollen wir ändern? Wir wollen vorwärtsorientiert lesen und den Mut zu schnellerem Lesen haben! Das Erfassen von mehreren Wörtern gleichzeitig hilft uns bei der Beschleunigung, sodass die Gedanken nicht mehr so leicht abdriften.

Darf ich denn nie zurückspringen? Doch, wenn du merkst, dass du etwas Wichtiges nicht verstanden hast und auf eine konkrete Frage die Antwort im Text suchst. Dann bleiben deine Gedanken ja beim Text.

V B Sieh den Fortschritt (nicht die Fehler)!

Hast du diese Überschrift ganz bewusst gelesen? Inzwischen weißt du ja, dass wir den entspannten Umgang mit Fehlern ernst meinen. Gute Lehrer gehen übrigens genauso vor. Sie betrachten Fehler als Chance: zu erkennen, wo es noch hakt. Deshalb fordern wir dich nach den Übungen zu einem Rückblick auf. Du sollst nicht nur (begeistert oder enttäuscht) auf die Zahlen gucken, sondern sie interpretieren: Was sagen sie über dein Lesen aus? Die Fragen in dem Rückblick geben dir dazu Anregungen. Aber natürlich kannst **nur du** auch deine persönliche Situation in die Beurteilung mit einbeziehen. Alles, was dir dazu einfällt, ist wertvoll (z. B., wenn es zu Anfang gut lief, du dann aber unsicher wurdest. Das zeigt, du solltest dir mehr vertrauen). Es gibt dir Aufschlüsse nicht nur über dein Lesen, sondern auch über deine Arbeitsweise insgesamt (und über dich).

Mit dem Ablauf der Übungen bist du inzwischen vertraut. So vertraut vielleicht, dass einige bereits langweilig werden. Frag dich, ob das hier schon der Fall ist (das wäre früh). Auf diesen langweiligen Moment warten wir mit Spannung. Sobald er eintritt, kannst du dich nämlich noch mehr auf die Automatisierung der neuen Techniken einlassen, weil du den inneren Widerstand aufgibst. Klar, das ist sehr mechanisch. Aber auch ein Popstar oder Dirigent übt seine Bewegungen Hunderte Male vor dem Spiegel, damit sie auf der Bühne «sitzen».

Allerdings wird von nun an auch dein Durchhaltewille stärker gefordert. Du machst es dir jedoch viel leichter, wenn du die Übungen nicht lasch abarbeitest, sondern immer bewusst mit Tempo. Ähnlich wie bei einfachen Computerspielen: Erst durch den Zeitdruck werden sie reizvoll.

Und jetzt zu deinen Fortschritten. Hast du schon bemerkt, dass dein «Kopfkino» durch das Chunking etwas schneller läuft? Spürst du einen Unterschied zum alten Lesetrott? Oft wird das «neue» Lesen wie ein Umschalten von Zeitlupe auf Normalgeschwindigkeit empfunden.

Im letzten Theorie-Kapitel haben wir die Nachteile des Zurückspringens erklärt. Schon früher hatten wir gesagt, dass du es möglichst vermeiden solltest. Aber nun weißt du auch genau, warum. Achte bitte noch mehr darauf, dass du immer nur vorwärts arbeitest. Die nächsten Übungen werden dir weiter dabei helfen, falsche Gewohnheiten abzulegen und durch bessere zu ersetzen. Warum mit Lesetechniken aus der Grundschule die Zeit vertrödeln?

Hast du wieder Zeit, den gesamten Übungsblock V kompakt durchzuarbeiten? Das wäre gut! Du weißt schon: Es geht mit einer Fokussierungsübung los. Spann den Augen-Schirm auf!

Fokussierungsübung

Sieh mit entspanntem Fokus auf die Wortverbindungen der folgenden Seite – so wie du vorhin die größeren Bilder ange-schaut hast (vgl. S. 114). Lies nicht, sondern «fotografiere» die Schriftbilder nur schnell. Die Bilder werden automatisch sofort in dein Gehirn geschickt. Aber noch ist es vermutlich zu früh, dass alle dort auch «entwickelt» werden. Das gute Verstehen kommt später. Trotzdem wirst du wohl einige Male feststellen, dass du auch Inhalt aufgenommen hast.

Denk daran: **von links nach rechts arbeiten**, nicht jede Kolonne von oben nach unten.

sehr seltsam	unterm Tisch	was soll das?
stimmt schon	ehrlich gesagt	er ist zurück
er sagte nichts	super gelaufen	ist das wahr?
er glaubte ihr	er ging weiter	warum nicht?
ich weiß es eh	ich weiß nicht	gestern Nacht
geh ins Bett!	einen Moment	hast du alles?
immer wieder	muss das sein?	lass mich los!
Gott sei Dank!	verstehst du?	auf jeden Fall
zur Belohnung	die ganze Welt	natürlich nicht
hört auf damit!	das gibt Ärger	sie ist verrückt
wieder einmal	ich warne dich	bist du sicher?
was willst du?	zum Frühstück	nette Menschen
ich komm mit	zur Rede stellen	glaub ich nicht
was guckst du?	der heißeste Tag	ganz schön doof
wird auch Zeit	dürfen wir nicht	nun komm schon
wie geht's dir?	rechts und links	Mond und Sterne
geht nicht anders	zu hoch gepokert	ab durch die Mitte
von Kopf bis Fuß	im Laufe der Zeit	völlig in Ordnung
im gleichen Boot	am Pranger stehen	worauf wartest du?
versteh ich nicht!	in meinem Zimmer	verdammt nochmal

Sinngruppenübungen Kapitel V

Behalte den Effekt der Fokussierungsübung im Kopf und geh gleich zu den Sinngruppenübungen 1 bis 4 (S. 76, 78, 80 und 118). Wenn du willst: als letzten Durchgang. Nun siehst du die meisten Wörter zum dritten Mal! Sie sind inzwischen nicht interessanter geworden: Jetzt kannst du sie bestimmt mit einer Fixierung «abhaken». Sei schnell, aber bleib entspannt! Zur Abwechslung stell das Buch einfach auf den Kopf und nimm die Sinngruppen auf diese Weise wahr. Dann wirst du bestimmt auch nichts verstehen wollen – genau wie bei den «Griechisch»-Texten. Vielen fällt das leichter. Geh aber auch von links nach rechts und von oben nach unten. Die Zeiten trägst du wieder in deinen Ergebnisbogen ein (unter **Sinngruppen-übungen/Kapitel V:** «Übung» 1–4).

Komm danach wieder hierher zurück.

Rückblick auf die Sinngruppenübungen

Die Idealzeit war 15 Sekunden. Vielleicht hast du sie inzwischen erreicht, weil du jetzt weißt: Man muss nicht lange auf den Wörtern verweilen, um sie zu erfassen. Schnelles Fixieren reicht. Das Denken passt sich dem Tempo an: Auch das Verstehen geht schneller. Vor allem, wenn du die Wörter schon kennst. Stell dir vor, du würdest ganz viel lesen. Dann wären dir noch viel mehr Wörter so vertraut, und das Lesen würde sich nicht so lange hinziehen.

Oder bist du deutlich unter 15 Sekunden geblieben? Einerseits ist das natürlich nicht schlecht, weil es zeigt, wie viel Mühe du dir gegeben hast. Andererseits: Frag dich bitte, ob du wirklich bei jeder Symbolgruppe einen Blickstopp gemacht hast. Es sieht nämlich fast so aus, als hättest du etwas ausgelassen. Aber vielleicht gehörst du einfach zu den ganz Schnellen und bringst ein ausgeprägtes «Ballgefühl» fürs Lesen mit. In jedem Fall achte bitte darauf, dass du nichts auslässt. Sonst ist dein Text-Verständnis später löcherig. Weil man das Auslassen hinterher natürlich nicht mehr feststellen kann, trainiere bei der folgenden kleinen Übung bewusst auch die Vollständigkeit.

Wenn du zu langsam warst, versuch bei der nächsten Übung dynamischer zu sein.

Vollständige Dynamik – dynamische Vollständigkeit

Schlag eine beliebige Seite in dem Buch auf, das du dir ausgesucht hattest. Nimm den Ergebnisbogen und leg ihn **über** die erste Zeile. Die Zeile soll noch gut zu sehen sein. Dann erfasse ganz schnell (nur als Bild) das erste Drittel der Zeile, dann das zweite, dann das dritte Drittel dieser Zeile. Jetzt führst du den Bogen als «Schieber» gleichmäßig und zügig die ganze Seite herunter. Das Tempo sollte es dir gerade noch ermöglichen, den Text Zeile für Zeile mit den drei Sprüngen vollständig zu «sehen». Selbstverständlich ohne ihn verstehen zu wollen.

Komm danach wieder hierher zurück.

Übung im Internet: Dynamik und Vollständigkeit

Und? Schwierig? Du musstest dir immerhin ein ziemlich hohes Tempo diktieren, das dich daran gehindert hat, das Gelesene zu verstehen. Das ist fast so, als wollte man mit sich selbst Schach spielen.

Deshalb hast du dich vielleicht doch dabei erwischt, den Text verstehen zu wollen? Dieser Wunsch ist einfach unglaublich schwer zu unterdrücken. Deshalb weisen wir immer wieder darauf hin. Denn dies könnte der Grund sein, falls du an einigen Stellen gestoppt hast oder langsamer wurdest.

Ein ähnliches Training kannst du auch auf unserer Website durchführen – aber noch viel besser! Auf der Startseite von www.improved-reading.de/buch klickst du auf «Schieber». Dort übernimmt nämlich ein elektronischer Schieber die Aufgabe des Blatt Papiers. Die Geschwindigkeit stellst du selbst ein: auf dem «Fieberthermometer», das du dort siehst. Dann geht ein Balken unerbittlich in dem vorgegebenen Tempo über den Text. Du kannst dort sogar eigene Texte hineinkopieren und mit unterschiedlich schwierigen Texten üben.

Es kostet nichts, deine Daten werden nicht festgehalten, und du wirst auch nicht durch Werbespots gestört. Wir möchten dir gern die Unterstützung geben, die auch die Teilnehmer unserer Kurse erhalten. Im Kurs verwenden wir ein mechanisches Gerät. Damit kann man länger arbeiten als an einem Bildschirm, weil es weniger anstrengend ist. Du solltest diese Übung am Bildschirm höchstens fünf Minuten machen. Ich kann mir vorstellen, dass es eine schöne Abwechslung zu den Übungen im Buch ist.

Du wirst vermutlich ohnehin alle Geschwindigkeiten ausprobieren, dazu müssen wir dich wohl nicht auffordern. Es ist sehr spannend zu sehen, wie man bei hohem Tempo doch noch einiges vom Inhalt mitbekommt. Andererseits zeigt sich, wie langweilig ein Text bei einer niedrigen Geschwindigkeit wird. Hier kannst du vieles messen, was du beim Lesen sonst nur gefühlsmäßig beurteilen kannst: wie sich das stufenweise Schnellerwerden auf dein Leseverhalten auswirkt.

Für den Anfang stelle am besten ein Tempo ein, das etwa 50 % über deiner Lesegeschwindigkeit im letzten Verständnistest liegt. Sobald es gut läuft, steigerst du das Tempo oder nimmst es auch wieder zurück.

Wenn du dies jetzt gleich ausprobieren willst, komm bitte danach an diese Stelle zurück zu den ...

.... **Augenübungen.** Worum geht es dort eigentlich? Schreib doch einmal selbst diese Ziele auf (bei völligem Erinnerungsausfall vgl. S. 31–32):

1.) ....

2.) ....

3.) ....

Augenübungen

Vergleich bitte die Ergebnisse von Tempo und Fehlern der bisherigen Augenübungen. Es kommt häufig vor, dass jemand 10 oder sogar 20 Sekunden schneller geworden ist, aber nur zwei oder drei Fehler mehr gemacht hat. Das heißt: Vorher wurde sehr viel Zeit aufgewendet, um möglichst wenig Fehler zu machen. Für manche Aufgaben ist das absolut notwendig. Dein Mathelehrer ist in diesem Punkt sicher nicht kompromissbereit, und in jedem Atomkraftwerk wünsche ich mir **nur** solche gewissenhaften Mitarbeiter. Aber man muss auch erkennen, wann der Aufwand unverhältnismäßig groß ist. Manchmal hindert uns die Perfektion, das eigentliche Ziel zu erreichen. Sei experimentierfreudig, um dich verbessern zu können!

Zur Einstimmung eine Augenübung mit Symbolen, bei der du wahrscheinlich etwas entspannter bist. Sie geht sicher schnell, da du hierbei nicht mitsprechen oder verstehen kannst. Diesen Wert schreibst du bitte nur unten auf die Buchseite, die weiteren Zahlen wieder auf den Ergebnisbogen (unter: **Augenübungen**).

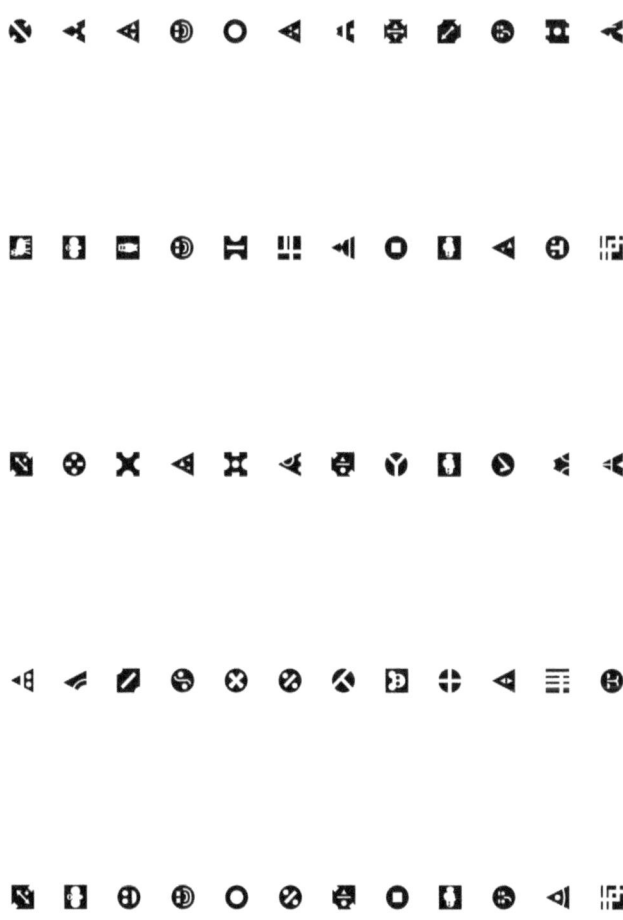

Augenübung 4   SYMBOLE

153

Augenübung 4 WÖRTER

Aufgabe	Präsident	Aufgabe	Kaffeetasse	Regierung
erstmals	betonen	besonders	erstmals	überhaupt
Auftrag	Meinung	Schüler	Interesse	Auftrag
Verfügung	Tochter	Verfügung	Milliarden	Spieler
richtig	beginnen	erhalten	richtig	dennoch
sprechen	sprechen	verlassen	gewinnen	sprechen
Menschen	Mehrheit	Bereich	Gespräch	Verfahren
nämlich	nämlich	rechnen	freilich	innerhalb
Besucher	Sprache	Besucher	Kilometer	Geschichte
jeweils	dagegen	weltweit	erstmals	ohnehin
Bericht	Position	Polizei	Bericht	Führung
hingegen	rechnen	erreichen	erhalten	hingegen
durchaus	durchaus	sondern	hoffentlich	nachdem
handeln	anderer	handeln	einigen	zwischen
gemacht	gemacht	bleiben	gemeinsam	versuchen
bereits	gehören	bereits	bereits	angesichts

Augenübung 4   ZIFFERN

9741	1875	3561	9741	6799
0018	2369	8888	6064	0018
3459	4883	8505	3459	0739
2267	0524	2267	2267	8286
4104	6177	0121	8241	4621
5677	1714	5677	1599	1768
6803	6803	1643	6385	6803
7449	8693	7449	1252	2029
5420	8007	4241	9209	8374
6680	9130	6680	3469	1699
1778	0009	2981	7603	9085
5923	5923	8789	5923	2225
3471	7686	2089	1309	3471
4916	4916	9115	3700	8419
8187	0712	4124	7383	5327
4852	3397	4852	6288	5718

Augenübung 4 BUCHSTABEN

zkck	zkck	lxhh	naom	edcd
umhu	tvcg	umhu	sdev	wxbw
yxsm	yxsm	muph	yxsm	akkm
qvpu	leqx	xzeo	ncxn	qvpu
hwtc	hwtc	mqqc	hwtc	dsxk
hvpl	mulq	wpvu	sgwt	wycz
jgru	jgru	wkfr	ooem	zcff
tomv	seoh	tomv	pnts	jgze
jgrx	aecn	dtve	gnwe	jgrx
lwsw	zkai	jhrc	lwsw	qeem
sayd	sayd	pzgs	rsbd	ajte
fwgv	pgqo	ihgv	fwgv	ewjg
ednz	ednz	jttv	ednz	jiop
gupk	psmw	ehuo	xbbf	qxoc
hxcv	uloe	usld	hxcv	cffp
yfyx	ihrg	yfyx	mcts	fuzg

Augenübung 4 SYNONYME

nicht leiden können	nicht anhalten	nicht mögen	nicht verstehen	nicht riechen können
autoritär	erkennbar	sehr streng	solidarisch	mit aller Kraft
Nachname	Familienname	Lagerfeuer	kirchliche Trauung	Reisetasche
schmuddelig	blütenrein	versifft	schmutzig	absichtlich
Wangenknochen	Bauchnabel	Ohrstöpsel	Temperaturschwankung	Übergangszeit
ignorieren	Karten spielen	nicht beachten	isolieren	vorangehen
Marotte	Ball spielen	Marionette	Geflügelfarm	seltsame Eigenschaft
Moment	Augenblick	Geschwindigkeit	Fenstersims	Mogelpackung
Mitschüler	Arbeitskollege	Millimeter	Klassenkamerad	Klassenfahrt
unschwer	ungeduldig	leicht	albern	problemlos
Muttersprache	Sprachtest	Magenverstimmung	Muttermilch	Butterblume
schlurfen	sprinten	latschen	schluffig	schlürfen
schleppen	schwitzen	hieven	tragen	herumheulen
Handrücken	Apfelsinenschale	Taucherausrüstung	den Kopf schütteln	Strandvergnügen
Roboter	Staubsaugerbeutel	Rotkäppchen	Sahne schlagen	Bergwanderung
aushalten	unter Druck setzen	ausmachen	ertragen	Pommes frites essen

Richtige Lösungen: **nicht leiden können**/nicht mögen/nicht riechen können, **autoritär**/sehr streng, **Nachname**/Familienname, **schmuddelig**/versifft/schmutzig, **Wangenknochen**/(nichts), **ignorieren**/nicht beachten, **Marotte**/seltsame Eigenschaft, **Moment**/Augenblick, **Mitschüler**/Klassenkamerad, **unschwer**/leicht/problemlos, **Muttersprache**/(nichts), **schlurfen**/latschen, **schleppen**/hieven/tragen, **Handrücken**/(nichts), **Roboter**/(nichts), **aushalten**/ertragen

Nach den Augenübungen = vor dem Test ...

Die Augenübungen wirken wie das Aufwärmen vor dem Sport. Die Augenmuskeln sind vorbereitet, jetzt überleg noch rasch: Wo willst du beim folgenden Verständnistest den Schwerpunkt setzen:

- **Lesetempo steigern**, wenn das Verständnis in den letzten Tests schon gut war.

- Oder **bewusst vollständiger fixieren**, wenn das Verständnis im letzten Test weniger als 60 % betrug. Ideal wären jetzt 60–70 % Verständnis.

Bei dem folgenden Text wird man leicht zu verweilendem Lesen verführt – du wirst schon sehen, warum. Aber lies ihn rasch und zügig wie jeden Test. Später kannst du ihn ja in Ruhe noch einmal lesen.

Also: Sinngruppen erfassen, nicht zurückspringen – und vorwärts!

Verständnistest 4

Vorgehensweise: wie bisher.
Genaue Anleitung: im Kasten auf Seite 21.

Und jetzt los mit dem vierten Verständnistest!

Tschick, der Neue in unserer Klasse

Nach den Ferien war erst mal alles so wie immer.
Aber dann kam Tschick zu uns –
ein krasser Typ!
Schon die ersten Minuten mit ihm waren filmreif …

von Wolfgang Herrndorf[9]

**Bitte diese Seite erst umblättern,
wenn du die Stoppuhr gestartet hast.**

9 Aus: Wolfgang Herrndorf: tschick, Rowohlt, Berlin 2010, S. 41–45, mit
freundlicher Genehmigung des Verlags gekürzte und bearbeitete Version.

Tschick, der Neue in unserer Klasse

Ich konnte Tschick von Anfang an nicht leiden. Keiner konnte ihn leiden. Tschick war ein Asi, und so sah er auch aus. Wagenbach schleppte ihn nach Ostern in die Klasse, und wenn ich sage, er *schleppte* ihn in die Klasse, dann meine ich das auch so. Erste Stunde nach den Osterferien: Geschichte. Alle saßen wie auf ihren Stühlen festgetackert, weil, wenn einer ein autoritäres Arschloch ist, dann Wagenbach.

Wagenbach kam also rein in dem schlechten Anzug und mit der braunen Tasche unterm Arm wie immer, und hinter ihm her schleppte sich dieser Junge, der wirkte, als wäre er kurz vorm Koma oder so. «Wir haben hier einen neuen Mitschüler. Sein Name ist Andrej –»

Und dann schaute er auf seinen Notizzettel, und dann schaute er wieder den Jungen an. Offenbar sollte der seinen Nachnamen selber sagen. Aber der Junge guckte mit seinen zwei Schlitzaugen durch den Mittelgang ins Nichts und sagte auch nichts.

Er war ein Russe, wie sich rausstellte. Er war so mittelgroß, trug ein schmuddeliges weißes Hemd, an dem ein Knopf fehlte, 10-Euro-Jeans von KiK und braune, unförmige Schuhe, die aussahen wie tote Ratten. Außerdem hatte er extrem hohe Wangenknochen und statt Augen Schlitze.

Niemand kicherte. Bei Wagenbach kicherte sowieso niemand. Aber ich hatte den Eindruck, dass auch ohne Wagenbach keiner gekichert hätte. Der Russe stand einfach da und sah aus seinen Mongolenaugen irgendwohin. Und er ignorierte Wagenbach komplett. Das war eine Leistung, Wagenbach zu ignorieren. Das war praktisch unmöglich.

«Andrej», sagte Wagenbach, starrte auf seinen Zettel und bewegte lautlos die Lippen. «Andrej Tsch... Tschicha... tschoroff.» Der Russe nuschelte irgendwas.

«Bitte?»

«Tschichatschow», sagte der Russe, ohne Wagenbach anzusehen.

Wagenbach zog Luft durchs Nasenloch ein. Das war eine Marotte von ihm. Luft durch ein Nasenloch.

«Schön, Tschischaroff. Andrej. Willst du uns vielleicht kurz was über dich erzählen? Wo du herkommst, auf welcher Schule du bisher warst?»

Das war Standard. Wenn Neue in die Klasse kamen, mussten sie erzählen, wo sie her waren. Und jetzt ging die erste Veränderung mit Tschick vor. Er drehte den Kopf ganz leicht zur Seite, als hätte er Wagenbach erst in diesem Moment bemerkt. Er kratzte sich am Hals, drehte sich wieder zur Klasse und sagte: «Nein.» Irgendwo fiel eine Stecknadel zu Boden.

Wagenbach nickte ernst und sagte: «Du willst nicht erzählen, wo du herkommst?»

«Nein», sagte Tschick. «Mir egal.»

«Na schön. Dann erzähle ich eben etwas über dich, Andrej.» Er sah Tschick an. Tschick sah die Klasse an.

«Beginnen Sie», sagte Tschick und machte eine Handbewegung.

Irgendwo im Mädchenblock wurde jetzt doch gekichert. *Beginnen Sie!* Wahnsinn. Er betonte jede Silbe einzeln, mit einem ganz komischen Akzent.

«Also», sagte er. «Andrej Tschicha... schoff heißt unser neuer Mitschüler, und wie wir an seinem Namen bereits unschwer erkennen, kommt unser Gast von weit her, genau genommen aus den unendlichen russischen Weiten, die Napoleon in der letzten Stunde vor Ostern erobert hat – und aus denen er heute, wie wir sehen werden, auch wieder vertrieben werden wird. Wie vor ihm Karl XII. Und nach ihm Hitler.»

Wagenbach zog die Luft wieder durch ein Nasenloch ein. Die Einleitung machte keinen Eindruck auf Tschick. Er rührte sich nicht.

«Jedenfalls ist Andrej vor vier Jahren mit seinem Bruder hier nach Deutschland gekommen, und – möchtest du das nicht lieber selbst erzählen?»

Der Russe machte eine Art Geräusch.

«Andrej, ich spreche mit dir», sagte Wagenbach.

«Nein», sagte Tschick. «Nein im Sinne von ich möchte es lieber nicht erzählen.»

Unterdrücktes Kichern. Wagenbach nickte kantig. «Na schön, dann werde *ich* es erzählen, wenn du nichts dagegen hast, es ist schließlich sehr ungewöhnlich.»

Tschick schüttelte den Kopf.

«Es ist nicht sehr ungewöhnlich?»

«Nein.»

«Also, *ich* finde es ungewöhnlich», beharrte Wagenbach. «Und auch bewundernswert. Unser Freund Andrej kommt aus einer deutschstämmigen Familie, aber seine Muttersprache ist Russisch. Vor vier Jahren besuchte er zuerst die Förderschule. Dann wurde er auf die Hauptschule umgeschult, weil seine Leistungen das zuließen, aber da hat er es auch nicht lange ausgehalten. Dann ein Jahr Realschule, und jetzt ist er bei uns, und das alles in nur vier Jahren. So weit richtig?»

Tschick rieb sich mit dem Handrücken über die Nase, dann betrachtete er die Hand. «Neunzig Prozent», sagte er. Wagenbach wartete einen Moment, ob da noch mehr käme. Aber da kam nichts mehr. Die restlichen zehn Prozent blieben ungeklärt.

«Na gut», sagte Wagenbach überraschend freundlich. «Und nun sind wir natürlich alle sehr gespannt, was da noch kommt ... Leider kannst du nicht ewig hier vorne stehen bleiben, so schön es auch ist, sich mit dir zu unterhalten. Ich würde deshalb vorschlagen, du setzt dich dahinten an den freien Tisch, weil das auch der einzige Tisch ist, der frei ist. Nicht?»

Tschick schlurfte wie ein Roboter durch den Mittelgang. Alle sahen ihm nach.

Uhr stoppen!

Trag deine benötigte Zeit unter **Verständnistest 4** bei «Zeit» ein. Nun blättere bitte um und ermittle deine Lesegeschwindigkeit in Wörtern pro Minute.

ERMITTLUNG DER LESEGESCHWINDIGKEIT (WpM)
Tschick, der Neue in unserer Klasse

0–1 Min.	1–2 Min.	2–3 Min.	3–4 Min.	4–5 Min.
Zeit WpM	1.00 – 784	2.00 – 392	3.00 – 261	4.00 – 196
	1.05 – 724	2.05 – 376	3.05 – 254	4.05 – 192
0.10 – 4.704	1.10 – 672	2.10 – 362	3.10 – 248	4.10 – 188
0.15 – 3.136	1.15 – 627	2.15 – 348	3.15 – 241	4.15 – 184
0.20 – 2.352	1.20 – 588	2.20 – 336	3.20 – 235	4.20 – 181
0.25 – 1.882	1.25 – 553	2.25 – 324	3.25 – 229	4.25 – 178
0.30 – 1.568	1.30 – 523	2.30 – 314	3.30 – 224	4.30 – 174
0.35 – 1.344	1.35 – 495	2.35 – 303	3.35 – 219	4.35 – 171
0.40 – 1.176	1.40 – 470	2.40 – 294	3.40 – 214	4.40 – 168
0.45 – 1.045	1.45 – 448	2.45 – 285	3.45 – 209	4.45 – 165
0.50 – 941	1.50 – 428	2.50 – 277	3.50 – 205	4.50 – 162
0.55 – 855	1.55 – 409	2.55 – 269	3.55 – 200	4.55 – 159

5–6 Min.	6–7 Min.	7–8 Min.	8–9 Min.	9–10 Min.
5.00 – 157	6.00 – 131	7.00 – 112	8.00 – 98	9.00 – 87
5.05 – 154	6.05 – 129	7.05 – 111	8.05 – 97	9.05 – 86
5.10 – 152	6.10 – 127	7.10 – 109	8.10 – 96	9.10 – 86
5.15 – 149	6.15 – 125	7.15 – 108	8.15 – 95	9.15 – 85
5.20 – 147	6.20 – 124	7.20 – 107	8.20 – 94	9.20 – 84
5.25 – 145	6.25 – 122	7.25 – 106	8.25 – 93	9.25 – 83
5.30 – 143	6.30 – 121	7.30 – 105	8.30 – 92	9.30 – 83
5.35 – 140	6.35 – 119	7.35 – 103	8.35 – 91	9.35 – 82
5.40 – 138	6.40 – 118	7.40 – 102	8.40 – 90	9.40 – 81
5.45 – 136	6.45 – 116	7.45 – 101	8.45 – 90	9.45 – 80
5.50 – 134	6.50 – 115	7.50 – 100	8.50 – 89	9.50 – 80
5.55 – 133	6.55 – 113	7.55 – 99	8.55 – 88	9.55 – 79

Trage deinen Wert auf dem Ergebnisbogen ein, unter: **Verständnistest 4** bei «WpM», bevor du zu den Fragen wechselst.

Tschick, der Neue in unserer Klasse

Bitte kreuze nur die Antworten an, die dem Text entsprechen.

1.) In welcher Zeit spielt sich die Handlung ab?
   a) Kurz nach den Weihnachtsferien
   b) Kurz nach den Osterferien
   c) Kurz nach den Herbstferien
   d) So genau weiß man das nicht

2.) Welches Fach wird gerade unterrichtet?
   a) Mathematik
   b) Deutsch
   c) Geschichte
   d) Sport

3.) Wie wird der Lehrer Wagenbach beschrieben?
   a) Beliebt und gutmütig
   b) Autoritär
   c) Nicht durchsetzungsfähig
   d) Ein bisschen verrückt

4.) Wie wird Tschicks Kleidung beschrieben?
   a) Arm und billig
   b) Prunkvoll-angeberisch
   c) Alternativ-unangepasst
   d) Altmodisch

5.) Was sagt Tschick, als er gebeten wird, sich der Klasse vor-
   zustellen?
   a) Nein
   b) Ich habe Sie nicht genau verstanden
   c) Mein Name ist Andrej Tschichatschow, und ich komme
      aus Russland
   d) Momentchen, ich muss erst meinen Anwalt fragen

6.) Welches Hobby hat Tschick?
   a) Schach
   b) Fußball
   c) Computerspiele
   d) Wird nicht erwähnt

7.) Was wird über Tschicks Herkunft ausgesagt?
   a) Er kommt direkt aus Russland
   b) Er ist vor vier Jahren aus Russland eingewandert
   c) Er ist in Deutschland geboren, nur seine Großeltern
      kommen aus Russland
   d) Darüber sagt der Text nichts Genaues

8.) Wie beschreibt der Lehrer Tschicks Lebensgeschichte?
   a) Als wenig vorbildlich
   b) Als tragisch und bemitleidenswert
   c) Als ungewöhnlich und bewundernswert
   d) Er bemüht sich, keinerlei Wertung abzugeben.

9.) Wie reagieren die anderen Schüler auf die Vorstellung von
   Tschick?
   a) Sie lachen ihn aus
   b) Sie bleiben erst stumm und kichern dann leise
   c) Sie schließen ihn sofort ins Herz
   d) Sie haben Angst vor ihm

10.) Welche Schule(n) hat Tschick vorher besucht?
   a) Eine Sprachschule
   b) Eine russische Schule
   c) Erst die Förderschule, dann ein anderes Gymnasium
   d) Förderschule, Hauptschule und Realschule

**Nun blättere bitte um
und überprüfe deine Antworten!**

1.) b	5.) a	8.) c
2.) c	6.) d	9.) b
3.) b	7.) b	10.) d
4.) a		

Trag den Prozentsatz der richtigen Antworten und die «Effective Reading Rate» (ERR) bitte auf dem Ergebnisbogen unter **Verständnistest 4** ein.

Dieser Test unterschied sich deutlich von den anderen – jedenfalls haben wir das so empfunden. Es passiert ja nichts Dramatisches, die Handlung ist eigentlich ganz alltäglich. Der Witz liegt in der Sprache, mit der die Situation geschildert wird. Man verweilt dann gern oder liest sogar einige Stellen noch einmal, weil sie so lustig sind. Das konntest du aber nicht, wenn du ein anständiges Tempoergebnis vorweisen wolltest. Wie hast du diesen Balanceakt bewältigt? Hat dich die Freude an der Sprache daran gehindert, schnell zu lesen? Oder bist du gerade deswegen schneller «durchgekommen», weil der Text gut zu lesen ist? Das könnte auch sein: Interesse an einem Thema zieht die Augen nämlich sehr stark nach vorn. Bei diesem Test kam es mehr darauf an, dass du entdeckst, wie du mit solchen Inhalten umgehst. Schau dir deine Ergebnisse an und versuche, sie in diese Erfahrung einzuordnen.

Nun müssen sich die Augen einmal wirklich ausruhen. Schließe mit diesem Kapitel auch die Augen – aber guck dir vorher noch die Erklärung zur Entspannung an:

Augenentspannung

Im Kurs sehen wir oft, dass die neuen Techniken mit deutlichen Kopfbewegungen eingesetzt werden. Es ist ein Versuch, sich auf diese Weise bei den großen Blicksprüngen zu unterstützen. Bei einigen ist das «Abnicken» besonders in der Sinngruppen-übung zu beobachten, aber auch beim Test. Dadurch wird auf die Dauer die Halsmuskulatur strapaziert, letztlich sogar die Halswirbelsäule. Wenn du es allerdings nur auf diese Übung beschränkst und es dir Schwung gibt, ist es kein Problem. Später, beim normalen Lesen, solltest du es auf jeden Fall vermeiden. Die Fähigkeiten deiner Augen reichen völlig aus, um die Blicksprünge durchzuführen. Aber eine Kraftanstrengung ist das schon! Deswegen trainiere die Augen mehrmals am Tag, sodass sie sich an größere Bewegungen gewöhnen. Lies die folgende Anweisung erst einmal und dann führe sie durch.

Schließ die Augen.

Bewege sie bewusst

nach rechts und links,

oben und unten,

diagonal,

als «liegende Acht»

und im Kreis.

Wiederhole diese Augenbewegungen mit geöffneten Augen. Halte dabei den Kopf ruhig.

Lautleseübung

Vielleicht bist du dir zu Beginn dieser Übung wie ein Grund-schüler vorgekommen – und von dessen Techniken solltest du ja eigentlich befreit werden. Das Zählen der Fehler hat dieses unbequeme Gefühl womöglich noch verstärkt. Doch denk einmal daran, dass es berühmte Sprecher gibt, die viele CDs mit dem Lesen von Büchern füllen! Gut sprechen zu können, ist eine Kunst. Vorzulesen trainiert auch deine Stimme und deine Selbstsicherheit.

Nimm also wieder das Buch und hol dir jemanden, der deine «Hänger» zählt (oder zähle sie selbst). Lies zwei Seiten und berücksichtige vor allem die passende Satzmelodie. Trag die Anzahl der Stolperstellen aus allen drei Durchgängen in den Ergebnisbogen ein. (Falls du die Anleitung hierzu noch nicht gelesen hast, sie steht auf S. 46–48.)

Bau ruhig wieder eine Pause ein – umso besser geht es danach.

Hast du dich inzwischen an unsere Methode gewöhnt, dich mit Fragen auf das nächste Kapitel vorzubereiten? Liest du sie überhaupt? Wenn nicht: Vergleich doch einmal am Ende eines Kapitels, ob sie nicht doch zur Vorbereitung ganz nützlich gewesen wären.

Worum geht es im nächsten Kapitel?

Wie geht man mit unbekannten Wörtern um?
Wie beeinflusst unser Wortschatz das Lesen?
Wie kann ich meinen Wortschatz erweitern?
Kann ich mich besser konzentrieren, wenn ich laut lese oder den Text im Kopf mitspreche?
Wie soll ich Gedichte und Romane lesen – auch so schnell?

VI A Moment –
ich lade gerade Wörter herunter

Je größer unser Wortschatz ...

Weißt du zufällig, welches dein erstes Wort war, das du als Kind gesprochen hast? Darauf warten die Eltern meist mit Spannung und erzählen es gern. Wenn wir später «das Wort ergreifen», wird das leider nicht immer mit demselben Interesse aufgenommen. Wörter zu verwenden, ist für uns so selbstverständlich, dass wir selten darüber nachdenken. Höchstens dann, wenn uns die Worte fehlen. Wie lässt sich das eigentlich verhindern? Eine gute Idee findet sich in der Geschichte von der Maus Frederick. Sie saß nur auf der Wiese und träumte vor sich hin, während die anderen Mäuse die Vorräte für den Winter sammelten. «Warum arbeitest du nicht?», fragten die anderen Mäuse verärgert. «Ich arbeite doch», sagte Frederick, «ich sammele Wörter. Es gibt so viele lange Wintertage – und dann wissen wir nicht mehr, worüber wir sprechen sollen.»

Diese kleine Geschichte erzählt von den großen Möglichkeiten, die uns die Sprache bietet. Vom ersten Wort an sammeln wir einen «Vorrat», der im Laufe des Lebens immer weiter wächst – sofern wir uns darum kümmern! Der Begriff Wort*schatz* signalisiert schon, dass dieser Vorrat wertvoll ist. Auch vor einem «Sprachschatz» klingt Achtung an. Viele Redensarten beweisen dies ebenfalls: «Das Wort ist mächtiger als das Schwert», heißt es sogar. Es gibt beeindruckende Beispiele von Menschen, die durch mitreißende Reden Gewalt verhinderten: z. B. Nelson Mandela, Gandhi oder Martin Luther King. Sie haben so viele überzeugende Worte gefunden, dass ihnen Menschen auf der ganzen Welt zugehört haben.

... desto besser verstehen wir einen Text

Den Wort-Vorrat in unserem Kopf brauchen wir nicht nur für das Sprechen. **Auch das Lesen von Texten funktioniert erst dann, wenn wir viele Wörter kennen.** Das ist doch klar, denkst du jetzt wahrscheinlich – als würden wir dir erzählen: Ein Dackel hat vier Beine. Doch weißt du wirklich, **wie sinnvoll du deine Wörter für dich einsetzt,** die du zum Lesen mitbringst? Jeder geht nämlich mit seinem Wortschatz anders um. Welcher von den folgenden Typen bist du wohl?

Der Tunnelblick-Typ: Er bemerkt ausschließlich diejenigen Wörter, bei denen sein Gehirn signalisiert: «Kenn ich!» Wenn er von 100 Wörtern in einem Text bloß 80 Wörter kennt, nimmt er auch nur diese 80 wahr. Um den Rest kümmert er sich einfach nicht (vielleicht ist aber gerade der entscheidend für den Sinn?).

Der Klippen-Typ: Er starrt hauptsächlich genervt auf die schwierigen Wörter und kommt einfach über diese Klippen nicht hinweg. Die vertrauten Wörter nimmt er gar nicht erst wahr. Deshalb gibt er das Lesen oft ganz schnell auf.

Uns wäre der **Frosch-Typ** am liebsten (deshalb taucht er auch immer wieder auf): Er hüpft zuversichtlich vorwärts über die Zeilen und springt vor allem auch über die Klippen hinweg.

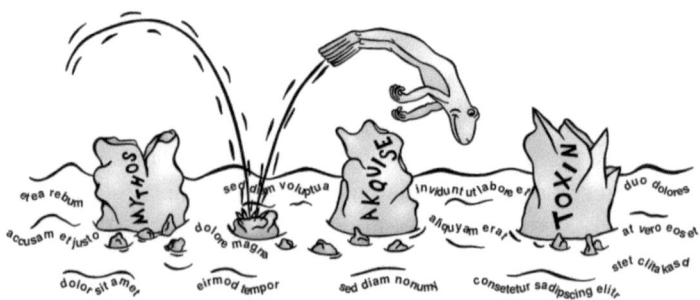

Sein Wortschatz ist so groß, dass er mit schwierigen Wörtern geschickt umgehen kann. Manche leitet er von Wörtern ab, die er bereits kennt (wenn du «Exit» auf dem Computer kennst, weißt du auch, worum es geht, wenn du dieses Wort z. B. an einer Tür siehst). Andere Wörter versucht er, durch den Zusammenhang zu verstehen. So ist er ziemlich schnell mit dem ersten Lesen fertig. Nur bei entscheidenden Unklarheiten springt er zurück, um nichts Wichtiges zu verpassen. Aber dann weiß er, wo er suchen soll. (Bei ganz schwierigen Texten muss natürlich auch er eine andere Strategie haben. Die steht in Kapitel VIII.) **Für das Verstehen eines Textes ist also erstens wichtig: viele Wörter zu kennen.**

Wir sind es gewohnt, dass ein Wort in unterschiedlichen Formen erscheint und vielfältige Bedeutungen haben kann. Nimm z. B. das Wort «halten»: ich halte, du hältst, wir halten – das Wort verändert leicht seine Endung, aber wir erkennen es mühelos. Auch mit einem Großbuchstaben am Anfang: «Halten wir an?» Wir wundern uns nicht, dass man genauso gut ein «Referat halten» wie «Segel halten» oder «Kontakt halten» kann. Wenn dir jemand sagt: «Dreh doch mal den Hahn zu», wird schon aus dem Zusammenhang klar: Er meint bestimmt nicht einen Gockel, sondern den Wasserhahn. Und falls du dir ein neues Schloss wünschst, werden deine Eltern wohl nicht denken, dass du größere Räume haben möchtest.

Die Vertrautheit mit diesen verschiedenen Formen und Bedeutungen beeinflusst auch dein **Lesetempo**. Je besser du weißt, was ein Wort in einem bestimmten Zusammenhang aussagen soll, umso schneller kommst du beim Lesen voran. Dann ist auch kein Zurückspringen nötig, weil du dich sicher fühlst. Umgekehrt gilt natürlich: Ist dir ein Wort erst selten begegnet, brauchst du mehr Zeit zum Entziffern. Ein völlig fremdes Wort zu verstehen, kann lange dauern, weil du seinen Sinn herausfinden musst. Das **Verstehen eines Textes** hängt also **zwei-**

tens davon ab: **möglichst viele Bedeutungen** eines Wortes zu kennen.

Geistige Klimmzüge für den Aufbau des Wortschatzes

Beide Ziele – **viele Wörter** und **deren unterschiedliche Bedeutungen** zu kennen – **erreicht man am besten durch das Lesen selbst.** Wer noch nicht so geübt ist im Lesen, sollte daran denken, dass auch nicht jeder Mensch 50 Liegestütze oder 20 Klimmzüge aus dem Stand bewältigt. Die meisten fangen mit einer kleinen Zahl an und steigern sie allmählich. Dieses Prinzip funktioniert auch beim Lesen. Wer regelmäßig Schritt für Schritt mehr Text erobert, wird immer besser mit Texten umgehen können. Überfordere dich nicht, damit die mühseligen Zwischenstufen dich nicht wieder entmutigen. Also nicht gleich mit 10 Klimmzügen anfangen …

Am besten gewöhnst du dich auch daran, fremde Wörter nachzuschlagen, im Internet danach zu suchen oder jemanden nach ihrer Bedeutung zu fragen. Manchmal errätst du sie vielleicht schon aus dem Zusammenhang – dies gelingt umso häufiger, je mehr andere Wörter du kennst. Das zu können, ist ein großer Vorteil! Bald wirst du keine Angst mehr vor Texten mit vielen Fremdwörtern haben. Wenn du die Textmenge langsam steigerst, bereiten dir irgendwann 50 Seiten keine Sorge mehr – obwohl du früher vielleicht schon mit Entsetzen auf die erste von diesen 50 Seiten geguckt hast.

Wer ohnehin schon viel und gut liest, kann dennoch sein Lesen durch Lesen verbessern. Vermutlich hast du schon von dem berühmten Dichter Goethe gehört, der vor 200 Jahren gelebt hat. Seine Sprache klingt für uns vielleicht etwas altertümlich, aber seine Worte sind zeitlos: «Die guten Leutchen wissen nicht, was es einem an Zeit und Mühe gekostet, um lesen zu lernen. Ich habe achtzig Jahre dafür gebraucht und kann auch jetzt nicht sagen, dass ich am Ziel wäre.» Du siehst – es gibt immer noch Steigerungsmöglichkeiten …

Vielleicht denkst du jetzt: Ich habe noch nie Probleme mit meinem Wortschatz gehabt, alle haben mich immer verstanden. Ja – aber beim Sprechen hast du die Chance, dich zusätzlich durch Körpersprache verständlich zu machen. Außerdem erwarten die anderen auch gar nicht, dass du druckreif sprichst (und fänden es wohl auch eher merkwürdig). Doch für das Lesen braucht man einen viel umfangreicheren Wortschatz. Man erwirbt ihn leider nicht einfach so nebenbei nur durch Fernsehen, Radio oder Gespräche. Einen Wortschatz, der dich zum wirklich guten Lesen befähigt, sammelst du nur durch das Lesen selbst – hier unterscheiden wir uns dann doch von der Maus Frederick.

Unsere Bibliothek im Kopf – das mentale Lexikon

Unser Wissen über ein Wort besteht aus sehr vielen Einzelheiten. Wir kennen nicht nur seine vielfältigen Bedeutungen. Wir wissen, aus welchen Buchstaben es besteht, wie man es ausspricht und wie es dann klingt. Wir kennen seine Wortart und verstehen die verschiedenen Formen, in denen es auftaucht: Ich **lese das Buch**, du **liest** die erste Seite **des Buches**. Wir bemerken, aus welchen Teilen ein Wort zusammengesetzt ist: Hand/ball/trainer, Vorstands/vor/sitzender, auf/stehen. Diese und andere Einzelheiten sammeln wir in dem sogenannten **mentalen Lexikon** unseres Gehirns. Es besteht aus hunderttausenden kleinen «Ordnern», die wir an unterschiedlichen Orten im Gehirn «abstellen». Wenn wir ein vertrautes Wort sehen, wird es sofort von diesem Lexikon erkannt und steht uns zur Verfügung. **Und je mehr man über ein Wort weiß, desto schneller kann man es lesen.** Ein neues Wort hingegen muss erst einmal «eingetragen» werden, bevor es wirklich zu unserem Wortschatz gehört. Das kann eine Weile dauern – vor allem dann, wenn es ein kompliziertes Wort mit vielen verschiedenen Bedeutungen ist. Einen ähnlichen Vorgang erlebst du, wenn du in eine neue Klasse oder einen neuen Verein kommst: Die vielen fremden Gesichter und Namen werden dir erst vertraut, wenn du sie oft gesehen hast. Dann erkennst du jeden aus dieser Gruppe, selbst wenn er nur ganz schnell im Bus an dir vorbeifährt.

In deinem Umfeld weißt du, welche Freunde man fast immer zusammen sieht. Du hast sie nicht nur einzeln, sondern auch als Einheit abgespeichert. Genauso ist es mit vielen Wörtern, die oft im Zusammenhang auftauchen: «Betreten verboten», «Wetten, dass?», «Eis mit Sahne» usw. Nimmt man aus einer dieser Gruppen ein Wort heraus, weißt du sofort, welcher «Freund» fehlt. Denn solche Wortgruppen sind ebenfalls fest in deinem mentalen Lexikon verankert. Du kannst sie wie ein einzelnes Wort mit **einem** Blickstopp erfassen.

Dein mentales Lexikon bietet dir unbegrenzten Speicherplatz. Trotz dieses Vergleichs mit einem Rechner hat das Gehirn grundlegend andere Eigenschaften. Wenn es viele Informationen sinnvoll abgespeichert hat, wird es nämlich im Laufe der Jahre leistungsfähiger. Je mehr «Einträge» du in deinem Lexikon hast, umso leichter wird dir das Lesen fallen. Und wenn wir das mentale Lexikon richtig nutzen, hilft es uns, wirklich professionelle Leser zu werden. Es rettet uns nämlich vor dem überflüssigen Mitschleppen des dritten Lesefehlers!

Dritter Hauptlesefehler: vollständiges Mitsprechen beim Lesen

Schon wieder zurück in die Grundschule? Ja – ein letztes Mal noch! In der ersten Klasse haben wir zunächst jeden Buchstaben mit einem Laut verbunden – und **laut** ausgesprochen. Ebenso wurden die Wörter bzw. die ganzen Sätze laut vorgelesen. Schließlich sollten wir zeigen, ob wir es verstanden hatten. Als diese erste Zeit vorüber war, wurde uns gesagt: «Nun lest, ohne dabei laut mitzusprechen, jetzt könnt ihr es!» Von da an hat man keinen mehr mitsprechen **hören**, aber wir haben immer noch **innerlich** mitgesprochen. Doch beide Formen des Mitsprechens beim Lesen können ein großes Hindernis sein. Die wenigsten wissen, dass auch in diesem Bereich ein Geheimnis des guten Lesens ruht. Wer es entdeckt, verfügt über ein wirkungsvolles Werkzeug, mit dem sich das Lesetempo steuern lässt. In den nächsten Abschnitten werden die verschiedenen Formen des Mitsprechens erklärt – mit allen ihren Vor- und Nachteilen.

Stimmhaftes Mitsprechen beim Lesen

Das laute Lesen in der Anfangszeit war unentbehrlich für unser Lernen. Nur auf diese Weise haben wir die neuen Wörter überhaupt verstanden und behalten. Der Grund dafür liegt in unserem Gedächtnis. Dort gibt es einen Speicher für die Sprache, die wir **hören**. In diesem Speicher hocken die gehörten Wörter jeweils für ein bis zwei Sekunden. Dann zerfallen sie und machen den nächsten Wörtern Platz. Wenn wir also die Wörter beim Lesen aussprechen, hören wir sie. Dadurch halten wir sie frisch – genug Zeit, um sie zu verstehen und mit ihnen zu arbeiten.

Viele Menschen haben dieses Mitsprechen beibehalten. Beobachte einmal den Lesevorgang von anderen ganz genau. Viele bewegen die Lippen, und manchmal hört man sogar ein leises Mitmurmeln. **Dieses vollständige Mitsprechen** eines Textes **bringt Nachteile**. Es ist ermüdend und bremst das Tempo. Wir erreichen nämlich mit unserer Sprechgeschwindigkeit höchstens ca. 250 Wörter pro Minute – aber das ist schon so rasant, dass es kaum jemand lange durchhält. Wer den ganzen Text mitspricht, kommt vermutlich über 200 Wörter pro Minute nicht hinaus. **Das laute vollständige Mitsprechen** solltest du also **auf jeden Fall vermeiden**.

Nur in ausgewählten Fällen kann das laute Mitsprechen **Vorteile** haben. Bei einzelnen schwierigen oder neuen Wörtern ist das Aussprechen eine sehr gute Hilfe. Damit unterstützt du dich selbst darin, sie zu verstehen und zu behalten. Auch bei einem sehr komplizierten Gedankengang kann es sich lohnen, ihn laut zu lesen. Manchmal entdeckst du dabei sogar einen ungeschickten Satzbau und weißt: Hier hat sich der Autor einfach krumm ausgedrückt.

Inneres Mithören beim Lesen

Die «fortgeschrittene» Weise des Mitsprechens ist das «innere Mithören» beim Lesen. Kennst du dieses Gefühl? Wir hören im Kopf eine Stimme, die uns den Text komplett «vorliest». Für manche klingt es wie die eigene Stimme, für andere wie ein «kleiner Mann im Ohr». Das innere Mithören verläuft zwar völlig stumm. Aber für das Gehirn ist es ebenfalls ein «Hören», deshalb verstehen wir die Wörter leichter. Doch es gibt noch einen **weiteren Vorteil**: Weil wir die Stimme nicht einsetzen, erlaubt das innere Mithören Lesegeschwindigkeiten bis zu ca. 350 Wörtern pro Minute!

Die Vorteile dieses «Mithörens» solltest du ruhig nutzen. Besonders dann, wenn das Lesen noch nicht so flott vorangeht. Denn bei dem inneren Mithören lässt sich sogar die Satzmelodie nachvollziehen. Wie wichtig eine gute Satzmelodie ist, erlebst du bei Hörbüchern, weil die Sprecher die Sätze so hervorragend betonen. Dieser Klang verstärkt dein Verstehen, und du bleibst leichter bei der Sache. Besonders wenn dein Wortschatz noch nicht so groß ist, hilft das innere Mithören sehr. Durch das bewusste Betonen der Satzmelodie prägen sich die Wörter besser ein.

Der **Nachteil** dieser inneren Stimme zeigt sich erst, wenn man schneller als ca. 350 WpM lesen möchte. Dann erweist sich das vollständige innere Mithören auf einmal als Bremse. Doch auch diese Art des Lesens lässt sich noch durch ein «Tuning» verbessern. Wie du das erreichst, liest du im nächsten Abschnitt. Doch kläre bitte vorher, ob das schon für dich geeignet ist. Solange deine jetzige Lesegeschwindigkeit noch unter 300 WpM liegt, nutze besser noch das komplette innere Mithören. Steigere dein Lesetempo lieber dadurch, dass du in Sinngruppen liest und das Zurückspringen vermeidest. Allein mit diesen Techniken kannst du bereits 300 WpM erreichen oder sogar darüber hinaus gelangen. Erst dann ist die nächste Turbo-Stufe sinnvoll.

Der Weg zum Lese-Profi

Es gibt zwei Wege, ein geschriebenes Wort zu verstehen. Den ersten haben wir oben gezeigt: Er führt über den Klang des Wortes, wenn wir es mitsprechen oder mithören. Im Grunde machen wir dabei einen Umweg über das Ohr! Der zweite Weg verläuft ohne diese Schleife: Die Augen nehmen die Buchstabenfolge auf und senden sie direkt zu den Teilen des Gehirns, mit denen wir die Wortbedeutung verstehen. Wie kann das funktionieren?

Jedes Wort, das wir schon hundert- oder tausendfach gelesen haben, nimmt einen festen Platz in unserem mentalen Lexikon ein. Wir kennen ein solches Wort derart in- und auswendig, dass seine Bedeutung automatisch da ist, wenn wir es geschrieben sehen. Wir erfassen seinen Sinn **sofort** – ohne den zeitaufwendigen Umweg über das Sprechen und Hören. Natürlich ist dieser direkte Weg viel schneller! Es gibt verschiedene Bezeichnungen für diese Art des Lesens. Hier wird es das **visuelle Begreifen** genannt.

Ein geübter Leser verfügt über ein gut bestücktes mentales Lexikon. Er kann also recht viele Wörter auf diesem direkten Weg erfassen. Aber auch er wird nicht ausschließlich visuell begreifen können. Man hat festgestellt, dass das nicht möglich ist. Sogar für ausgezeichnete Leser gibt es bestimmte Wörter, die sie innerlich mithören oder sogar aussprechen müssen. Im besten Fall werden beide Wege gleichzeitig genutzt, da sie sich gegenseitig unterstützen. Die Technik eines weitgehenden visuellen Begreifens stellt praktisch die «Krönung» der Lesetechniken dar. Ohne die ständige Bremse des inneren Mitsprechens können wir eine sehr hohe Lesegeschwindigkeit erzielen – vorausgesetzt, wir lesen in Sinngruppen und verzichten größtenteils auf das Zurückspringen. Wir stürmen zunächst die Hürde von 350 WpM – und können noch weitaus schneller werden. Nur: Wie erreicht man so ein hohes Tempo?

Visuelles Begreifen: Der Weg ist das Ziel

Wie du schon aus der Überschrift siehst: Für dieses Ziel hast du viel Zeit. Nimm dir nicht zu viel vor, erwarte nicht, dass du dir das visuelle Begreifen einfach «verordnen» kannst. Es wird sich entwickeln, wenn du es langsam trainierst. Ohne dass du dir dessen bewusst bist, kennst du das visuelle Begreifen auch schon aus dem Alltag. Die Satzzeichen zum Beispiel sprichst du nie mit, verstehst sie aber trotzdem. Oder sprichst du sie etwa doch aus ... Fragezeichen ... Wohl kaum ... Ausrufezeichen ... Dem Lesevorgang noch ähnlicher ist das schnelle Verstehen von Abkürzungen. Besonders beim Austauschen von SMS nutzt man davon unglaublich viele – du kennst sie bestimmt besser als wir. Wenn du liest: **LG** oder **Hdl** weißt du sofort, was gemeint ist – ohne es sprechen oder innerlich hören zu müssen. Vielleicht fragst du bei **bnza** einmal kurz nach. Aber beim nächsten Mal wirfst du nur einen Blick darauf und weißt: **b**rauchst **n**icht **z**u **a**ntworten ...

Das visuelle Begreifen trainierst du am besten mit einer ganz bestimmten Gruppe von Wörtern: den sogenannten **Arbeits-pferdwörtern.** Es sind die 50 häufigsten Wörter in unserer Sprache. Sie werden so oft eingesetzt, dass sie im Durchschnitt 33 % eines Textes ausmachen. Ein Blick in die Aufstellung (S. 194) zeigt schon, wie unspektakulär diese Wörter sind. Es sind eben Arbeitspferdwörter – oft beansprucht, aber unauffällig. Du hast sie schon so viele tausend Mal gesehen: Du brauchst sie wirklich nicht mehr innerlich zu hören! Wenn du nur die Arbeits-pferdwörter visuell begreifst, kannst du schon ein Drittel jedes Textes schneller lesen. Das wäre ein großer Fortschritt!

Vielleicht liest du ja sogar schon in dieser Weise. Dann könntest du die nächste Stufe ansteuern. Das bedeutet, in einem Satz **ausschließlich** die **Wörter** innerlich **mitzuhören, die** den Sinn, die **Aussage** eines Satzes **bestimmen** (hier reichen die fettgedruckten Wörter schon zum Verstehen). Alle anderen Wörter begreifst du rein visuell. Wenn du das schaffst, bist du für deine Altersgruppe wirklich ein Lese-Profi!

Ein hoher Anteil visuellen Begreifens trägt dazu bei, deinen Leseprozess zu beschleunigen und zu automatisieren. Diese

Techniken setzt du jedoch nur dort ein, wo du sie für sinnvoll hältst. Denn bei einem gut geschriebenen Roman, einem erstklassigen Songtext oder einem Gedicht, das dir gefällt, ist ein anderes Herangehen oft viel passender. Langsames Tempo, häufiges Zurückspringen und lautes «Mitschmettern» – alles, was dein Vergnügen erhöht, ist richtig.

Dritter Hauptlesefehler: Zusammenfassung

Was ist der dritte Hauptlesefehler? Das vollständige innere Mithören des Textes.

Was ist daran schlimm? Beispiel: «Das Haus brennt ab.» Wenn du jedes Wort mithörst, gibst du den weniger wichtigen Wörtern «das» und «ab» das gleiche Gewicht wie den sinntragenden Wörtern «Haus» und «brennt». Das ist so, also ob du in einem Text jede Zeile unterstreichst – dann kannst du es auch gleich bleibenlassen.

Was soll ich anders machen? Versuche, dein Lesetempo so weit zu steigern, dass du automatisch einen Teil des Textes rein bildlich erfasst («visuelles Begreifen»). Aber denk nicht ständig an die «innere Stimme», das lenkt nur ab.

Soll ich das innere Mitsprechen komplett abschalten? Nein, auf gar keinen Fall! Die wichtigeren Textteile und alle neuen oder schwierigen Wörter und Namen solltest du unbedingt mithören – damit prägst du sie dir besser ein. Und die besonders schönen Texte kannst du sogar laut mitsprechen, wenn du Spaß daran hast …

VI B Dranbleiben –
auch bei Kilometer 32 ...

Gewöhnlich steht er zwischen dem 30. und 35. Kilometer: der «Mann mit dem Hammer». Jedenfalls beim Marathonlauf. Natürlich nicht in Wirklichkeit. Aber irgendwie schlägt er zu. Die Folge: ein bleiernes Körpergefühl. Am liebsten möchte man aufgeben. Ganz so dramatisch wird es beim Lesetraining nicht sein, aber Unlust könnte sich bei dir natürlich auch irgendwann einstellen (kein Widerspruch?). Vor allem, wenn du denkst: «Das ist ja immer das Gleiche!» In mancher Hinsicht stimmt das sogar. Es gibt zwar in jedem Kapitel etwas Neues. Doch die «Automatisierung» aller Techniken ist nun einmal unser großes Ziel. Sie nur zu **kennen**, reicht nicht.

Also durchhalten! Sonst verpufft deine bisherige Anstrengung, das wäre richtig schade. Vielleicht hast du auch gemerkt, dass wir dir immer mehr zutrauen – indem wir dir mehr zumuten. Und du? Traust du dir inzwischen auch mehr zu? Die nächste Übung ist wieder eine deutliche Herausforderung – wenn **du** dich selbst herausforderst. Du kennst sie schon, aber durch Temposteigerung kannst du die Latte immer höher legen (dort gibt es auch keinen Kilometer 32).

Übung: Dynamik & Vorwärtsorientierung
Nimm dir wieder ein Buch und deinen Ergebnisbogen. Jetzt sollst du noch einmal deine Blicke über mehrere Seiten schicken. Aber nicht, indem du richtig «liest». Stattdessen machst du bewusst drei bis vier Blickstopps pro Zeile. Dabei sollst du jeweils ein Drittel oder ein Viertel der Zeile klar (als Bild) erkennen. Mit Hilfe des Ergebnisbogens scheuchst du dich wieder selbst über die Seite. Du ziehst ihn zügig und gleich-

mäßig über die Zeilen **von oben nach unten**. Das Tempo sollte möglichst hoch sein. Aber du musst es gerade noch schaffen, vor der Unterkante des Papiers zu flüchten, ohne etwas auszulassen. Du brauchst den Text nicht zu verstehen – nur sicher zu «fokussieren»! Komm nach ca. fünf Minuten hierher zurück.

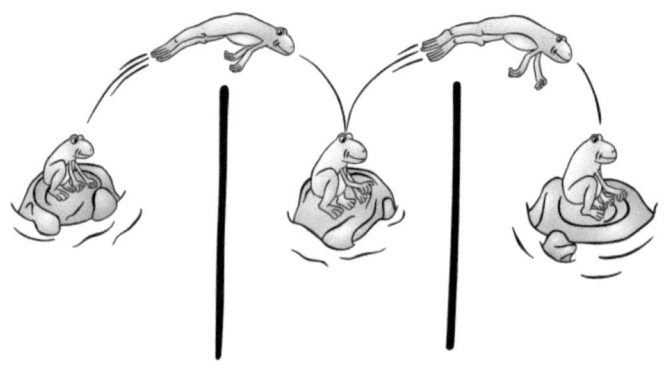

Fokussierungsübung

In der letzten Übung brauchtest du wieder einmal nichts zu verstehen. Das ändert sich jetzt langsam. Denn du hast vielleicht bemerkt, dass du trotz des hohen Tempos inzwischen einiges vom Inhalt aufnimmst. Daran kannst du anknüpfen und es ausbauen. Wenn das gelingt, ist es ein Riesenschritt nach vorn.

Du trainierst mit den Wortverbindungen in der folgenden Tabelle. Viele der Verbindungen, wenn nicht sogar alle, kennst du. Sensationell sind sie nicht, aber genau das macht sie interessant für unser Training. Sie erfüllen nämlich eine wichtige Voraussetzung: Du hast sie schon häufig gesehen. Also kannst du ihre Bedeutung auch blitzschnell verstehen. Genauso schnell wie die Bedeutung eines einzelnen Worts, das du gut kennst.

Geh wieder Zeile für Zeile von links nach rechts durch.

Weil es nur zwei Kolonnen sind, springen die Augen immer abwechselnd: links–rechts–links–rechts usw. Nimm in hohem Tempo jede Wortverbindung mit **einer** Fixierung auf. Die Breite ist ziemlich herausfordernd, doch du kannst es schaffen. Arbeite diesmal ohne den bedrohlichen Ergebnisbogen. Beim **ersten Durchgang** sollst du nur fixieren, nicht verstehen. Dann kommt ein **zweiter Durchgang**: Versuch, genauso schnell zu sein, aber achte diesmal darauf, ob du gleichzeitig die Bedeutung der Wörter erfasst. Beim **dritten Durchgang** nimmst du zwar wieder alle Wortgruppen wahr, konzentrierst dich aber auf die Wörter, die du bisher nicht so gut mitbekommen hast. Spring in keinem Fall zurück, auch wenn du etwas nicht verstanden hast. So wichtig ist das Verstehen hier noch nicht.

Wenn du im Theorie-Kapitel den Abschnitt über das mentale Lexikon gelesen hast, kennst du den Sinn dieser Übung. Du sollst bewusst erleben, wie schnell du bekannte Wörter entschlüsseln kannst. Viel schneller vermutlich, als du dir das je vorgestellt hast.

unter aller Kanone

auf den Plan treten

erinnerst du dich?

Tagesschau sehen

unter ihrem Kissen

genau das Richtige

Schnee von gestern

Kommen und Gehen

alle Register ziehen

völlig abgeschnitten

die Daumen drücken

woher weißt du das?

der springende Punkt

unter Dach und Fach

kein Grund zur Sorge

außer Rand und Band

kalte Füße bekommen

auf die Palme bringen

auf dem Holzweg sein

ins rechte Lot bringen

durch den Kakao ziehen

eine schöne Bescherung

mit freundlichen Grüßen

aus dem Ärmel schütteln

Nägel mit Köpfen machen

ein Geschenk des Himmels

jemandem zu nahe kommen

früher oder später

vor lauter Schreck

auf die Jagd gehen

Sei bloß vorsichtig!

aufs Glatteis führen

wunderbarer Abend

durch dick und dünn

ach du grüne Neune!

den Faden verlieren

ich freu mich drauf

in der Patsche sitzen

kommt nicht in Frage

den Vogel abschießen

einen Augenblick lang

nach Strich und Faden

unter die Arme greifen

wie auf Rosen gebettet

Buch mit sieben Siegeln

etwas im Schilde führen

jemandem Paroli bieten

alles im grünen Bereich

andere Saiten aufziehen

ohne Punkt und Komma

auf die hohe Kante legen

vom Regen in die Traufe

über die Runden kommen

jemanden übers Ohr hauen

Sinngruppenübungen Kapitel VI

Kurze Auffrischung: Was bringen dir die Sinngruppenübungen? **Erstens**: Dynamik und Sicherheit deiner Blickprozesse. Vielleicht hast du dies gerade bei der letzten Fokussierungsübung schon bemerkt. Solche schnellen Sprünge sind dir doch inzwischen selbstverständlich – oder? **Zweitens**: Das Gehirn feuert sich durch die schnelle Augensteuerung selbst an, im Text «mitzukommen». So bleibt es immer schön wach. Damit wird – bei richtigem und etwas langsamerem Lesen – das Verstehen einfacher. Denn durch das Tempo hast du dein Gehirn auf hundertprozentige Aufmerksamkeit getrimmt.

Kaum zu glauben, dass diese harmlose (sag nicht: langweilige) Übung so einen unglaublichen Effekt hat! Aber wir wissen natürlich, dass sie mit der Zeit einfach nicht mehr so spannend ist. Vor allem, wenn man sie allein durchführt. Deshalb stellen wir dir frei, ob du sie jetzt noch einmal machen willst. FALLS du also den Wunsch hast, dich den Zielzeiten anzunähern, wollen wir dich natürlich keinesfalls daran hindern. Als Tipp geben wir dir noch mit auf den Weg: Schau nicht unnötig lange auf eine Sinngruppe! Sprich nicht mit! Bleib locker!

Du findest die Sinngruppenübungen 1 bis 4 auf den Seiten 76, 78, 80 und 118. Du musst die Übung ja nicht durchführen. Aber wenn: Dann wäre das ziemlich genaue Erreichen der Zielzeit von 15 Sekunden perfekt – nicht langsamer, aber auch nicht schneller. Doch betrüg dich nicht: Trag deine echten Zeiten in deinen Ergebnisbogen ein (unter **Sinngruppenübungen/Kapitel VI** bei «Übung 1», Übung 2» usw.). Zur Verbesserung hast du immer noch Zeit: im Durchschnitt 70 Jahre.

Nach der freiwilligen Sinngruppenübung hätten wir dich gern wieder an dieser Textstelle. Oder willst du doch gleich weitergehen?

Wieder da? Gut, dann geht's zur nächsten Aufgabe!
Augenübungen sind deutlich beliebter als Sinngruppen-übungen. Das stellen wir immer wieder fest. Es lässt sich an ihnen richtig gut erkennen, welche Fehler man macht. Was bei den Augenübungen noch nicht klappt, geht auch beim Lesen schief. Und wenn es hier gut läuft, funktionieren die neuen Techniken auch in Texten.

Augenübungen

Jetzt kennst du alle drei Hauptlesefehler. Nun kannst du nach-vollziehen, dass die Augenübungen im Grunde ein Anti-Fehler-Training sind:

1.) Die Augen gewöhnen sich an die Blicksprünge von ca. 3 cm. Das hebelt das Einzelwort-Lesen aus und ist Voraussetzung für die Wortgruppen-Erfassung.

2.) Du merkst, dass ein Zurückspringen meistens gar nicht nötig ist.

3.) Das hohe Tempo lässt kein vollständiges Mitsprechen zu, du erkennst aber trotzdem die Wort-Bedeutung.

Mit dieser Kenntnis wirst du die Augenübungen vielleicht noch etwas intensiver durchführen. Betrachte also auch die Fehler (endlich?) etwas milder. Kannst du nicht ein wenig gelassener damit umgehen? Du machst doch die Erfahrung, dass längst nicht so viele Irrtümer auftreten wie befürchtet. Könnte das nicht dein Vertrauen in deine Wahrnehmungsfähig-keit geradezu explodieren lassen? Das Wort in der ersten Spalte brauchst du dir wirklich **nur einmal** anzusehen (nicht wieder-holt, wie vielleicht zu Anfang). Schreib alle Ergebnisse in den Ergebnisbogen bei **Augenübungen.**

Augenübung 5   WÖRTER

jedenfalls	insbesondere	vielleicht	jedenfalls	verhindern
bezeichnen	bezeichnen	mindestens	gleichzeitig	beispielsweise
Vergangenheit	Hauptstadt	Bundesrepublik	Sicherheit	Vergangenheit
Bevölkerung	Vorsitzender	Mannschaft	Bevölkerung	Bevölkerung
Entwicklung	Sicherheit	Bevölkerung	Bürgermeister	Zusammenarbeit
tatsächlich	mindestens	tatsächlich	mittlerweile	inzwischen
entwickeln	angesichts	entscheiden	eigentlich	riederschreiben
Wochenende	Wochenende	Sicherheit	Unternehmen	Information
Hauptstadt	Unterstützung	Hauptstadt	Entscheidung	Hauptstadt
Zusammenhang	Vergangenheit	Zusammenhang	Arbeitsplatz	Öffentlichkeit
Entwicklung	Entwicklung	Universität	Wirtschaft	Möglichkeit
Verhandlung	Bevölkerung	Zusammenarbeit	Verhandlung	Vergangenheit
Ausstellung	Mitarbeiter	Zusammenhang	Geschichte	Sicherheit
Diskussion	Information	Diskussion	Sicherheit	Unterstützung
insbesondere	vielleicht	inzwischen	insbesondere	insbesondere
Bürgermeister	Bevölkerung	Arbeitsplatz	Produktion	Bürgermeister

Augenübung 5   ZIFFERN

5506	1172	5506	2224	6613
3564	3564	6973	4988	4076
4181	8360	1540	0198	4181
3055	3055	0836	3055	1127
9137	9137	8846	2529	2516
0574	7305	0656	0574	1870
1500	8773	9573	3055	1500
5859	3593	1679	5859	5859
8934	2392	9680	9253	8446
8028	5708	8028	4352	8455
8391	4005	5511	8391	3457
9572	2886	7604	2863	7065
2964	2964	1224	6115	5300
4608	3566	2320	1869	3673
7964	9815	7964	7964	0042
9825	1312	3975	9825	8941

Augenübung 5 BUCHSTABEN

vdav	nzei	vdav	bxxa	xjdg
nebt	fjdm	kiad	nebt	rprq
gfav	gfav	rkvn	gzdb	svdx
kndh	kndh	kndh	ioqs	rlgi
usrs	xxkn	nfdn	kqzv	usrs
ctld	ndwb	ctld	hdhu	dany
qght	qght	gyew	uqjk	hywv
torl	ipgp	wwjh	nhsb	qjxs
kecn	fzmz	qvvd	huxh	kecn
zsui	mgbo	zsui	zsui	vmwm
gfhx	didp	nnjx	gfhx	xznt
ucnb	ucnb	bbce	dfrs	pica
shij	ptag	aynk	krwh	zyfz
fnjy	gdhl	vujn	pkcl	fnjy
wvlk	vtwh	bccz	tuac	txoq
bcls	iidz	bcls	fean	bcls

191

Augenübung 5   SYNONYME

Offenbarung	Maurerhandwerk	Erleuchtung	Astronom	Verrückter
Gequatsche	Gelatine	Fernsehapparat	Gerede	Kleiderschrank
endlos	ärgerlich	unendlich	wichtigtuerisch	ganz normal
Kategorie	Gattung	Feinschmeckerabteilung	Rubrik	Bratwurst
strömen	Regen	fließen	schwimmen	Schach spielen
blitzgescheit	donnern	blitzschnell	bildschön	hochintelligent
Plakatwand	Feuerwehrwache	Platzregen	Fotomodell	Hau-den-Lukas
Plappertasche	Quasselstrippe	Stellung	Küchenhilfe	Schnattermaul
hinunterkippen	sich beschweren	in einem Zug trinken	hinuntergehen	aufsaugen
zweifelsfrei	unzweifelhaft	fraglos	mit viel Glück	streng genommen
sehnsüchtig	senkrecht	sattelfest	leidenschaftlich	hartherzig
Bibliothek	botanischer Garten	Birnbaum	Bibelstunde	Bücherei
Hochspannungsleitung	Unterwassergefängnis	Lautsprecherboxen	Radioantenne	Überlandbus
Schriftsteller	Skifahrer	Autor	Luftverschmutzung	Lesestunde
anprangern	rechtschaffen	zusammenklauben	phantasieren	genießen
aufregend	spannend	aufheiternd	packend	abzüglich

Richtige Lösungen: **Offenbarung**/Erleuchtung, **Gequatsche**/Gerede, **endlos**/unendlich, **Kategorie**/Rubrik, **strömen**/fließen, **blitzgescheit**/hochintelligent, **Plakatwand**/(nichts), **Plappertasche**/Quasselstrippe/Schnattermaul, **hinunterkippen**/in einem Zug trinken, **zweifelsfrei**/fraglos, **sehnsüchtig**/leidenschaftlich, **Bibliothek**/Bücherei, **Hochspannungsleitung**/(nichts), **Schriftsteller**/Autor, **anprangern**/(nichts), **aufregend**/ spannend/packend

Rückblick auf die Augenübungen

Mit dem Wissen, dass du hiermit die Hauptlesefehler abtrainierst, hast du die Übung vielleicht noch entschlossener gemacht. War die Synonym-Übung eine Herausforderung? Dabei kam es auf einen guten Wortschatz an. Hab immer im Kopf, ihn verbessern zu wollen. Sammle täglich Wörter, die du noch nicht kennst.

Wortschatzübung

Die Überschrift klingt so, als solltest du jetzt Vokabeln lernen. Keine Sorge, darum geht es nicht. Oder eigentlich doch, aber völlig anders, als du es z. B. aus dem Englisch-Unterricht kennst. Über die Bedeutung eines großen Wortschatzes hast du Genaueres im letzten Erklärungsteil erfahren. Deshalb soll hier nur die Kernaussage wiederholt werden: Für ein schnelles und verständiges Lesen ist es hilfreich, wenn man viele Wörter kennt. Noch besser ist es, wenn man sie nicht nur **gehört**, sondern schon häufig **gesehen** hat. Dann erkennt man sie schneller. Ein Blick reicht schon, um sie zu verstehen. Das vollständige innere Mitsprechen der Wörter würde dagegen das Verstehen zeitlich etwas verzögern, und deine Augen blieben unnötig lange «hängen».

Vielleicht denkst du: «Die paar Sekunden werden es ja wohl nicht bringen.» Doch! Es sind sogar nur Bruchteile von Sekunden bei jedem Wort, aber sie wirken sich in der Summe ungeheuer stark aus. Vor allem geben sie auch deinem Denkvermögen eine größere Chance. Diese Auswirkungen kannst du dir am ehesten anhand einer gefährlichen Situation im Straßenverkehr vorstellen: Wenn du zwischen den fahrenden Autos über die Straße rennst, um den Bus noch zu bekommen, rettest du dich doch sicher auch oft durch blitzschnelle

Entscheidungen. Und so schnell kannst du eben nur vor dem Hintergrund deiner Kenntnisse und Erfahrungen reagieren.

In der nächsten Übung sind die 50 Wörter aufgelistet, die in den deutschsprachigen Texten am häufigsten vorkommen. Es sind die Arbeitspferdwörter, von denen schon die Rede war, z. B. da, der, die, das usw. Du brauchst sie nicht zu lernen, du kennst sie alle. Diese Tatsache solltest du jedoch viel bewusster nutzen. Zunächst darfst du dir jedes Wort einzeln ansehen. Geh mehrfach über die Zeilen und erlaube dir bei jedem Wort einen ganz kurzen Blickstopp. Aber dann probier aus, ob du mehr Wörter bei jedem Stopp klar erkennst. Wahrscheinlich sind es zwei, aber vielleicht auch drei Wörter. Es geht aber nicht nur um die Menge, die du aufnehmen kannst. Diese Wörter machen ein Drittel jedes Textes aus! Ein ganz kurzer Blick darauf genügt, selbst aus den Augenwinkeln, dann weißt du Bescheid. Sie innerlich mitzusprechen, ist bei diesen Wörtern wirklich nicht nötig! Im Erklärungsteil haben wir diesen Vorgang «visuelles Begreifen» genannt. Wenn du dir diese Vorteile bewusstmachst, sollte dein Vertrauen wachsen, dass du beim Lesen dynamischer sein kannst.

Die 50 häufigsten Wörter in deutschen Texten

die der und in den von zu mit das sich für im ist auf des nicht dem ein eine als auch es an aus sie werden er hat nach am bei wird einer um wie dass sind noch vor einem über einen zum nur war so haben aber bis oder

Jetzt stell dir vor, dass du nicht nur die 50 häufigsten Wörter visuell begreifen kannst, sondern noch viele darüber hinaus. Hier lassen sich aber nicht Hunderte von Wörtern darstellen, es wäre auch langweilig, sie so zu üben. Deshalb haben wir ein Trainingselement auf unserer Website eingerichtet, das schön herausfordernd ist.[10] Dort zeigen wir nämlich viel mehr von den am häufigsten vorkommenden Wörtern – aber wie! Wir lassen sie immer nur eine Fünfzigstelsekunde aufblitzen. Das ist richtig schnell! Vor allem wenn du bedenkst, dass du für eine normale Fixierung eine Viertelsekunde Zeit hast – richtig gemächlich dagegen.

Trotzdem wirst du es schaffen, die Wörter mit einem raschen aufmerksamen Blick zu erfassen. Jedes Mal, wenn eins aufgeblitzt ist, sprichst du es aus. Dadurch trainierst du das superschnelle Erkennen. Dieses Aussprechen ist aber nicht das gewöhnliche Mitsprechen, das vermieden werden soll. Denn du sprichst ja nicht «mit», sondern erst dann, wenn das Wort schon wieder weg ist. Schwierig könnte es bei Wörtern werden, die du noch nicht so häufig gesehen hast. Aber deswegen trainierst du ja gerade.

Diese Übung kannst du auch als Wettbewerb mit deinen Geschwistern, deinen Freunden oder deinen Eltern durchführen: Sprecht das Wort sofort aus, sobald ihr es erkannt habt. Der Erste erhält immer einen Strich, und zum Schluss zählt ihr die Zahl der Striche. Es kann allerdings sein, dass ihr alle so blitzschnell seid, dass ihr immer im Chor sprecht … Da wir 2000 Wörter hinterlegt haben, könnt ihr das Spiel mehrmals wiederholen. So, jetzt suche das Trainingselement bei: www.improved-reading.de/buch und dort unter «Wortschatz». Komm nach ca. fünf Minuten wieder zurück.

10 Das Trainingselement schult in diesem Fall nicht direkt das bessere Lesen, sondern es soll dir nur Sicherheit bei deinem Wortschatz geben. Damit schaffst du bessere Voraussetzungen für den Einsatz der neuen Techniken.

Weiteres Vorgehen

Die 50 häufigsten Wörter werden natürlich auch im nächsten Test oft vorkommen. Versuch diesmal, sie nicht innerlich mitzuhören. Vielleicht hilft dir diese Technik, ein etwas höheres Tempo zu erreichen. Dabei wäre jetzt ein Verständnis von 70–80 % ein sehr guter Wert. Streb nicht mehr an, dann wirst du zu vorsichtig, aber auch nicht viel weniger.

Noch einmal kurz zur Erinnerung deine wichtigsten Hilfsmittel für den Erfolg: Chunking, Dynamik, Vorwärtsorientierung, Vollständigkeit.

Verständnistest 5

Vorgehen: wie bisher. Anleitung: im Kasten auf S. 21

Und jetzt los mit dem fünften Verständnistest!

Matilda, die Leserin

Ihre Familie ist echt die Hölle.
Aber das Lesen zeigt ihr den Weg
in eine andere Welt –
wenigstens für zwei Stunden am Tag.

von Roald Dahl[11]

**Bitte diese Seite erst umblättern,
wenn du die Stoppuhr gestartet hast.**

11 Aus: Roald Dahl: Matilda, Rowohlt (Rotfuchs), Reinbek 2010, S. 9–18; mit freundlicher Genehmigung des Verlags gekürzte und bearbeitete Version.

Matilda, die Leserin

Eltern sind komisch. Ihr Kind kann eine noch so widerliche kleine Ratte sein – sie bilden sich trotzdem ein, es sei eine Offenbarung. Lehrer haben unter diesem Gequatsche eingebildeter Eltern ordentlich zu leiden, aber sie können sich wenigstens rächen, wenn sie Zeugnisse schreiben.

Gelegentlich stößt man auf Eltern, die das genaue Gegenteil darstellen, die sich nicht die Bohne um ihre Kinder kümmern, und die sind natürlich noch schlimmer als diejenigen, die ihre Kinder anbeten. Herr und Frau Wurmwald gehörten in diese Kategorie. Sie hatten eine Tochter namens Matilda, und sie behandelten Matilda nicht anders als ein Stück Schorf. Mit Schorf muss man einfach leben, bis die richtige Zeit gekommen ist. Dann kann man ihn abpulen und wegschnippen.

Schlimm genug, wenn Eltern ganz gewöhnliche Kinder wie Schorf und Fliegenschiss behandeln, aber wenn das Kind außergewöhnlich ist, und damit meine ich: blitzgescheit und sehr verständig, ist es am allerschlimmsten. Matilda war beides, aber überwiegend blitzgescheit. Die Wurmwalds waren jedoch beide so beschränkt und nur mit ihren kleinen albernen Alltagsdingen befasst, dass sie an ihrer Tochter nichts Außergewöhnliches feststellen konnten. Ehrlich gesagt hätten sie es nicht einmal gemerkt, wenn sie mit einem gebrochenen Bein ins Haus gekrochen wäre.

Mit anderthalb Jahren redete sie fehlerlos und kannte ebenso viele Wörter wie die Erwachsenen. Statt dass die Eltern sie lobten, beschimpften sie sie als nervtötende Plappertasche und sagten streng, brave Mädchen wolle man sehen, nicht hören.

Mit drei Jahren hatte sich Matilda das Lesen beigebracht, indem sie Zeitungen und Magazine studierte, die im Haus herumlagen. Mit vier konnte sie rasch und fließend lesen und fing natürlich an, sich sehnsüchtig nach Büchern umzuschauen.

Das einzige Buch in diesem erleuchteten Haushalt war etwas namens «Kochen ist leicht» und gehörte ihrer Mutter. Nachdem Matilda es komplett durchgelesen und alle Rezepte auswendig gelernt hatte, beschloss sie, etwas Interessanteres zu suchen.

«Vati», sagte sie, «kannst du mir ein Buch kaufen?»

«Ein *Buch*?», fragte er. «Wozu brauchst du ein verdammtes Buch?»

«Zum Lesen, Vati.»

«Und was hast du gegen Fernsehen, um Himmels willen? Wir haben einen fabelhaften Fernsehapparat mit Riesenbildschirm, und jetzt kommst du und willst ein Buch? Du bist ganz schön verwöhnt, Mädelchen!»

An dem Nachmittag, an dem sich ihr Vater geweigert hatte, ihr ein Buch zu kaufen, machte sich Matilda allein auf und ging in die Stadtbücherei. Dort stellte sie sich der Bibliothekarin vor, einer Frau Phelps. Sie fragte, ob sie sich ein bisschen hinsetzen und ein Buch lesen dürfe. Frau Phelps, etwas verwirrt, dass so ein kleines Mädchen ohne elterliche Begleitung bei ihr auftauchte, erwiderte ihr trotzdem, dass sie herzlich willkommen sei.

Ab jetzt bummelte Matilda jeden Nachmittag, sobald ihre Mutter zum Bingo-Spielen in die Nachbarstadt gefahren war, zur Stadtbücherei. Frau Phelps beobachtete sie gebannt und kam eines Tages hinter ihrem Tisch hervor, um Matilda zu fragen, ob sie ihr helfen könne.

«Ich überleg gerade, was ich als Nächstes lesen soll», antwortete Matilda, «mit den Kinderbüchern bin ich durch.»

«Du meinst, du hast dir alle Bilder angeschaut?»

«Ja, aber gelesen hab ich die Bücher auch.»

Frau Phelps stand da wie vom Donner gerührt: «Wie alt bist du eigentlich, Matilda?»

«Vier Jahre und drei Monate», antwortete Matilda.

In den nächsten Monaten las Matilda, stets aufmerksam und liebevoll von Frau Phelps beobachtet, eine stattliche Liste von Büchern. Eines Tages meinte sie: «Herr Hemingway schreibt vieles, was ich nicht verstehe, besonders über Männer und Frauen. Aber es hat mir trotzdem gefallen. So wie er es erzählt, hab ich das Gefühl, ich wäre dabei und schaute zu, wie alles passiert.»

«Dieses Gefühl wird dir ein guter Schriftsteller immer vermitteln», entgegnete Frau Phelps, «und kümmere dich nicht um die Kleinigkeiten, die du nicht verstehst. Lehn dich einfach zurück und lass dich von den Wörtern umspielen wie von Musik.»

«Hast du gewusst», fuhr Frau Phelps fort, «dass du dir in öffentlichen Büchereien Bücher ausleihen und nach Hause mitnehmen kannst?»

Jetzt tauchte Matilda nur einmal pro Woche in der Stadtbücherei auf, um sich neue Bücher zu holen und die ausgelesenen zurückzubringen. Ihr kleines Schlafzimmer verwandelte sich in ein Lesezimmer, und dort saß sie an den meisten Nachmittagen und las, wobei oft ein Becher mit heißer Schokolade neben ihr stand. Die Bücher führten sie in neue Welten und machten sie mit erstaunlichen Menschen bekannt, die ein aufregendes Leben führten. Sie stach mit Joseph Conrad auf altmodischen Segelschiffen in See. Sie folgte Ernest Hemingway nach Afrika und Rudyard Kipling nach Indien. Sie reiste durch die ganze Welt, während sie in ihrem kleinen Zimmer in einem englischen Städtchen saß.

Uhr stoppen!

Trag deine benötigte Zeit unter **Verständnistest 5** bei «Zeit» ein. Ermittle nun deine Lesegeschwindigkeit in Wörtern pro Minute.

ERMITTLUNG DER LESEGESCHWINDIGKEIT (WpM)
Matilda, die Leserin

0–1 Min.	1–2 Min.	2–3 Min.	3–4 Min.	4–5 Min.
Zeit WpM	1.00 – 743	2.00 – 372	3.00 – 248	4.00 – 186
	1.05 – 686	2.05 – 357	3.05 – 241	4.05 – 182
0.10 – 4.458	1.10 – 637	2.10 – 343	3.10 – 235	4.10 – 178
0.15 – 2.972	1.15 – 594	2.15 – 330	3.15 – 229	4.15 – 175
0.20 – 2.229	1.20 – 557	2.20 – 318	3.20 – 223	4.20 – 171
0.25 – 1.783	1.25 – 524	2.25 – 307	3.25 – 217	4.25 – 168
0.30 – 1.486	1.30 – 495	2.30 – 297	3.30 – 212	4.30 – 165
0.35 – 1.274	1.35 – 469	2.35 – 288	3.35 – 207	4.35 – 162
0.40 – 1.115	1.40 – 446	2.40 – 279	3.40 – 203	4.40 – 159
0.45 – 991	1.45 – 425	2.45 – 270	3.45 – 198	4.45 – 156
0.50 – 892	1.50 – 405	2.50 – 262	3.50 – 194	4.50 – 154
0.55 – 811	1.55 – 388	2.55 – 255	3.55 – 190	4.55 – 151

5–6 Min.	6–7 Min.	7–8 Min.	8–9 Min.	9 –10 Min.
5.00 – 149	6.00 – 124	7.00 – 106	8.00 – 93	9.00 – 83
5.05 – 146	6.05 – 122	7.05 – 105	8.05 – 92	9.05 – 82
5.10 – 144	6.10 – 120	7.10 – 104	8.10 – 91	9.10 – 81
5.15 – 142	6.15 – 119	7.15 – 102	8.15 – 90	9.15 – 80
5.20 – 139	6.20 – 117	7.20 – 101	8.20 – 89	9.20 – 80
5.25 – 137	6.25 – 116	7.25 – 100	8.25 – 88	9.25 – 79
5.30 – 135	6.30 – 114	7.30 – 99	8.30 – 87	9.30 – 78
5.35 – 133	6.35 – 113	7.35 – 98	8.35 – 87	9.35 – 78
5.40 – 131	6.40 – 111	7.40 – 97	8.40 – 86	9.40 – 77
5.45 – 129	6.45 – 110	7.45 – 96	8.45 – 85	9.45 – 76
5.50 – 127	6.50 – 109	7.50 – 95	8.50 – 84	9.50 – 76
5.55 – 126	6.55 – 107	7.55 – 94	8.55 – 83	9.55 – 75

Trage deinen Wert auf dem Ergebnisbogen ein: unter **Verständnistest 5** bei «**WpM**», **bevor** du zu den Fragen wechselst.

Matilda, die Leserin
Bitte kreuze nur die Antworten an, die dem Text entsprechen.

1.) Was macht man mit einem Stück Schorf?
   a) Morgens und abends eine Salbe auftragen
   b) Bloß nicht anfassen, einfach in aller Ruhe ausheilen lassen
   c) Eine Zeitlang mit leben, dann abpulen und wegschnippen
   d) Was ist denn das für 'ne Frage? Kommt im Text nicht vor

2.) Mit wie viel Jahren hat sich Matilda das Lesen beigebracht?
   a) Anderthalb
   b) Drei
   c) Fünf
   d) Wird im Text nicht erwähnt

3.) Was hätten die Wurmwalds an Matilda gar nicht bemerkt?
   a) Wenn sie mit einem gebrochenen Bein ins Haus gekrochen wäre
   b) Wenn sie sich mit ihren Büchern zwei Wochen in ihr Zimmer eingeschlossen hätte
   c) Wenn sie sich als kleines Monster verkleidet hätte und fauchend durchs Haus getigert wäre
   d) Wenn sie Blumen gepflückt und auf den Tisch gestellt hätte

4.) Wie hat Matilda lesen gelernt?
   a) Indem sie sich Bücher vorlesen ließ
   b) Indem sie Zeitungen und Magazine studierte, die zu Hause lagen
   c) Anhand einer Tafel mit magnetischen Buchstaben
   d) In einer öffentlichen Bibliothek

5.) Was sagt ihr Vater, als sie ihn bittet, ihr ein Buch zu kaufen?
   a) Gern, welches denn?
   b) Warum kaufen? Ich zeig dir mal meine Bibliothek.
   c) Du bist doch noch gar nicht alt genug zum Lesen
   d) Du bist ganz schön verwöhnt

6.) Wie heißt das erste Buch, das Matilda gelesen hat?
   a) Mein erstes Buch
   b) Kochen ist leicht
   c) Harry Potter
   d) Das Dschungelbuch

7.) Wie reagiert die Bibliothekarin, als Matilda bei ihr erscheint?
   a) Sie ist etwas verwirrt, aber sie heißt sie herzlich willkommen
   b) Sie freut sich und zeigt ihr in aller Ruhe ihre Lieblingsbücher
   c) Sie erklärt Matilda, dass die Benutzung der Bibliothek erst ab 6 Jahren gestattet ist und die Anwesenheit der Eltern erfordert
   d) Sie ist so beschäftigt, dass sie Matilda gar nicht bemerkt

8.) Was macht Matildas Mutter, während ihre Tochter nachmittags in der Bibliothek liest?
   a) Sie wäscht ab, putzt und räumt auf
   b) Sie besucht einen Kurs in der Volkshochschule
   c) Sie fährt zum Spielen in die Nachbarstadt
   d) Sie ist noch auf der Arbeit

9.) Welchen Rat gibt die Bibliothekarin Matilda?
   a) Fang erst mit etwas Leichtem an und steigere dich dann
   b) Lies von jedem Buch wenigstens die ersten zehn Seiten
   c) Schließe mit jedem Buch Freundschaft, als begleitete es dich dein Leben lang
   d) Lass dich von den Wörtern umspielen wie von Musik

10.) Welche Autoren werden genannt, deren Bücher Matilda liest?
   a) Ernest Hemingway, Astrid Lindgren, Joanne K. Rowling
   b) Joseph Conrad, Ernest Hemingway, Rudyard Kipling
   c) Charles Dickens, Ernest Hemingway, Oscar Wilde
   d) Ernest Hemingway, Rolf Kauka, Albert Uderzo

**Nun blättere bitte um
und überprüfe deine Antworten!**

ANTWORTBLATT – TEST 5
Matilda, die Leserin

1.) c	5.) d	8.) c
2.) b	6.) b	9.) d
3.) a	7.) a	10.) b
4.) b		

Trage den Prozentsatz der richtigen Antworten und die «Effective Reading Rate» (ERR) bitte auf dem Ergebnisbogen unter **Verständnistest 5** ein.

Rückblick auf den Verständnistest

Vergleich deine ERR mit der des ersten Verständnistests. Kannst du die Entwicklung interpretieren? Wenn du konsequent geübt hast, könnte die ERR schon um 60–80 % gestiegen sein. Dann haben die neuen Techniken bereits deutlich gewirkt.

Vielleicht war aber dieser Test gerade wieder etwas schlechter als der Test Nr. 4? Dann warte ab. Der Fortschritt macht öfter eine kleine Pause. Erst zum Schluss kannst du wirklich sehen, ob insgesamt eine Verbesserung eingetreten ist. Kleine Rückschläge gehören dazu. Das ist kein billiger Trost, sondern liegt an der Art, wie unser Gedächtnis lernt.

Eins kannst du in jedem Fall tun: Versuch, jeden Tag die neuen Techniken gerade auch bei einem langweiligen Text einzusetzen. Er kann kurz sein. Das regelmäßige Training ist wichtiger.

Auch die Entspannungspausen müssen trainiert werden – man unterschätzt ihre Bedeutung nämlich leicht! Deshalb …

Augenentspannung

Gönn deinen Augen etwas Ruhe!

Werden deine Augen bei diesem Training etwas müde? Oder empfindest du sogar einen gewissen Muskelkater um die Augen herum? Eigentlich ist damit zu rechnen, wenn du sehr viel geübt hast. Aus dem Sport wirst du den Muskelkater kennen. Aber dass man auch die Augen auf diese Weise spüren kann, ist dir wahrscheinlich neu. Wenn du dich an die großen Blicksprünge und das breite Fokussieren gewöhnt hast, wird das Lesen mit der Zeit viel entspannter. Trotzdem sollte man immer zwischendurch die Augen entlasten – auch der Profi-Leser braucht eine Pause. Dafür gibt es eine Übung, die vielleicht etwas merkwürdig aussieht, aber sie ist enorm hilfreich für die Augen. Man nennt sie «Palmieren» («palm» ist das englische Wort für «Handfläche», und die nutzen wir bei dieser Übung), und sie geht so:

Reib die Handflächen aneinander, sodass sich deine Hände erwärmen und mit Energie aufladen. Schließ die Augen und leg die Handflächen über die geschlossenen Augen. Die Finger überkreuzen sich dabei auf der Stirn. Die Handflächen bilden kleine Kuppeln über den geschlossenen Augen, drück nicht auf die Augäpfel. Es soll kein Licht einfallen. Gut ist es, wenn du dabei entspannt **stehst,** das Kinn und die Schultern hängen lässt (es sieht dich ja keiner!) und ruhig in den Bauch atmest.

Das sollte etwa eine Minute dauern. Dann nimm die Handflächen von den Augen. Öffne erst danach die Augen, damit sie sich langsam an das Licht gewöhnen.

Diese Übung ist absolut notwendig, wenn du viel vor dem Computer sitzt. Dann solltest du sie häufiger einbauen – möglichst 2- bis 3-mal pro Tag.

Wenn du an dieser Stelle eine Augen-**Bewegungsübung** vermisst, geh gleich in der Pause auf unsere Website und entspanne noch einmal «aktiv»!

Lautleseübung

Lies wieder zwei Seiten des ausgewählten Buchs laut vor und zähl die Anzahl deiner «Stolperstellen» (oder lass zählen). Trag diese Zahl in deinen Ergebnisbogen ein und lies denselben Text noch zweimal. Ob du wohl jedes Mal besser ans Ziel gelangst?

Wenn du die Übungen dieses Kapitels ohne Unterbrechung hintereinander durchgeführt hast, brauchst du jetzt eine Pause! Die Fragen zum nächsten Kapitel liest du – wie immer – unmittelbar, bevor du es bearbeitest.

Worum geht es im nächsten Kapitel?

Wie kann ich bloß durch die Berge von Büchern kommen, die wir für die Schule lesen sollen?
Muss ich das wirklich alles lesen?
Wie kann man schnell erkennen, ob ein Text wichtig ist?
Manches muss ich mehrmals lesen, weil ich es nicht verstehe. Ist das richtig?
Gibt es keine Tipps, wie man schnell durch langweilige Texte durchkommt?
Wie kann ich vermeiden, dass ich immer so unkonzentriert bin beim Lesen?

VII A Das Ziel im Blick behalten!

«Ich komme oft über den Anfang nicht hinaus ...»

... kennst du das auch? Oder, falls du dich doch immer bis zum Ende durchkämpfst: «Ich kann mir beim Lesen nichts merken!» Und: «Während des Lesens weiß ich ja noch alles, aber hinterher vergesse ich es ganz schnell wieder.»

So geht es vielen Menschen. Sie denken nämlich: Lesen kann ich ja, also fange ich einfach an. Dieselben Menschen würden aber nie erwarten, dass sie in Hausschuhen und Schlafanzug spontan bis zum Gipfel des Mount Everest klettern können. Eine Klettertour muss selbstverständlich richtig organisiert werden. Man bestimmt das Ziel und informiert sich vorher intensiv über den ganzen Berg. Während des Aufstiegs wird stets der günstigste Weg gewählt – den Gipfel immer fest im Blick. Und hinterher hält man die Erinnerungen in einem Bergtagebuch fest.

Genauso muss das Lesen richtig organisiert werden, wenn man das Ziel erreichen möchte. **Das Ziel heißt: den Text zu verstehen und sich den Inhalt merken zu können.** Auch hier gibt es die Abschnitte: **Planen, Durchführen** und **Sichern.** Natürlich brauchst du dafür als Erstes die Techniken, die du bereits kennengelernt hast. Aber es genügt nicht zu wissen, **wie** man einen Text liest. Man muss den **Lesevorgang auch bewusst steuern,** damit das Ziel erreicht wird.

Diese Steuerung des Lesevorgangs geschieht mit Hilfe von Lesestrategien. Ohne Strategien strandest du irgendwo im Text, besonders bei schwierigen Inhalten. Dann steigst du aus und hast keine Lust mehr. Deshalb ist es besser, du behältst alles gleich von Anfang an im Griff – mit deinen Strategien. Du lernst sie nur einmal, kannst sie aber immer wieder einsetzen. Außerdem bist du dann in der Lage zu entscheiden, welche Strategie für welchen Text richtig ist. Dies ist wie bei der Wahl eines richtigen Werkzeugs. Wenn der Fahrradreifen platt ist, wirst du ihn natürlich mit der Luftpumpe wiederbeleben und nicht mit dem Hammer oder der Zange.

Wir haben dir oft das spielerische Umherstreifen in einem Buch empfohlen, bei dem du nur versuchst, deine Interessen zu entdecken. **Doch jetzt geht es darum, wie du dir Texte systematisch erarbeitest, wenn du eine Aufgabe erledigen willst**, z. B. für die Schule. Dort gibt es sicher Themen, die dich interessieren, und andere, mit denen du wenig anfangen kannst. Umso wichtiger ist es zu wissen, wie man auch einen Text bewältigt, den man nur öde findet. Mit Hilfe des richtigen Vorgehens kann ein solcher Text sogar interessant werden. Du spürst einfach schon einen Erfolg, wenn du ihn systematisch bewältigen kannst. Selbst wenn du zunächst die empfohlenen Strategien nur mechanisch abarbeitest: Du fängst an, dich in dem Text auszukennen, und vielleicht ist er dann auch nicht mehr so langweilig.

Die Strategien sollen anhand eines Sachbuchs erklärt werden. Die Vorgehensweise, die wir beschreiben, gilt jedoch nicht nur für Bücher. Sie lässt sich (teilweise) auch auf andere Texte übertragen, z. B. auf Zeitungsartikel oder unterschiedliche Materialien, die du im Unterricht erhältst.

Diese Strategien sind nicht in erster Linie für Romane, Gedichte oder Dramen gedacht. Wie weit du sie später dennoch auch bei dieser Literatur einsetzt, wirst du von Fall zu Fall entscheiden. Es hängt stark davon ab, ob du einen Text nur genießen möchtest oder ob auch diese Literatur «erarbeitet» werden soll. Wenn du zum Vergnügen liest, dann zählt nur deine ganz persönliche Strategie: dir den Spaß am Text zu erhalten.

Wir haben dich schon manchmal aufgefordert, dich selbst zu beobachten, ob und wie du die guten Techniken anwendest. Eine solche Art der Beobachtung ist wie ein Blick von außen auf dich selbst. Das ist gar nicht so einfach, falls man dazu neigt, nur ängstlich auf die eigenen Fehler zu starren und zu sagen: «Es geht nicht!» So ist es aber nicht gemeint. Bei der Selbst-Beobachtung sollst du dir auch selbstbewusst merken, was du schon richtig machst. Wenn es einmal nicht funktioniert, erinnerst du dich an die Situationen, in denen alles glattlief. So findest du selbständig den Grund für den Fehler heraus und hilfst dir über die Hürde hinweg.

In solche Überlegungen beziehst du jetzt auch deine Lesestrategien ein. **Von nun an bist du zugleich dein eigener Lese-Manager.** Das heißt: **Du planst deine Leseziele und organisierst deinen Leseprozess so, dass du diese Ziele erreichst.** Mit deinem Management-Wissen für Lesen (das du hier gleich erhältst), kannst du dir auch immer selbst weiterhelfen. Wenn du an einer Stelle steckenbleibst, gibst du nicht einfach auf, sondern fragst dich: «Mit welcher Strategie komme ich jetzt weiter?»

Wie erwähnt, unterscheiden wir für die Steuerung des Lesevorgangs drei Phasen (Zeitabschnitte): die **Planung vor** dem Lesen, die **Durchführung** des Lesens und das **Einprägen (Sichern) nach** dem Lesen. In jeder Phase gibt es eine kleine Liste von Aufgaben, die man «abhaken» sollte. Sonst merkst du plötzlich unterwegs, dass du doch im Schlafanzug aus dem Haus gegangen bist …

Vor dem Lesen (1):
Kennst du deine Leseziele?

Wozu genau braucht man eigentlich Leseziele? Man könnte doch einen Text einfach lesen und abwarten, was man erfährt. Das funktioniert vielleicht beim Durchblättern eines Comics oder der BRAVO. Aber nicht bei einem Text, den man erarbeiten möchte. Dieser Text steht dir wie ein Partner gegenüber: Du fragst ihn etwas und suchst, ob er dir Antworten bietet. Aber natürlich spricht er nicht von selbst. Er antwortet nur auf Fragen. Wer wenig fragt, erhält nur wenige Antworten. Deswegen musst du möglichst viele und originelle Fragen stellen, damit du viel erfährst.

Es gibt **Standard-Fragen** zu Gesichtspunkten, unter denen man jeden Text zuerst betrachten sollte (wir erklären sie auf den nächsten Seiten). Aber deine eigenen Überlegungen sind genauso wichtig! **Passend zu den inhaltlichen Zielen planst du als Lese-Manager auch dein praktisches Vorgehen.** Dafür stellst du fest: Wie schwierig ist der Text, wie schnell kann ich ihn lesen? Wie viel brauche ich davon überhaupt für meine Zwecke? Muss ich wirklich **alles** lesen oder reichen auch Teile? Kann ich vielleicht sogar ganz auf ihn verzichten? Auch diese Entscheidungen gehören in den Bereich Leseziele.

Aber wie erfährt man das alles vorher, wenn man ein unbekanntes Buch in der Hand hält? Aus dem Kino kennst du eine Vorschau (Preview) auf die neuen Filme. Wir machen auch eine Preview, nennen sie allerdings **Vorausschau.** Denn in diesem Wort steckt mehr das, was du selbst tust: Du schickst einen Blick voraus, um zu prüfen, wie du das Buch am besten eroberst.

Vor dem Lesen (2):
die Vorausschau

Die Vorausschau darf nie fehlen. Sie macht dich mit einem Buch schnell etwas vertraut. Diese Vertrautheit ist wichtig, weil du dann **weißt, was auf dich zukommt.** Nur so können sich Leseziele herausbilden, ohne die du ziellos im Text herumstolperst. Und ohne Ziele fehlt dir auch die Konzentration auf das Wesentliche.

Nach der Vorausschau kannst du entscheiden: a) ob du das Buch überhaupt brauchst oder nicht; b) falls es wichtig ist: ob du es ganz lesen musst oder nur Teile davon; c) in welchem Tempo du es erarbeiten wirst. Für diese Entscheidungen braucht man ein Buch noch gar nicht vollständig zu kennen – und damit erübrigt sich auch die Angst vor dicken Büchern! Wer das weiß, schlägt viel lieber und häufiger Bücher auf, weil er nicht die Verpflichtung spürt, jedes Mal **alles** lesen zu müssen.

Eine Vorausschau läuft nach einem bestimmten Muster ab, das du anwenden kannst wie eine Gebrauchsanweisung. Das Muster besteht aus Standard-Fragen, die auf jedes Buch passen. Man muss sie allerdings nicht immer alle stellen. In deinem Alter brauchst du schließlich noch keine wissenschaftliche Leistung abzuliefern. Wir haben hier die einzelnen Gesichtspunkte deswegen auch nicht umfassend erklärt. Falls du jedoch für eine wichtige Arbeit eine vollständige und ausführliche Liste benötigst (zum «Abhaken»), findest du sie auf unserer Website. Für deine Zwecke genügt sicher die folgende Beschreibung.

Als Beispiel nehmen wir folgende Situation: Du prüfst ein Buch, ob es als Grundlage für ein Referat taugt. Zuerst machst du dir dein übergeordnetes Leseziel klar: Du überlegst, wie lang das Referat sein soll und wie viel Informationen du in dieser Zeit vermitteln kannst. Für ein Fünf-Minuten-Referat brauchst du nicht so viel zu wissen wie für eine Viertelstunde. Mit deinem

Thema im Kopf gehst du ähnlich wie ein Detektiv an das Buch heran. Du suchst gezielt nach Indizien (Hinweisen), die dir inhaltliche Einblicke verschaffen. Am besten beginnst du mit dem **Autor**: Kennst du ihn? Ist er vielleicht sogar **der** Fachmann für dein Thema? Kannst du bei dem **Titel des Buchs** hoffen, dass es für dich ergiebig ist? Einen kurzen Eindruck von dem Inhalt erhältst du durch den sogenannten **Klappentext**. Er steht innen auf dem Umschlag oder auf der Rückseite des Buchs. Lies ihn und mach dir die Erwartungen bewusst, die dadurch entstehen. Dann schau nach, wann das Buch geschrieben wurde und wie oft es schon erschienen ist. Diese Angaben findest du vorn im **Impressum**. Manchmal ist es wichtig zu wissen, ob ein Buch ganz neu oder schon älter ist. Es hilft dir jedenfalls dabei, den Inhalt richtig einzuordnen. Außerdem wirkt es auch sehr souverän, wenn du z. B. sagst: «Das Buch ist jetzt schon nach kurzer Zeit in der sechsten Auflage erschienen – es scheint also sehr bekannt zu sein!»

Das **Inhaltsverzeichnis** liest du auf jeden Fall (!) und sortierst schon einmal im Geiste, welche Kapitel für dich besonders wichtig sind. Es kann dir dabei helfen, konkretere Leseziele zu formulieren. Dann streunst du am Ende des Buchs noch kurz durch das **Sachregister**, falls es eins gibt. Auch dort erhältst du Anregungen. Informier dich, ob ein **Literaturverzeichnis** vorhanden ist. Vielleicht greifst du später darauf zurück.

Jetzt gehst du zu dem Kapitel, das du dir aus dem Inhaltsverzeichnis herausgesucht hast. Doch fang nicht gleich an, es zu lesen, denn nun kommt **das Wichtigste: Du blätterst das Kapitel durch – Seite für Seite.** Auf jeder Seite lässt du kurz deinen Blick ruhen, vielleicht für fünf bis sieben Sekunden. Du nimmst dabei die wichtigsten Signale wahr. Auf diese Weise arbeitest du dich zügig durch das ganze Kapitel hindurch, um einen ersten Eindruck zu erhalten. Bleib nicht stehen, vertief dich nicht in einzelne Stellen – dafür hast du später Zeit.

Markier auch noch nichts, kleb höchstens einen Heftzettel hinein, wenn du es wirklich für nötig hältst! Wenn du mehrere Kapitel herausgesucht hast, gehst du dort genauso vor.

Übrigens: Falls du aus allen Kapiteln etwas benötigst, blätterst du durchaus auch das gesamte Buch durch. Versuche, hier trotzdem den Überblick zu behalten: Die weniger wichtigen Teile kannst du ohne schlechtes Gewissen als «Daumenkino» wahrnehmen ...

Die Vorausschau ist ein geringer Zeitaufwand im Vergleich zur Lesezeit. Sie lohnt sich immer! Denn letztlich verkürzt du mit diesem Vorgehen deine Lesezeit. Wenn du einen Text von zehn DIN-A4-Seiten hast, benötigst du nur etwas mehr als eine Minute für die Vorausschau. Die Lesezeit bei normalem Lesetempo liegt etwa bei 30 Minuten. Aber mit dieser Einstimmung zuvor wirst du deutlich mehr als eine Minute einsparen. (Vielleicht sogar die gesamte Zeit, weil du gemerkt hast, dass der Text nicht wichtig genug ist.)

Was hat dir die Vorausschau gebracht?

Wahrscheinlich kannst du dir gar nicht vorstellen, was dein Gehirn in dieser kurzen Zeit schon alles aufnimmt! Du überblickst nach einer Vorausschau, wie das Buch «gewachsen» ist. Du siehst, wie lang die Kapitel sind, ob es Bilder gibt, Tabellen oder Informationskästen. Kursiv- oder fettgedruckter Text hat dich auf wichtige Textstellen hingewiesen. Falls Zusammenfassungen vorhanden sind, weißt du jetzt schon, wo du sie findest – das erspart dir viel Arbeit. Dieser Sprint durch das Buch hat dich in groben Zügen mit dem Inhalt vertraut gemacht. Allein durch das Anfassen und Anschauen der einzelnen Seiten ist das Buch ein wenig in deinen geistigen Besitz übergegangen. Im Grunde kannst du jetzt bereits etwas

Auskunft über den Inhalt geben. Probier es einfach einmal aus – du wirst dich wundern, was du alles schon weißt! Damit kannst du auch entscheiden, ob das Buch für deine Zwecke tauglich ist.

Angenommen, das Buch eignet sich, und du willst etwas daraus verwenden. Dann solltest du **nach der Vorausschau konkrete Leseziele im Kopf haben – oder besser noch: auf dem Papier**. Formuliere inhaltliche Schwerpunkte und such die Teile des Buchs aus, die du für ihre Erarbeitung benötigst. Doch fang jetzt nicht sofort mit dem Lesen an. Denn auch dafür gibt es verschiedene Wege. Sie werden in den nächsten Abschnitten erklärt. Vielleicht ersparst du dir an vielen Stellen unnötige Arbeit, wenn du diese Möglichkeiten kennst.

Außerdem: Ist deine Konzentration noch gut genug, um so viel Neues aufzunehmen? In dem **Kasten** findest du Anregungen, wie du deine Konzentration steuern bzw. wieder «auffrischen» kannst.

Und jetzt: Konzentration, bitte!

Deine Konzentration hängt von verschiedenen Einflüssen ab. Je mehr du darüber weißt, umso besser kannst du sie steuern. Am wichtigsten ist natürlich dein Interesse. Wenn du Glück hast, ist es groß. Du kannst dein Interesse aber auch gezielt aufbauen: Mach dir immer bewusst, warum du einen Text lesen willst. Dazu gehört auch die Erkenntnis: «Weil ich ihn eben für die Klassenarbeit lesen muss.» **Deshalb nutz die Chance, die dir die Vorausschau bietet.** Dadurch erkennst du schnell, wo du Antworten auf deine Fragen findest. Das motiviert! Du musst dich nicht erst lange quälen, bis du endlich auf eine ergiebige Stelle stößt. Vielleicht entscheidest du ja auch, dass der Text nur teilweise oder auch gar nichts für dich ist – dann kannst du rasch einen anderen suchen. Kaum etwas ist schlimmer für deine Konzentration und Zeitplanung, als dich ziellos in einen Text zu stürzen, den du ohnehin grässlich findest.

Auch das Tempo erhöht die Konzentration. Lies einfach schneller, wenn du unkonzentriert wirst, dann steigt die Aufmerksamkeit. Aber arbeite nicht «besinnungslos» weiter. Nimm dir überschaubare Abschnitte vor: Wenn du dein Ziel schnell erreichst, wirkt es motivierend. Nachdem du eine solche Etappe geschafft hast, bau eine Pause ein. 10–15 Minuten solltest du dich auf ein Thema konzentrieren. Doch danach sollte die Pause bitte nicht ebenfalls 10 Minuten dauern. Besinn dich nur kurz, steh auf, streck dich in alle Richtungen, geh kurz zum offenen Fenster und dann arbeite weiter. Nach 1–1,5 Stunden kannst du dir eine richtige Pause gönnen: Tee kochen, Apfel essen, telefonieren (am besten im Stehen!) usw. Danach ist es meist nicht einfach, wieder an die Arbeit zurückzufinden. Deshalb setz dir eine Begrenzung von 10–15 Minuten. Wenn du einen ganzen Tag arbeitest, ist, trotz kleinerer Pausen, natürlich eine lange Mittagspause nötig – mindestens eine Stunde! Nur mit Pausen bist du wirklich effizient, du wirst es spüren.

Wichtig ist auch, dass du deinen **Arbeitsplatz** gut einrichtest. Ist es dort hell genug? Hast du einen Tisch für dich? Wenn nicht, versuch zumindest, in einer ruhigen Ecke zu lesen. Gespräche, die man mit anhören muss, lenken stark ab.

Verschiedene Wege gehen

«Ich muss alles wissen»

Angenommen, du stellst nach der Vorausschau fest: «Von diesem Buch muss ich einfach **alles** wissen!» Dafür ist eine sorgfältige Erarbeitung des Textes in mehreren Schritten erforderlich. Außerdem musst du auch planen, wie du dir das Wissen systematisch einprägst. Weil gründliche Texterarbeitung und Lernen ganz besonders wichtig sind, haben wir für diese Strategien einen eigenen Abschnitt reserviert (in Kapitel VIII).

In Kapitel VIII erläutern wir auch detailliert, warum zu einem effizienten Lesen eben beides gehört: sinnvolle Strategien in Kombination mit richtigen Lesetechniken. Außerdem erfährst du dort, wie dein Gedächtnis funktioniert und warum es durch unsere Techniken und Strategien das Gelesene besonders gut und leicht behält.

Wende dich aber bitte nicht gleich dem Kapitel VIII zu. Lies dir doch erst einmal in den folgenden Abschnitten durch, wie du dir manchmal das Leben (und Lesen) leichter machen kannst. Außerdem ist es einfach gut zu wissen, welche Strategien es gibt, bevor man sich dafür entscheidet, eine anzuwenden.

Die Kernaussagen sammeln: Skimming

Das englische Wort «to skim» bedeutet: Rahm abschöpfen. Beim Skimming fahndet man also nur nach den gehaltvollsten Teilen eines Textes, d. h. nach den Kernaussagen. Die Details werden nicht beachtet.

Das funktioniert so: Du nimmst dir einen Text vor und bewegst deine Augen in einem sehr hohen Tempo durch die Zeilen – in Sinngruppen, natürlich! Du springst auf keinen Fall zurück, sondern orientierst dich konsequent nach vorn. Den größten Teil des Inhalts versuchst du rein visuell zu begreifen, d. h. ohne innere Stimme. **Wichtig ist, dass du den gesamten Text siehst**, also nichts auslässt. Manche denken nämlich, sie sollten hierbei mit den Augen nur quer über den Text laufen («Querlesen»). Aber dann übersieht man zu viel. **Verstehen** wirst du nicht sofort alles, aber das ist auch nicht das Ziel. Bleib deshalb unbedingt bei dem hohen Tempo. Versuch aber gleichzeitig, möglichst entspannt zu sein! Das klingt komisch – doch es funktioniert.

Mit der Zeit wirst du dich an dieses Tempo gewöhnen. Dann

fängst du an, die wesentlichen Stichworte aufzugreifen. Nimm sie einfach nur zur Kenntnis und versuch, aus diesen Mosaiksteinen die Kernbotschaften des Autors zusammenzusetzen. Denk aber noch nicht über sie nach (und schon gar nicht kritisch!) – sammele einfach nur, was dir begegnet. Halte nicht an, verweile nicht bei schwierigen oder interessanten Stellen! Und vergiss nicht zu atmen – das passiert nämlich leicht bei diesem Tempo! Zum Schluss fasst du für dich zusammen, welche Kernaussagen du erwischt hast.

Bei diesem schnellen Vorgehen musst du ganz konzentriert sein. Andererseits sollte dein Fokus recht entspannt bleiben, damit du in jede Fixierung möglichst viele Wörter hineinpacken kannst.

Diese Strategie ist ausgesprochen nützlich, wenn du dich in einem Thema bereits etwas auskennst: Es fällt dir dann leichter, die Ansicht eines zweiten oder dritten Autors kennenzulernen. Skimming eignet sich auch für Texte, bei denen es reicht, wenn du sie nur oberflächlich kennst. Es lässt sich damit auch gut durch viele Zeitungsartikel flitzen, um einen Überblick über die wichtigsten Themen zu gewinnen. Sehr nützlich ist es auch, wenn du Texte noch einmal auffrischen möchtest, die du schon gut kennst. Durch das Skimming holst du die Hauptaussagen wieder aus deinem Gedächtnis hervor.

Selbst bei einem Buch, von dem du eigentlich «alles» wissen musst, kannst du die Strategie zwischendurch nutzen. Es gibt immer Teile, in denen sich die Argumentation wiederholt oder so vertieft wird, dass solche Details dann doch nicht wichtig sind. Wenn du diese Strategie an sinnvollen Stellen einsetzen kannst, erhöhst du dein Lesetempo spürbar.

Absatzspringen

Ein anderer Weg, schnell die Kerngedanken eines Textes zu erfassen, ist das Absatzspringen. Es läuft nach einem klaren Muster ab und ist dadurch eventuell etwas leichter als das Skimming. Allerdings spart diese Methode Teile des Textes einfach aus – das muss klar gesagt werden! Deshalb entscheide jedes Mal, ob du dir das leisten kannst.

Sehr gut lässt sich das Absatzspringen an einem Zeitungsartikel erklären. Vergleich einmal bei einem längeren Artikel, ob du die folgende Erklärung nachvollziehen kannst.

Ein Zeitungsartikel besteht aus mehreren Absätzen. Der **erste Absatz** führt in das Thema ein und skizziert kurz die zentrale Fragestellung. **Jeder der folgenden Absätze** enthält einen Kerngedanken, der in diesem begrenzten Rahmen entfaltet wird. Ein neuer Absatz signalisiert immer: Hier kommt ein neuer Gedanke. Durch diese Struktur möchte der Autor seine Argumentation übersichtlich machen. Der **letzte Absatz** hat eine besondere Funktion: Er fasst die Ausführungen zusammen und bezieht sich dabei (oft) noch einmal auf den Anfang. Außerdem bringt er vielleicht einen sinnvollen Vorschlag, einen weiterführenden Gedanken oder eine witzige Pointe.

Der erste und der letzte Absatz haben also einen ganz eigenen Charakter. Wenn wir uns die Absätze dazwischen ansehen, fällt noch etwas Besonderes auf: Meistens wird der jeweilige Kerngedanke gleich in den ersten ein oder zwei Sätzen des Absatzes genannt. Und aus dieser Kenntnis heraus entwickeln wir die folgende **Lesestrategie**:

Du liest den ersten Absatz vollständig. Von den weiteren Absätzen nimmst du immer nur die ersten ein oder zwei Sätze auf (oft gehören die ersten beiden eng zusammen). Und den letzten Absatz liest du wieder ganz. Dann hast du im besten Fall die Hauptgedanken dieses Artikels schon erfasst! Wenn du noch einige Details wissen möchtest, gehst du an ausgewählte Stellen einfach zurück.

Allerdings funktioniert dieses Vorgehen leider nicht immer! Es gibt Texte, die ein anderes Muster aufweisen. Dort stehen die Kerngedanken durchaus auch in der Mitte oder am Schluss eines Absatzes. Wir können dir also nicht versprechen, dass diese Strategie immer reibungslos funktioniert. Aber wenn – dann ist sie großartig! Außerdem erhältst du mit einiger Übung ein Gefühl dafür, wo du die Kernaussagen suchen musst. Wenn du bereit bist, dich auf andere Muster einzustellen, kannst du diese Strategie noch häufiger einsetzen.

Mit dem Absatzspringen gewinnst du sehr schnell einen Überblick über die Hauptaussagen eines Textes. Damit beurteilst du, ob du ihn brauchst bzw. ob die Informationen neu sind. Du kannst mit dieser Strategie auch sehr gut Inhalte wiederholen, die du dir schon eingeprägt hast – vielleicht für eine Klassenarbeit. Außerdem ist dieses Vorgehen ein großer Gewinn für begeisterte Zeitungsleser: Mit seiner Hilfe kannst du dich über viele Themen zumindest in den Grundzügen informieren, wenn du für die vollständige Lektüre keine Zeit hast.

Einige Fakten genügen: Fokussierende Suche (Scanning)

Stell dir vor, du kennst dich schon so gut in deinem Thema aus, dass du nur noch wenige zusätzliche Fakten und Zahlen benötigst, um z. B. dein Referat perfekt vorzubereiten. Ein Scanning hilft dir, diese Informationen gezielt aus einem Text zu ziehen. In wenigen Sekunden kannst du auf einer Seite das Gesuchte finden – du musst sie dafür nicht richtig lesen! Das englische Wort «to scan» (suchen, abtasten) beschreibt dieses Vorgehen sehr gut. Wie ein Scheinwerferstrahl tastet dein Blick den Text ab, um fündig zu werden. Vorher musst du allerdings genau wissen, **was** du suchst. Nur eine wirklich gebündelte Aufmerksamkeit führt zu einem Ergebnis.

Wie funktioniert es? Du hast eine konkrete Frage im Kopf, auf die du eine Antwort suchst. Stell dir vor, wie die gesuchten Wörter geschrieben aussehen. Dann lässt du deinen Blick ganz entspannt über die Seite gleiten und stellst dich darauf ein, dass dir diese Wörter «wie von selbst» begegnen. Mach den Durchgang ruhig zweimal, am besten mit einer anderen Spur durch den Text. Dann findest du sicher, was du suchst!

Wenn du zu einem Thema erste Informationen brauchst, dann behandelst du dein Gehirn wie das Eingabefeld bei Google. Du überlegst, welche Wörter bei der Antwort vorkommen könnten, weil sie einfach typisch sind in diesem Zusammenhang. Sollst du z. B. aus einem Buch etwas über die Probleme des heutigen Afrika erarbeiten, dann such nach einigen Namen von afrikanischen Ländern. Oder nach Stichworten wie «Politik», «Bevölkerung» (achte dabei auf Zahlen!), «Wasser», «Krieg» usw. Mit dieser klaren inhaltlichen Einstimmung wird dein Gehirn zentrale Informationen schnell finden.

Übrigens ist diese Grundhaltung die perfekte Einstellung

jedem Text gegenüber. Je präziser deine Fragen sind, mit denen du einen Text liest, umso schneller wirst du die Antworten finden. Das gilt auch für einen vollständigen Leseprozess!

Den passenden Gang einlegen!

Ein richtig guter Leser bist du dann, wenn du diese Vorgehensweisen so geschickt wie möglich kombinierst. Das bedeutet: Du überlegst nicht nur die passende Strategie für jeden Text. Auch innerhalb desselben Textes kannst du zwischen verschiedenen Strategien wechseln. Es kommt immer darauf an, wie wichtig bestimmte Stellen für dich sind. Beschleunige das Tempo, sobald du bekannte oder weniger wichtige Absätze siehst. Aber werde auch wieder langsamer bei den entscheidenden Sätzen. Dort kann es sogar sinnvoll sein, kurz anzuhalten, um in Ruhe eine Aussage zu verstehen.

Im Grunde verhältst du dich dabei auch nicht anders als beim Radfahren. Mit der Gangschaltung passt du deinen Kraftaufwand ja auch den Gegebenheiten an. Du würdest vermutlich kaum im neunten Gang eine steile Alpenstraße in Italien hochfahren – aber auch nicht im ersten bergab!

VII B Die Zielgerade – nicht aufgeben!

Flexible Lesestrategien

Hinein in die letzte Etappe – zumindest bei den Übungen. Mit dem Ziel im Blick werden die Beine plötzlich wieder etwas leichter. Außerdem sind jetzt endgültig die Sinngruppenübungen weggefallen, und auch die Fokussierungsübung haben wir nicht etwa vergessen, sondern absichtlich beiseitegelassen. Schließlich brauchst du etwas Luft für das neue Thema: die Lesestrategien.

In den ersten Kapiteln ging es um die besseren Blickprozesse beim Lesen. Wir brauchen sie, um schnell durch die Berge von Texten zu kommen, die wir wirklich lesen wollen. Aber das genügt nicht. Wir brauchen ebenso Werkzeuge, um die Fragen zu beantworten: Wie finde ich am schnellsten die geeigneten Textstellen für mich? Wo ist das, was ich suche, am besten beschrieben?

Im Theorieteil hast du schon mehrere Strategien kennengelernt, die sich für verschiedene Zwecke eignen. Einzelne Strategien wollen wir mit dir hier praktisch durchspielen. Allerdings noch nicht die gründliche Erarbeitung eines Textes. Wie schon gesagt, haben wir dafür das ganze Kapitel VIII reserviert, weil dieses Thema so wichtig und umfangreich ist.

Ich rufe dir noch einmal kurz die wesentlichen Stichworte in Erinnerung, die du dir **bei jedem Leseprozess** bewusstmachen musst. Nur dann weiß das Gehirn genau, wie es vorgehen soll. Also:

1.) **Vor jedem** Lesen ist eine **Vorausschau** unentbehrlich.

2.) Überleg dir dein **Leseziel** und stell **Fragen an den** Text.

3.) Pass die Lesestrategie dem **Leseziel** an:
- gründlich lesen und Wissen erarbeiten: mehrmaliges Lesen unbedingt erforderlich (vgl. Kapitel VIII),
- Suche nach den Kernaussagen (mit Hilfe von Skimming),
- «großzügig» vorgehen, mit Blick auf die wesentlichen Aussagen (Absatzspringen mit Mut zur Lücke),
- gezielte Suche nach einzelnen Fakten oder Zahlen (Scanning).

4.) Kombiniere diese Strategien innerhalb des Textes je nachdem, welche gerade am besten passt.

Genau wie die Blickbewegungen müssen auch die verschiedenen Vorgehensweisen beim Lesen immer wieder geübt werden. Sonst verführt dich die alte Gewohnheit dazu, doch einfach draufloszulesen. Dann landest du schnell wieder neben der Spur. Jetzt weißt du aber, dass man Texte unterschiedlich behandeln sollte. Doch auch innerhalb eines Textes sollten die Strategien flexibel angepasst werden. Es gibt immer Abschnitte, die nicht so bedeutend sind oder schon bekannt. Versuch, diese Stellen immer sofort zu erkennen und mit Skimming oder anderen Strategien den Leseprozess zu beschleunigen.

Nimm es dir von heute an fest vor, dann automatisieren sich auch die Strategien. Irgendwann brauchst du gar nicht mehr darüber nachzudenken: Du gehst automatisch richtig an Bücher heran. Das merkst du spätestens dann, wenn du es jemand anderem überzeugend erklären kannst.

Wie eine Vorausschau abläuft, ist im Theorieteil und auf der Website erklärt. Aber sie praktisch anzuwenden, ist zu Anfang gar nicht so leicht. Deshalb haben wir uns einen kleinen inneren Dialog (ein Selbstgespräch) vorgestellt, den du vielleicht führen könntest. Der könnte sich z. B. so anhören:

Muss ich das lesen? Herr X hat es uns heute ausdrücklich «empfohlen», wie er immer sagt. Der Titel passt ja auch zur letzten Stunde. ➔ Also, wahrscheinlich ja. Ich guck mal, worum es so ungefähr geht. Wie hieß das noch, was man dafür macht? Ach ja, **Vorausschau.**

Nach der Vorausschau
Verstanden habe ich nicht viel, aber wenigstens eine Ahnung, worum es geht. Scheint das Thema zu betreffen, das in der nächsten Geschichtsarbeit drankommt. **Aber was war dafür noch wichtig,** worauf hatte er uns hingewiesen? In manchen Kapiteln hatte ich das Gefühl, dass es mit unserem Thema gar nichts zu tun hat. ➔ Ich **brauche** auf jeden Fall **nicht alles gründlich** zu lesen. Wenigstens das nicht!

Soll ich die **Vorausschau nochmal** machen? Um zu sehen, wo das Wichtigste steht? Kann ich nicht größere Teile einfach weglassen? Aber eigentlich waren ganz schön viele Stellen dabei, die was erklärten. ➔ **OK, vieles** muss wohl sein, aber bloß nicht zu langsam lesen, dann schlaf ich ein und komm nicht durch.

Und wie finde ich jetzt die entscheidenden Stellen **am schnellsten?** ➔ Was waren noch mal meine Fragen? Jetzt mach ich **Skimming** und such mir die Antworten raus. Dann weiß ich schon richtig viel über das Thema. Die wichtigen Abschnitte lese ich nachher genauer. Am Tag vor der Arbeit schaue ich es mir ohnehin nochmal an.

So könnte es ungefähr ablaufen – aus unserer «strategischen» Sicht. Und aus deiner? Wenn du Lust hast, schreib uns doch einen solchen inneren Dialog, wie er sich bei dir abgespielt hat. Wir könnten einige solcher Texte auf die Website setzen.

Die nächste Übung: «Skimming» mit einem bekannten Text.

Skimming-Übung

Mit dem Skimming kannst du schnell die Hauptgedanken eines Textes finden; oder diejenigen Stellen, die für dich besonders wichtig sind. Die Voraussetzung: schnelle **und** vollständige Texterfassung! Nur wenn du den Text **vollständig** siehst, verpasst du nichts. Das hohe Tempo bewahrt dich aber davor, dich festzulesen. Die vielen Einzelheiten haben keine Chance, bei dir Gehör zu finden. Du siehst sie zwar, stürmst aber an ihnen vorbei, immer auf der Suche nach dem Wichtigsten.

Diese Methode funktioniert besonders gut, wenn du einen Text schon kennst und dir die Hauptideen noch einmal in Erinnerung rufen möchtest. «Aktivieren» nennt man das – ein wichtiger Vorgang, wenn du dir etwas gut merken willst (siehe Kapitel VIII). Da der Inhalt in einem solchen Fall nicht neu ist, wirst du dir schon von selbst mehr Tempo zutrauen. Die Blickstopps sollten kurz sein, sie müssen aber ausreichen, um dem Gehirn die Wiedererkennung zu ermöglichen.

Nimm dir für diese Übung einen Abschnitt in Kapitel III A vor: **«Lesen: Eine Herausforderung für das Gehirn»** (Seite 51–53). Hab den Mut, dort in hohem Tempo «durchzupeitschen».

Vorgehen

Zunächst bringst du deine Augen und dein Gehirn wieder mit dem Schieber in Schwung. Du erinnerst dich sicher noch: den Ergebnisbogen direkt über die erste Zeile legen und zügig nach unten schieben. Beweg ihn so schnell, dass du gerade noch knapp die ganze Zeile mit drei Blickstopps erfassen kannst. Dabei rücken vermutlich einige Aussagen wieder in dein Bewusstsein, aber vieles kommt bei dir nicht richtig an.

Erst danach nimmst du mit demselben Textabschnitt ein richtiges Skimming ohne Hilfsmittel vor: Du versuchst, mit ähnlicher Dynamik möglichst häufig Sinngruppen zu fixieren.

Vielleicht dauert das etwas länger, weil es nicht immer nur drei Sinngruppen pro Zeile gibt. Aber behalte den Schwung bei. Lass keine Zeilen aus, nimm das gesamte Schriftbild wahr und konzentriere dich inhaltlich auf das Wesentliche.

Aus drei Gründen schaffst du es wahrscheinlich, ein hohes Tempo **und** ein ausreichendes Verständnis zu erzielen:

1.) wegen der Wiederholung nach kurzer Zeit;

2.) weil Sinngruppen mehr Inhalt vermitteln als zufällige Wortgruppen;

3.) weil du deine Aufmerksamkeit nur auf die Kernaussagen richtest und das Gehirn nicht mit Details belastest.

Trau dir nach dieser Übung mit einem bekannten Text doch einmal zu, die erreichte Geschwindigkeit auf Zeitungsartikel und einfache unbekannte Texte zu übertragen. Verschaff dir täglich einen solchen Temporuck! Nutz zwischendurch die elektronische Unterstützung auf unserer Website (Schieber). Hier wird dir deine Geschwindigkeit zurückgemeldet, und du weißt genau, wie viel du geschafft hast. Du kannst dich dort auch gezielt fordern: mit unterschiedlichen Geschwindigkeiten, verschiedenartigen Texten und den beiden eben geübten Vorgehensweisen:

1.) jede Zeile dritteln und

2.) möglichst Sinngruppen erfassen.

Stell aber manchmal auch Geschwindigkeiten ein, bei denen du ein richtig gutes Verständnis hast. Tempo ist nicht das Entscheidende, du sollst dir ja keine Schludrigkeit angewöhnen. Doch das Verständnis ist oft leichter, wenn man zunächst mit hohem Tempo beginnt und dann wieder langsamer wird.

Freies Lesen

Im Kapitel II B hatten wir dir empfohlen, in verschiedenen Bücherregalen herumzuschmökern, um ein Buch zu finden, das dich interessieren könnte. Damals war die Aufgabe: Lies den Text so, wie du immer liest, und ermittle deine Lesegeschwindigkeit. Wenn du alle (oder viele) Übungen in diesem Buch konsequent durchgeführt hast, möchtest du vielleicht wissen, ob und wie sich deine Lesegeschwindigkeit bei einer ähnlichen Aufgabenstellung verändert hat. Probier es am besten mit demselben Buch wie damals aus. Nimm dir vor, einen unbekannten Abschnitt in diesem Buch zu lesen, den du genauso gut verstehen willst wie beim ersten Durchgang. Entscheide selbst, in welchem Umfang du die neuen Techniken hierbei einsetzen willst. Wir wünschen uns das natürlich, damit du erkennst, ob sich das Training auf deine Lesegeschwindigkeit ausgewirkt hat. Aber geh so vor, wie es dir am angenehmsten ist.

Bereite die Übung wieder so vor wie beim ersten Mal. Vielleicht findest du ja noch die Durchschnittszahl der Wörter pro Zeile, sonst rechne sie bitte wieder vorher aus (die Anleitung steht auf S. 46). Leg dir ein Lesezeichen und den Kurzzeitwecker / dein Handy zurecht oder geh auf unsere Website (www.improved-reading.de / buch).

Beginn diesmal mit einer Vorausschau – ausnahmsweise auch beim Krimi, falls du dir einen ausgesucht hattest. Blättere ca. sechs bis acht Seiten durch, je nachdem, wie schnell du schon liest. Verwende etwa fünf bis sieben Sekunden pro Seite darauf, einen ersten Eindruck vom Inhalt zu erhalten. Dann entwickle ein Gefühl dafür, mit welcher Geschwindigkeit du diesen Text lesen willst.

Stell den Kurzzeitwecker wieder auf drei Minuten und fang nach dem Starten sofort an zu lesen. Wenn die Zeit abgelaufen ist, legst du das Lesezeichen unter die zuletzt gelesene Zeile.

Jetzt zählst du die gelesenen Zeilen und rechnest nach der bekannten Formel deine Lesegeschwindigkeit aus:

$$\frac{\text{Anzahl Zeilen} \times \text{Wörter pro Zeile}}{3}$$

Trag diesen Wert auf dem Ergebnisbogen ein: unter der ersten Geschwindigkeit für «Freies Lesen» (bei «WpM»). Wenn du Lust hast, rechne aus, um wie viele Wörter pro Minute du dich gesteigert hast und wie viel Prozent (%) mehr das ergibt.

Hast du die neuen Techniken angewandt? Bist du schneller geworden? Vielleicht auch «einfach so» – ohne dass du bewusst Chunking eingesetzt hast? Aber vielleicht hast du doch daran gedacht, nicht mehr so oft zurückzuspringen? Wir hoffen, dass du dir in jedem Fall bewiesen hast, dass man etwas schneller bewältigen kann **und gut** – ohne dass man sich damit unter Druck gesetzt fühlt. Vielleicht bist du schneller geworden, hast aber noch kein gutes Lesegefühl? Nach so kurzer Trainingszeit kann das durchaus vorkommen. Aber die Sicherheit steigt mit der Übung: Ideal wäre es, täglich zwei Minuten lang einen nicht ganz so wichtigen Text mit Skimming durchzupflügen!

Scanning-Übung

Scanning – Suchscheinwerfer im Wörtermeer

Im Theorieteil hast du das Scanning kennengelernt. Dies ist eine Methode, mit der du wichtige Informationen aus einem langen Text ziehst, ohne ihn ganz lesen zu müssen: einen Namen, ein Wort, eine Zahl – oder eine Antwort auf eine ganz konkrete Frage. Wie einen Scheinwerfer lässt du deinen Blick über den Text gleiten und suchst dein Zielobjekt – alles, was nicht dazu-passt, nimmst du gar nicht bewusst zur Kenntnis. Stell dir vor, du hättest auf der Straße deinen Schlüssel fallen lassen. Es ist dunkel, und du suchst nach ihm mit einer Taschenlampe. Du siehst sehr viel, beachtest es aber gar nicht, weil es weder glänzt noch die ungefähre Form eines Schlüssels hat. Wenn du dich von jedem Stein, Grashalm oder jeder Scherbe ablenken ließest, würde das Suchen endlos dauern. Dein ganz klarer Suchauftrag im Kopf hilft dir, ihn schnell zu finden. So solltest du auch das Scanning nach bestimmten Informationen verstehen. In der folgenden Übung probier es einmal aus.

Vorgehen

Wir möchten dich nämlich auffordern, auf einer bestimmten Seite dieses Buchs möglichst schnell ein einzelnes Wort herauszufischen. Stell dir genau vor, wie es geschrieben aussieht: lang oder kurz, groß- oder kleingeschrieben …? Dann gehst du auf die angegebene Seite, startest die Uhr und versuchst, das Wort so schnell wie möglich zu finden. Fang bloß nicht an zu lesen! Lass deinen Blick nur entspannt über größere Textblöcke gleiten. Das Bild dieses Wortes hast du ja im Kopf gut abgespeichert – deshalb springt dir die gesuchte Stelle wahrscheinlich recht schnell ins Auge. Sei zuversichtlich und vor allem entspannt, dann funktioniert es am besten. Sobald du das Wort gefunden hast, schau zur Uhr und lies deine Zeit ab.

Und hier die Aufgabe:

Such bitte auf der Seite 52 dieses Buchs das Wort: «Unlustgefühl». Versuch es dann noch einmal auf der Seite 54 mit dem Wort: «Nervenzellen».

Führ diese Übung vielleicht auch auf weiteren Seiten durch, indem du dir von einer anderen Person einzelne Wörter oder sogar Wortgruppen ansagen lässt. Mit entsprechender Übung wirst du meistens nur 8–10 Sekunden pro Seite benötigen, bis du die gesuchte Information gefunden hast. Scanning lässt sich sehr erfolgreich trainieren!

Nur noch **ein** Mal: Augenübungen! Hol dir den Schwung für den letzten Verständnistest!

Augenübungen

Inzwischen weißt du ALLES über die Augenübungen. Die Trainingsanleitung könntest du jetzt selbst schreiben. Gut, wenn du diese Anweisungen im Kopf hast. Blickdynamik-Übungen oder Skimming lassen sich nämlich jeden Tag mit beliebigen Texten trainieren. Es reichen drei Minuten, bevor du eine wichtige Arbeit beginnst. Die Tempoübungen steigern deine Konzentration!

Augenübung 6 WÖRTER

insbesondere	mindestens	insbesondere	inzwischen	beispielsweise
Zusammenarbeit	Öffentlichkeit	Sicherheit	Wochenende	Zusammenarbeit
Unterstützung	Unterstützung	Vorsitzender	Mannschaft	Entscheidung
gleichzeitig	angesichts	tatsächlich	mindestens	entscheiden
Arbeitsplatz	Hauptstadt	Wochenende	Arbeitsplatz	Unternehmen
Gesellschaft	Sicherheit	Gewerkschaft	Informationen	Wirtschaft
verhindern	vielleicht	eigentlich	jedenfalls	verhindern
Zusammenhang	Zusammenhang	Möglichkeit	Produktion	Mitarbeiter
möglicherweise	mittlerweile	möglicherweise	vielleicht	bezeichnen
angesichts	verhindern	angesichts	angesichts	entscheiden
Geschichte	Vergangenheit	Vorsitzender	Bevölkerung	Mitglieder
Unternehmen	Wirtschaft	Zusammenhang	Unternehmen	Diskussion
gleichzeitig	gleichzeitig	beispielsweise	gleichzeitig	eigentlich
Entwicklung	Möglichkeit	Wochenende	Ausstellung	Entwicklung
Universität	Arbeitsplatz	Universität	Universität	Entscheidung
Hilfestellung	Produktion	Hauptstadt	Unterstützung	Zusammenarbeit

Augenübung 6 ZIFFERN

1342	9924	9099	1342	6191
5125	8370	5125	7950	8819
1361	1361	1911	3091	2988
1734	9497	1734	7970	8005
0115	7992	0586	4528	5658
9050	8690	9667	9050	7921
9134	3501	9134	1265	9134
9278	9278	2805	0599	0382
4936	2314	4936	7278	3483
7141	7126	8110	7141	6520
5787	4898	5787	9468	5787
7198	1228	6751	3547	2236
9047	6962	7016	2711	9047
1193	5687	9617	4810	2414
1228	6601	4829	1228	1836
2233	8991	0384	2233	2233

Augenübung 6 BUCHSTABEN

nvjv	exny	ksdf	bole	nvjv
ifhb	ifhb	nzah	ubrm	fpee
nqtw	cwvi	szih	nqtw	wthg
vvvw	angu	ogww	vvvw	vvvw
piox	iuhr	dfrw	hcva	whjq
jlvi	jlvi	qiij	nbil	bomw
ofbo	gxpn	qegj	kigg	ofbo
rrcg	rrcg	rrcg	jxmq	rket
ehvu	ehvu	cgss	fcqq	kjlw
lnoj	jqpa	fssk	lnoj	disx
axzj	crzl	axzj	epba	lwwh
vbac	xcnl	ztmc	vbac	gdvp
rdre	gzyw	bawh	cvhw	bsht
bygs	bygs	kaip	bygs	pxjf
xtcd	onpn	cymr	xtcd	vhcr
akvx	bdmh	lskw	hxkj	paxb

Augenübung 6 SYNONYME

Schottenrock	Drachen	Leiste	Müdigkeit	Prämie
besprenkeln	beichten	bespritzen	behandeln	schlängeln
schillernd	jugendlich	sausen	lärmend	glitzernd
Tarnung	Verkleidung	Tagebuch	Maskierung	Trennung
Regenwald	Seilbahn	Regenrinne	Streifflicht	Prahlerei
explodieren	regieren	in die Luft gehen	mitschleppen	studieren
signalisieren	ankündigen	Gebärde	anschwellen	anzeigen
Angriffslust	Gebet	Holzklotz	Aggression	Gemütsruhe
Impuls	Import	Lederschuh	Antrieb	Regierung
Pigment	Marsch	Schweinestall	Weinschorle	Position
Menge	Anzahl	Demonstration	Menü	Sonnenbrille
unheimlich	Urwald	gespenstisch	schauerlich	namentlich
Einheimischer	Rosenkranz	Einsatzzentrale	Spiegelung	Ureinwohner
genial	geistreich	musikalisch	talentiert	generell
überstülpen	überreichen	unternehmen	überziehen	bugsieren
Lasso	Briefkasten	Cowboy	Ruine	Fangseil

Richtige Lösungen: **Schottenrock**/(nichts), **besprenkeln**/bespritzen, **schillernd**/glitzernd, **Tarnung**/Verkleidung/Maskierung, **Regenwald**/(nichts), **explodieren**/in die Luft gehen, **signalisieren**/ankündigen/anzeigen, **Angriffslust**/Aggression, **Impuls**/Antrieb, **Pigment**/(nichts), **Menge**/Anzahl, **unheimlich**/gespenstisch/schauerlich, **Einheimischer**/Ureinwohner, **genial**/geistreich/talentiert, **überstülpen**/überziehen, **Lasso**/Fangseil

Rückblick auf die Augenübungen

Jetzt vergleich deine letzten Zahlen mit den Werten, die bei «Augenübung 1» stehen. Ich hoffe, du stellst eine deutliche Temposteigerung fest. Wenn du nicht schon ganz mutig angefangen hast, könnten dort mindestens 10 Sekunden weniger stehen. Und falls du zwischendurch Fehler zugelassen hast, dann sind sie jetzt wahrscheinlich wieder zurückgegangen. Vergiss nicht, dass die Buchstaben und Zahlen seit dem ersten Durchgang länger und damit schwieriger geworden sind. Selbst wenn du bei diesen Übungen nur dieselbe Zeit (und Fehlerzahl) wie am Anfang erreicht haben solltest, hast du eine Verbesserung erzielt. Bis du nun überzeugt, dass du dir viel mehr zutrauen kannst? Du musst dein Gehirn und deine Augen nur fordern! Sei mutig beim Lesen! Wenn du dranbleibst, wird es immer besser.

Weiteres Vorgehen

Auf den letzten Verständnistest stimmst du dich bitte mit einer Vorausschau ein. Bisher standen auf der Titelseite immer einige erklärende Sätze, die dich hoffentlich ein wenig neugierig aufs Lesen gemacht haben. Versuch jetzt, mit Hilfe der Vorausschau diese Neugier selbst zu erzeugen! Verschaff dir einen groben Eindruck vom Inhalt, indem du die Augen entspannt ca. 5 Sekunden über jede Seite gleiten lässt. Du fragst dich: Was könnte mich am Text interessieren? Was ist wichtig? Wie ist der Text aufgebaut? Damit richtest du deine Aufmerksamkeit auf die entscheidenden Aussagen aus.

Für das Lesen sollst du dir vornehmen, den Text richtig gut zu verstehen. Etwa acht richtige Antworten wären ein schöner Abschluss. Setze auf jeden Fall die neuen Techniken ein, aber mit einem Tempo, bei dem du dich sicher fühlst. Hab Vertrauen zu dir, führ dir kurz die richtigen Techniken vor Augen und denk dann beim Lesen nicht mehr darüber nach. Wenn es nicht jetzt klappt, dann eben später. Hauptsache, du weißt, dass du auf dem richtigen Weg bist.

Verständnistest 6

Vorgehen: (fast) wie bisher. Anleitung: im Kasten auf S. 21

Der Unterschied zu dem bisherigen Vorgehen: Bitte nimm hier als Erstes eine Vorausschau über den Text vor (ca. 5 Sek. pro vollständige Seite). Danach kommst du hierher zurück.

Und jetzt los mit dem letzten Verständnistest!

Chamäleons –
Meister der Verwandlung

von Sabine Kersebaum[12]

**Bitte diese Seite erst umblättern,
wenn du die Stoppuhr startest.**

12 Aus: Geolino 12/2002 (www.geolino.de), mit freundlicher Genehmigung des Verlags gekürzte und bearbeitete Version.

Chamäleons –
Meister der Verwandlung

Es gibt Tiere, über die werden hartnäckig Märchen erzählt. Über Chamäleons zum Beispiel. Denen wird oft nachgesagt, sie könnten sich jedem x-beliebigen Untergrund anpassen: Setzt sie auf einen Schottenrock, und sie werden grün-rot-kariert. Haltet sie vor eine Blümchentapete, und auf ihrem Körper sprießen Blütenmuster. Ganz so, als wären Chamäleons lebende Farbkopierer. So viel vorweg: Sie sind es nicht. Aber «schillernde Persönlichkeiten» sind sie trotzdem.

Es gibt wohl keine Echse, die abwechslungsreichere Farben trägt als das Chamäleon. Die meiste Zeit dienen die Sprenkel und Streifen zur Tarnung: Mit seinen braunen, grünen, türkisfarbenen und gelben Hautschuppen ist etwa das ostafrikanische Dreihorn-Chamäleon in den Regenwäldern Kenias fast unsichtbar. Das Wüstenchamäleon *Chamaeleo namaquensis* in der baumarmen Savanne trägt dagegen lieber sandfarbene und hellbraune Töne.

Allerdings reicht oft bereits das Zusammentreffen eines Männchens mit einem Weibchen – und schon explodieren die Farben! Rote, gelbe, grüne Tupfen oder Streifen flammen dann auf der Haut des Männchens und signalisieren: «Ich bin der Größte.» Bekommt die Umworbene daraufhin einen roten Kopf, heißt das jedoch: «Kein Interesse!» Auf diese Art «unterhalten» Chamäleons sich regelrecht – nur mit ihren Farben. Denn die Tiere sind fast taub.

Die bunten Echsen können ihr Schuppenkleid aber nicht beliebig an-, aus- oder umschalten: Die Farbwechsel sind abhängig von äußeren Umständen wie Licht und Wärme oder von Gefühlen wie Wut, Angriffslust, Angst oder Liebeswerbung. Dann nämlich senden die Echsen Nervenimpulse

Richtung Haut, zu speziellen Farbzellen. Die enthalten sogenannte Pigmente, also winzige Farbkörnchen. Die Pigmente geraten daraufhin in Bewegung und können in höhere Hautschichten aufsteigen oder absinken und bewirken so die Färbung.

Die Familie der «Farbwechsler» ist weit verbreitet. Mindestens 160 Arten leben auf dem afrikanischen Festland, auf Madagaskar, auf der Arabischen Halbinsel, Indien, Sri Lanka, auf den Seychellen und rund ums Mittelmeer. Man trifft sie in der Wüste, in Regenwäldern und in Gebirgszonen.

Den Menschen waren die Echsen mit den Glubschaugen schon immer ein bisschen unheimlich: In Ostafrika feierten die Einheimischen jeden als tapferen Helden, der sich traute, einem Dreihorn-Chamäleon ein Horn abzuschneiden. Und die alten Griechen hofften auf Regen und Donner, wenn sie ein Chamäleon über Eichenholz schmorten. Sie gaben den Tieren auch ihren Namen: «Chamaileon» heißt übersetzt «Erdlöwe». Wie die Griechen wohl darauf kamen? Dabei haben die kleinen Echsen mit Löwen herzlich wenig gemeinsam.

«Zungenschießer» wäre eigentlich ein treffenderer Name. Denn die Chamäleons beherrschen eine geniale Jagdtechnik: Wollen sie eine Fliege fangen, «schießen» sie einfach ihre überdimensionale Zunge auf die Beute! Rund 65 km/h schnell ist der Muskel, und er ist mitunter so lang wie das gesamte Chamäleon. Die Zungenspitze ist verdickt und stülpt sich wie ein Saugnapf über das Opfer. Und im Bruchteil einer Sekunde zischt sie zurück ins Maul. Die Lasso-Zunge funktioniert allerdings erst bei einer bestimmten Körpertemperatur. Chamäleons sind wechselwarme Tiere: Ihre Körper sind immer so kalt oder warm wie die Luft. Deshalb sind die Tiere nach einer kühlen Nacht total lahm und müssen erst mal Sonne tanken.

Und dabei hilft ihnen wieder – ein Farbtrick: Ihre Schuppen färben sich ganz dunkel. Denn je dunkler die Oberfläche ist, desto besser heizt sie sich auf. Erst wenn die richtige «Betriebstemperatur» erreicht ist, nimmt das Chamäleon wieder seine normale Farbe an. Obwohl: Was heißt bei diesen Tieren schon «normal»?

Uhr stoppen!

Trag deine benötigte Zeit unter **Verständnistest 6** bei «Zeit» ein.

Nun ermittle auf der nächsten Seite deine Lesegeschwindigkeit in Wörtern pro Minute.

ERMITTLUNG DER LESEGESCHWINDIGKEIT (WpM)
Chamäleons – Meister der Verwandlung

0–1 Min.	1–2 Min.	2–3 Min.	3–4 Min.	4–5 Min.
Zeit WpM	1.00 – 530	2.00 – 265	3.00 – 177	4.00 – 133
	1.05 – 489	2.05 – 254	3.05 – 172	4.05 – 130
0.10 – 3.180	1.10 – 454	2.10 – 245	3.10 – 167	4.10 – 127
0.15 – 2.120	1.15 – 424	2.15 – 236	3.15 – 163	4.15 – 125
0.20 – 1.590	1.20 – 398	2.20 – 227	3.20 – 159	4.20 – 122
0.25 – 1.272	1.25 – 374	2.25 – 219	3.25 – 155	4.25 – 120
0.30 – 1.060	1.30 – 353	2.30 – 212	3.30 – 151	4.30 – 118
0.35 – 909	1.35 – 335	2.35 – 205	3.35 – 148	4.35 – 116
0.40 – 795	1.40 – 318	2.40 – 199	3.40 – 145	4.40 – 114
0.45 – 707	1.45 – 303	2.45 – 193	3.45 – 141	4.45 – 112
0.50 – 636	1.50 – 289	2.50 – 187	3.50 – 138	4.50 – 110
0.55 – 578	1.55 – 277	2.55 – 182	3.55 – 135	4.55 – 108

5–6 Min.	6–7 Min.	7–8 Min.	8–9 Min.	9 –10 Min.
5.00 – 106	6.00 – 88	7.00 – 76	8.00 – 66	9.00 – 59
5.05 – 104	6.05 – 87	7.05 – 75	8.05 – 66	9.05 – 58
5.10 – 103	6.10 – 86	7.10 – 74	8.10 – 65	9.10 – 58
5.15 – 101	6.15 – 85	7.15 – 73	8.15 – 64	9.15 – 57
5.20 – 99	6.20 – 84	7.20 – 72	8.20 – 64	9.20 – 57
5.25 – 98	6.25 – 83	7.25 – 71	8.25 – 63	9.25 – 56
5.30 – 96	6.30 – 82	7.30 – 71	8.30 – 62	9.30 – 56
5.35 – 95	6.35 – 81	7.35 – 70	8.35 – 62	9.35 – 55
5.40 – 94	6.40 – 80	7.40 – 69	8.40 – 61	9.40 – 55
5.45 – 92	6.45 – 79	7.45 – 68	8.45 – 61	9.45 – 54
5.50 – 91	6.50 – 78	7.50 – 68	8.50 – 60	9.50 – 54
5.55 – 90	6.55 – 77	7.55 – 67	8.55 – 59	9.55 – 53

Trag deinen Wert auf dem Ergebnisbogen ein unter: **Verständnistest 6** bei «**WpM**», bevor du zu den Fragen wechselst.

FRAGEBOGEN – TEST 6
Chamäleons – Meister der Verwandlung
Bitte kreuze nur die Antworten an, die dem Text entsprechen.

1.) Nenne ein Märchen, das über Chamäleons erzählt wird.
   a) Ihr Schwanz fällt ab, wenn man ihn berührt
   b) Die Weibchen fressen nach der Paarung die Männchen auf
   c) In ihrem Körper fließt grünes und rotes Blut gleichzeitig
   d) Sie werden grün-rot-kariert, wenn man sie auf einen Schottenrock setzt

2.) Welcher biologischen Familie wird das Chamäleon zugeordnet?
   a) Reptilien
   b) Echsen
   c) Amphibien
   d) Schlangen

3.) Was passiert beim Zusammentreffen eines männlichen und weiblichen Chamäleons?
   a) Bunte Tupfen und Streifen erscheinen auf der Haut des Männchens
   b) Sie küssen sich mit ihrer langen Zunge
   c) Beide gleichen sich in ihren Farben einander an
   d) Nichts – die Farbveränderung dient der Tarnung

4.) Chamäleons sind fast:
   a) Blind
   b) Stumm
   c) Taub
   d) Unempfindlich gegen Kälte

5.) Welche anderen Ursachen gibt es für den Farbwechsel außer der Anpassung an die farbliche Umgebung?
   a) Gefühle wie Wut oder Angst
   b) Ein starker Wille
   c) Vererbung
   d) Wird im Text nicht erwähnt

6.) In welchen Regionen sind Chamäleon-Arten anzutreffen?
   a) Vor allem in Kenia und Griechenland
   b) Vor allem in Südostasien und am Toten Meer
   c) Nur in der Wüste
   d) Am Meer, in der Wüste, in Regenwäldern und in Gebirgs-
      zonen

7.) Was hofften die alten Griechen, wenn sie ein Chamäleon
    schmorten?
   a) Dass es Regen und Donner geben werde
   b) Dass sie den nächsten Krieg gewönnen
   c) Dass sie uralt werden würden
   d) Alles gelogen: die Griechen haben keine Chamäleons
      geschmort

8.) Was heißt «Chamäleon» wörtlich?
   a) Buntschlange
   b) Erdlöwe
   c) Zauberfee
   d) Farbkopierer

9.) Welche Jagdtechnik beherrschen die Chamäleons?
   a) Sie erschlagen ihre Beute mit dem Schwanz
   b) Sie «schießen» ihre große Zunge auf eine Fliege ab und
      ziehen sie zurück ins Maul
   c) Sie können blitzschnell kleine Giftspritzer aussenden
   d) Gar keine – Chamäleons sind friedliche Pflanzenfresser

10.) Wann sind Chamäleons total lahm?
   a) Nach der Paarung
   b) Nach mehreren Farbwechseln
   c) Nach einer kühlen Nacht
   d) Wird im Text nicht erklärt

**Nun blättere bitte um
und überprüf deine Antworten!**

Chamäleons – Meister der Verwandlung

1.) d	5.) a	8.) b
2.) b	6.) d	9.) b
3.) a	7.) a	10.) c
4.) c		

Trag den Prozentsatz der richtigen Antworten und die «Effective Reading Rate» (ERR) bitte auf dem Ergebnisbogen unter **Verständnistest 6** ein.

Rückblick auf den abschließenden Verständnistest

Die wichtigste Frage ist: Wie hast du dich gefühlt beim Lesen? Bist du sicherer beim Einsatz der neuen Techniken geworden und hast dem Inhalt gut folgen können? Hast du jetzt bei der Beantwortung der Fragen mehr gewusst als geraten (was vielleicht früher dein Eindruck war)? Unser Wunsch ist, dass du dich beim Lesen wohler und sicherer fühlst als vor dem Training.

Auch wenn die Zahlen nicht so wichtig sind wie dein persönliches Gefühl: Vergleich doch bitte auf dem Ergebnisbogen deine letzte ERR mit der des ersten Verständnistests. Ich hoffe, du erkennst auch hier, wie sehr du dich verbessert hast. Wenn das letzte Ergebnis ein Ausrutscher war (in welche Richtung auch immer), bildest du von den letzten beiden Ergebnissen einen Durchschnittswert. Das ergibt vielleicht ein realistischeres Bild von deiner Entwicklung. Unser Textverständnis hängt ja sehr davon ab, ob wir den Inhalt mögen. Der Gedanke, den Mars zu besiedeln, gehört vielleicht nicht zu deinen dringendsten Wünschen. Es kann aber auch sein, dass du alles spannend findest, was mit dem Weltraum zu tun hat, und die Tiere des Urwalds interessieren dich überhaupt nicht. Doch unabhängig vom Inhalt sollte das Ergebnis durch das Üben und die neuen Techniken deutlich besser sein als zu Beginn.

Und nun: Auslaufen nach dem Rennen!

Der letzte Übungsteil ist geschafft! Mit einer Augenentspannung fährst du das Tempo langsam herunter. Jetzt wüssten wir natürlich gern, ob es dir Spaß gemacht hat. Oder wo die Quälerei besonders groß war. Es ist nicht einfach, die praktischen Übungen so konsequent nach der Anleitung aus einem Buch durchzuführen.

Aber noch ist ja nicht Schluss! Erst einmal beendest du diesen Teil ordentlich mit einer Augenentspannungs-Übung (siehe nächste Seite).

Danach folgt – wie immer – eine Einstimmung auf das nächste Kapitel. Für diese beiden Teile (Einstimmung und Kapitel VIII) nimm dir am besten richtig Zeit.

Augenentspannungs-Spiel

Verfolge die Linie und mach jeweils einen kurzen Stopp auf den Bildern. Bleib dort aber nur so lange, bis du das Bild erkannt hast. Mach das mehrmals (z. B. fünf Mal), damit der Blickstopp immer kürzer und die Bilderkennung immer sicherer wird.

Verfolge die Kurve

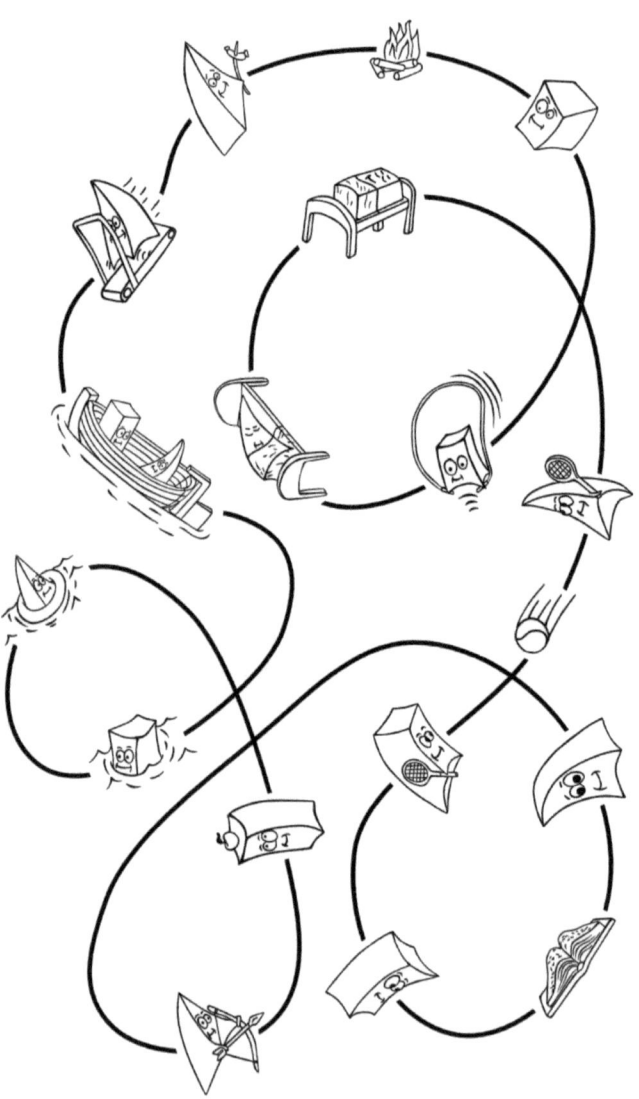

Absatzspring-Übung

Weiteres Vorgehen

Das Einstimmen auf Texte ist ein effizientes Vorgehen, das dein Verständnis schon einmal warmlaufen lässt. Vielleicht hast du diese Vorteile inzwischen selbst entdeckt. Versuch jedenfalls, es dir zur Gewohnheit zu machen.

Diesmal haben wir für die Einstimmung eine besondere Form gewählt: das Absatzspringen. Im Theorieteil wurde es ausführlich erklärt. Blättere also das Kapitel VIII durch und achte besonders auf den Anfang der Absätze. Dort sind häufig die Kernaussagen zu sehen. Diese Sätze sollst du aber nicht etwa gründlich lesen. Du überfliegst sie nur und lässt auf dich wirken, was du dort aufnimmst. Auf diese Weise erkennst du ungefähr, um welche Aussagen es in dem Text geht, und weißt, wo sie stehen. Nimm dir jetzt etwa 10 Sekunden pro Seite, in denen du dir diesen ersten Eindruck verschaffst. Danach **liest** du den Text richtig, denn er ist hilfreich für ein erfolgreiches Lernen.

V III Wissen erarbeiten:
Mit System lesen und lernen

Ein Gedächtnis wie ein Sieb?

«Ich habe es erst vor ein paar Tagen gelesen – aber schon wieder vergessen!» Kommt dir das bekannt vor? Du kannst es ruhig zugeben. Denn dass du mit dem Problem nicht allein bist, wird bereits in der Vergessenskurve deutlich. Sie veranschaulicht, wie viel man im Laufe der Zeit von einem Text vergisst. Unten waagerecht verläuft die Zeitleiste, die Senkrechte zeigt die Menge der Erinnerung an. Der Frosch hält die rechte Hand genau auf die Stelle, an der wir die Erinnerung an einen Text nach 24 Stunden ablesen können. Und was siehst du?

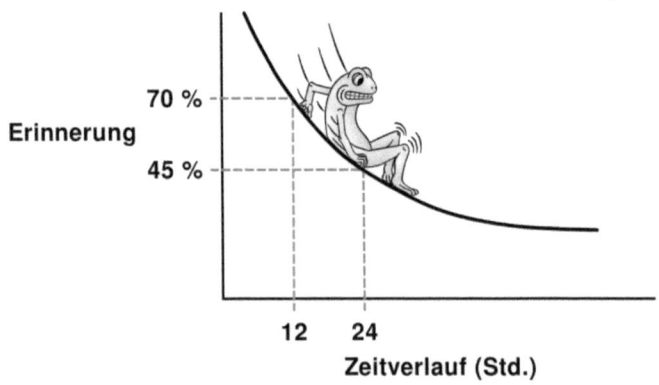

Vergessensrate

Erinnerung

70 %

45 %

12   24

Zeitverlauf (Std.)

Schon nach 24 Stunden hat man mehr als die Hälfte vergessen! Es sind nur 45 % des Inhalts, an die man sich nach einem Tag noch erinnert. Hättest du das gedacht? Langfristig sind es sogar nur 20 %, d. h., 80 % gehen unter. Es sei denn, man tut etwas gegen diesen Verlust, wiederholt den Stoff oder prägt ihn sich auf andere Weise ein. Das wird dir vertraut sein, denn bestimmt hast du schon viel Zeit mit Lernen verbracht. Aber auch systematisch? Nur wenn du fachmännisch mit deinem Gehirn umgehst, lohnt sich nämlich der Aufwand. Lernst du einfach irgendwie und irgendwann, verschwendest du viel Zeit und Kraft für ein mageres Ergebnis. Es kann sogar sein, dass du durch falsches Lernen deinen Merkprozess störst.

Dieses Kapitel bietet eine Anleitung, wie man jeden Text systematisch erarbeitet und sich den Inhalt merkt. Unabhängig davon, welches Thema behandelt wird. **Text erarbeiten** bedeutet: den Text in einer Weise zu lesen, dass der Inhalt wirklich in den Kopf hineinkommt. **Inhalt merken** bedeutet: das Wissen dauerhaft so im Kopf zu parken, dass du jederzeit darauf zugreifen kannst. Das Gelernte sollte in der Prüfung verfügbar sein – und nicht erst beim Frühstück am Tag danach! Dieses Ziel erreichst du nur mit guten Lernmethoden.

Für ein dauerhaftes Textwissen kombinierst du also Lesetechniken + Lesestrategien + Lernmethoden. Über die guten Techniken und Strategien des Lesens hast du schon viel erfahren. Damit du aber genau verstehst, wie sehr sie das Lernen unterstützen, unternehmen wir noch einen kleinen Abstecher in das Gehirn. Du wirst feststellen, dass unsere Techniken einfach perfekt zur Funktionsweise des menschlichen Gedächtnisses passen. Und sobald du etwas mehr über die Erinnerungswege in deinem Gehirn weißt, werden dir auch die Lernmethoden einleuchten, die wir im Anschluss erklären.

Die Kombination von effizientem **Lesen** und sinnvollem **Lernen** schafft viele nützliche Verknüpfungen innerhalb deines Wissens. So rauscht es nicht mehr einfach durch und bleibt endlich in deinem Kopf.

Wie funktioniert unser Gedächtnis?

Wie unser Gehirn Wissen aufnimmt und behält, erklären wir an einem Drei-Speicher-Modell. Natürlich gibt es diese rechteckigen Speicher im Gehirn nicht. Aber mit einem solchen Modell lassen sich die komplizierten Vorgänge vereinfachen und besser verstehen. Wenn du dich für Details interessierst, findest du eine Liste wissenschaftlicher Bücher zu diesem Thema auch auf unserer Website. Für unsere Zwecke genügt aber ein einfaches Grundmodell, wie du es in der Zeichnung siehst.[13] Die Begriffe kennst du (überwiegend) aus dem Alltag.

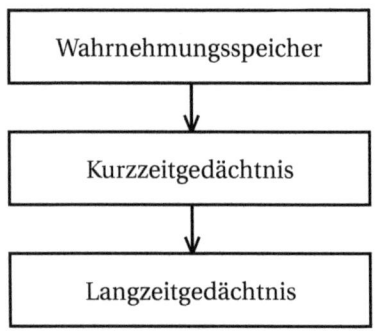

Der Wahrnehmungsspeicher

Dieser Speicher ist deine Kontaktstelle zur Welt. Alle Eindrücke, die deine Sinnesorgane wahrnehmen, **werden in diesen Speicher geleitet.** Wenn du eine CD hörst und dabei ein Stück Kuchen isst, nimmst du bereits eine Vielzahl von Reizen auf: durch die Ohren, den Mund, die Nase und die Hände. Die

---

13 Vgl. John R. Anderson: Kognitive Psychologie, Heidelberg ⁶2007, S. 211.

Geräusche und Bilder deiner Umgebung kommen natürlich noch hinzu. Es stürmen angenehme und unangenehme Eindrücke auf dich ein, wichtige und unwichtige. Pausenlos empfängt dein Gehirn unzählige Signale von außen. Die wenigsten davon registrierst du überhaupt bewusst.

Allerdings: Nach ein bis zwei Sekunden sind 99 % der Eindrücke schon wieder völlig zerfallen! Das sollten wir allerdings nicht bedauern. Wir würden nämlich verrückt, wenn wir alle Wahrnehmungen speichern müssten. Es kommen ja ständig weitere Informationen hinzu! Deshalb ist das Gedächtnis so genial konstruiert, dass **höchstens 1 %** der Eindrücke **bewusst** wahrgenommen werden und in das Kurzzeitgedächtnis wandern. Dort haben die Informationen eine Chance, weiterverarbeitet zu werden und vielleicht sogar in das Langzeitgedächtnis zu gelangen. Doch warum überlebt dieses bevorzugte eine Prozent den Zerfallsprozess? Wie wird es ausgewählt?

Die entscheidende Rolle bei allen Gedächtnisleistungen spielt: unsere Aufmerksamkeit. Mit ihrer Hilfe sortieren wir aus der ungeheuren Menge der Informationen diejenigen heraus, die für uns wichtig sind. Das gilt nicht nur für das Lesen, sondern für unser gesamtes Leben. Manchmal wird die Aufmerksamkeit spontan durch einen starken äußeren Reiz hervorgerufen: Ein Schrei, das Martinshorn der Feuerwehr, ein heftiges Klopfen an der Tür – sofort wendet sich das Gehirn solchen plötzlichen Ereignissen zu, weil sie Gefahr signalisieren könnten. Aufmerksamkeit kann aber auch «von innen» entstehen, hervorgerufen durch deine Vorlieben und Interessen. Wenn du gern Musik hörst, kannst du bestimmt mühelos alle Titel und Bands nennen, die zu dieser Musikrichtung gehören. Sämtliche Spiele und Ergebnisse der Bundesliga-Tabelle im Kopf zu haben – für Fußball-Fans ebenfalls kein Problem! Diese harten Fakten musst du gar nicht lernen, sie fliegen dir zu. Warum funktioniert das so selten bei Vokabeln und Geschichtszahlen?

Beim Lernen musst du die Aufmerksamkeit selbst erzeugen, um die wichtigen Informationen gezielt zu erfassen. Wenn du Glück hast, interessiert dich das Thema oder du weißt sogar schon etwas darüber. Dann sorgt deine Neugierde dafür, dass du dich immer wieder auf das konzentrieren kannst, was für dich wesentlich ist. So ähnlich, wie du selbst im lauten Stadtverkehr dein Handy klingeln hörst, trotz der unzähligen anderen Geräusche. Oder du entdeckst plötzlich ein Plakat mit deinem Lieblingsschauspieler – das dein Freund, der neben dir geht, völlig übersehen hat.

Du merkst, dass Aufmerksamkeit auch viel damit zu tun hat, ob dich ein Thema persönlich betrifft. Denn dann entsteht eine erhöhte Wachsamkeit, und du nimmst aus Tausenden von Signalen die wichtigen wahr. Welche Schlussfolgerungen ergeben sich daraus für ein effizientes Lesen?

Konsequenzen für das Lesen: Eingangskontrolle schaffen – Leseziele formulieren + Fragen an den Text stellen!

Auch beim Lesen sitzt du vor unzähligen Informationen, die deine gesamte Aufmerksamkeit beanspruchen. Vielleicht kennst du diese lähmende Vorstellung, dass du unbedingt jedes Wort sorgfältig lesen musst. Davon solltest du dich aber nicht blockieren lassen. Du musst einfach vorher entscheiden, was für dich wichtig ist, sonst sammeln sich sämtliche Wörter völlig gleichberechtigt in deinem Wahrnehmungsspeicher. Dort bilden sie dann einen unüberschaubaren «Wörtersee» – und bei dir entsteht das Gefühl, ins Schwimmen zu kommen. In diesem Stadium hast du gar keinen Einfluss mehr auf das eine Prozent, das du erhalten kannst, bevor der Rest zerfällt. Es bleibt also dem Zufall überlassen, welche Eindrücke vom Text dein Kurzzeitgedächtnis erreichen. Vermutlich nur eine lose Mischung von einzelnen Satzteilen, die es dir schwermachen, die wichtigen Aussagen zu entdecken. Und dann ist es mit deiner Konzentration vorbei. Der Zusammenhang ist verloren, die Gedanken schweifen ab. Plötzlich fällt dir die bedeutsame Tatsache auf, dass dein Tischnachbar einen neuen Kugelschreiber hat – und schon bist du ganz aus dem Lesen «ausgestiegen». Kein Wunder: Du bist ohne Plan losgegangen und hast dein Ziel deshalb nicht erreicht. Aber das ändert sich in Zukunft, denn nun kennst du ja Lesestrategien!

Also: Über die unterschiedliche Wichtigkeit der Aussagen eines Textes musst du dir schon vor dem Lesen Gedanken machen. Du formulierst Ziele, was du eigentlich wissen willst. Aus den Zielen ergeben sich Fragen, die du an den Text stellst. Nun willst du Antworten finden! Damit hast du deine Aufmerksamkeit ausgerichtet. Jetzt liest du den Text gezielt unter dem Gesichtspunkt, ob er die gesuchten Informationen enthält. Deine Fragen im Kopf wirken wie eine Sortiermaschine: Sie gliedern den Text fast automatisch in wichtige und eher unwichtige Abschnitte. Du findest die gesuchten Antworten vermutlich auch recht schnell, weil sie zu deinen Erwartungen passen.

Du entscheidest also mit Hilfe der Leseziele, welche Wörter wichtig sind und für die Weiterverarbeitung in das Kurzzeitgedächtnis gelangen sollen. Damit hältst du aktiv den inhaltlichen Zusammenhang aufrecht – und gleichzeitig auch deine Konzentration! Leider ist man beim Lernen für die Schule nicht automatisch auf die richtigen Fragen programmiert, wie im Falle der neuesten Entwicklungen bei der Lieblings-Musikgruppe oder den Fußballergebnissen. Oft ist das Vorwissen minimal und Interesse schon gar nicht vorhanden. Leseziele zu formulieren, lässt sich aber lernen. Die Anleitung dazu steht in dem Kapitel über die Vorausschau (S. 210–214).

Das Kurzzeitgedächtnis (KZG)

Im Kurzzeitgedächtnis wird geprüft, ob die aufgenommenen Informationen brauchbar sind. Wenn ja, müssen sie innerhalb von 20–30 Sekunden miteinander verknüpft werden, sonst gehen sie unrettbar verloren. Das Problem dabei ist: Das KZG kann innerhalb dieser winzigen Zeitspanne nur wenige Elemente verarbeiten. «Elemente» sind z. B. Zahlen, Wörter, Gegenstände oder Ideen. Es sind nur etwa fünf Elemente, die wir für 20–30 Sekunden «online» halten können. Manche sagen, es seien im Durchschnitt sogar nur dreieinhalb Elemente[14]. Eins ist aber trotz der unterschiedlichen Zahlen klar: Spontan können wir nur wenige Dinge im Kopf behalten. Wie schnell uns etwas aus dem Kurzzeitgedächtnis rutscht, hast du sicher selbst schon erlebt. Gerade wolltest du im Unterricht noch eine Frage stellen, du überlegst, wie du sie formulierst, da macht plötzlich jemand einen Witz – und die Frage ist vergessen. Oder: Schreib die Ziffern von 1–9 in gemischter Reihenfolge auf einen Zettel und drehe ihn sofort danach um. Wie viele Ziffern kannst du noch in der gewählten Reihenfolge aufzählen? Fünf wären schon gut. Aber ist unser Kurzzeitgedächtnis wirklich nur kümmerlich? Nein – es gibt nämlich einen großen Vorteil:

Die Zahl der Merk-Elemente ist zwar begrenzt, aber wie viel Bedeutung sie enthalten, ist nicht festgelegt! Man kann sich fünf Wörter oder Ziffern genauso gut merken wie fünf Satzteile oder fünf Gedanken. Das ist die eigentliche Chance! Ein Element kann aus mehreren Informationen bestehen, die zusammen einen Sinn ergeben. Wir sprechen dann von **Bedeutungseinheiten**. Diese werden im Englischen auch «Chunks» genannt. Du ahnst hier schon eine Verbindung zu «unseren» Chunks bei der Lesetechnik, und das ist genau richtig.

14 Vgl. Gerhard Roth: Bildung, Stuttgart 2011, S. 141.

Wir können also unser KZG am besten nutzen, wenn wir versuchen, möglichst große Bedeutungseinheiten aufzunehmen. Diese Einheiten sind nicht immer «von selbst» vorhanden. Wir müssen sie erst schaffen, und das geschieht im Alltag auch. Zum Beispiel, wenn wir uns Zahlen merken wollen: Kontonummern, Handynummern, PIN-Codes ... Automatisch versuchen wir, diese oft sieben- oder neunstelligen Zahlen in kleine Gruppen aufzuteilen. Drei Zahlen-Bündel können wir uns eben besser merken als neun einzelne Ziffern. Versuche es noch einmal mit den Ziffern, die du dir eben aufgeschrieben hast.

Konsequenzen für das Lesen: Chunking + Tempo!

Das Fassungsvermögen des Kurzzeitgedächtnisses nutzen wir am besten: durch Chunking! Du kennst bereits einige Gründe, warum es sinnvoll ist, mit einer Fixierung mehrere Wörter gleichzeitig zu erfassen. Zusätzlich zeigt sich jetzt: Das Kurzzeitgedächtnis wartet geradezu darauf, größere Bedeutungseinheiten zu speichern! Wir lasten es optimal aus, wenn wir in Sinngruppen lesen. Als Dank können wir uns gut auf den Sinnzusammenhang konzentrieren. Dadurch bleiben die Gedanken ganz selbstverständlich beim Text. Zurückspringen ist überflüssig, weil wir alles sicher im Kopf haben.

Wenn wir das KZG dagegen nur mit einzelnen Wörtern füllen, ist es schnell überlastet. Es kann keine Zusammenhänge mehr herstellen – und lässt uns im Stich! Automatisch versuchen wir, uns durch Zurückspringen zu retten, und wundern uns irgendwann, warum wir so völlig aus dem Kontext gefallen sind ...

Für unser Textverstehen müssen wir auch die Zeitfenster des KZG beachten. 20–30 Sekunden für die Weiterverarbeitung sind nicht gerade viel. Mit 180 Sachen über die Autobahn zu fahren, führt rasch zum Ziel. Wer aber mit 180 Wörtern pro Minute durch einen Text wandert, kommt nur mühsam voran.

Das KZG erhält die Informationen nicht schnell genug, und beim Knüpfen des inhaltlichen Netzes entstehen «Löcher». Irgendwann geht bei diesem Lesetempo der Zusammenhang verloren.

Lesen in «Chunks» und mit einem flotten Tempo: Das ist die beste Art, unser Gehirn zu nutzen. Du glaubst nicht, dass du dir den Inhalt gut merken kannst, wenn du schneller liest? Dann probier es einfach aus! Natürlich ist das Tempo nicht das einzige Mittel, um etwas gut zu behalten. Über andere Methoden sprechen wir auch noch.

Das Langzeitgedächtnis (LZG)

Sobald du beginnst zu leben, speichert dein Langzeitgedächtnis alles, was du lernst. Dieses Wissen und Können ist jeweils die Voraussetzung für deinen nächsten Lernschritt. Du musstest erst einmal stehen lernen, um gehen und schließlich rennen und springen zu können. Zahlen zu beherrschen, war die Bedingung für das Ausrechnen von Mathe-Aufgaben. So fügst du im Laufe der Zeit deinen Kenntnissen und Fähigkeiten ständig kleine Anbauten hinzu.

In das LZG kannst du so viel hineinspeichern, wie du willst – es ist unbegrenzt! Die Informationen zerfallen auch nicht, sondern bleiben ein Leben lang erhalten. Mit diesen beiden Eigenschaften unterscheidet sich das LZG grundsätzlich von den beiden anderen Speichern. Eigentlich sind das doch die besten Voraussetzungen für ein sogenanntes Elefantengedächtnis! Aber warum vergessen wir dann bloß so viel? Die Antwort ist einfach: Wenn gesunde Menschen etwas vergessen, hängt es hauptsächlich mit Problemen beim Einspeichern und Abrufen zusammen. Stell dir vor, du speicherst in dein Handy sämtliche Telefonnummern deiner Freunde ein, ohne sie mit dem jeweiligen Namen zu verknüpfen – was hättest du wohl von den Nummern? Das Beispiel ist gar nicht so verrückt, wie es vielleicht scheint. Denn in unserem Gehirn sind derartige Verknüpfungen noch viel wichtiger.

Unser Wissen ist wie ein Netz. Wenn du etwas lernst, wird es meistens nicht nur an **einer** Stelle im Kopf «abgelegt». Schon ein einzelner Gedanke verteilt sich über das ganze Gehirn. Zu dieser Netzstruktur passt es natürlich am besten, wenn du neues Wissen bereits mit Verknüpfungen hinzufügst. In Wirklichkeit geschieht aber oft das genaue Gegenteil: Viele pauken zusammenhanglos Zahlen, Daten, Fakten oder Vokabeln – und wundern sich, warum so wenig haften bleibt.

Konsequenzen für das Lesen: Verknüpfungen herstellen!

Schon beim Lesen sollte man die Sätze in eine sinnvolle Beziehung zueinander bringen. Dadurch wird das gedankliche Netz erkennbar, das der Autor vermitteln wollte: der Kontext (Zusammenhang). Wenn dir das gelingt, verstehst du bereits bei diesem ersten Kontakt mit dem neuen Wissen die zentralen Aussagen des Textes. Das ist ein wichtiger Schritt für einen guten Merkprozess. Denn das Einspeichern von Wissen in das Langzeitgedächtnis beginnt mit dem richtigen Lesen. Aber was bedeutet das praktisch? Was musst du tun, um diese Hinweise beim Lesen anzuwenden? Die Antwort kennst du teilweise schon aus den bisherigen Kapiteln. Im nächsten Abschnitt geben wir aber auch noch einmal eine Zusammenfassung. Wir zeigen außerdem mit weiteren konkreten Beispielen und Tipps, wie du solche Verknüpfungen praktisch vornimmst.

Wie wandert der Text am besten in den Kopf?

Zu Beginn haben wir gesagt, dass sich das gute «automatische» Lesen aus mehreren Fertigkeiten zusammensetzt – wie eine hervorragende sportliche Leistung. Alle Teilbereiche, die dazu beitragen, hast du inzwischen kennengelernt. Jetzt siehst du, wie sie dir gemeinsam helfen, einen Text optimal zu erfassen.

Am leichtesten nimmt dein Gehirn den Inhalt eines Textes auf, wenn du ihn mit den **guten Techniken** liest:
a) in Sinngruppen,
b) möglichst vorwärtsgerichtet, d. h. mit wenig Rücksprüngen,
c) mit rein visuellem Begreifen derjenigen Wörter, die dir völlig vertraut sind (Arbeitspferdwörter).

Durch das Sinngruppen-Lesen finden die ersten Verknüpfungen statt. Die Vorwärtsorientierung schickt die Botschaften des Textes in der richtigen Reihenfolge in das Gehirn. Das visuelle Begreifen erhöht die Lesegeschwindigkeit und die Konzentration. Diese Techniken erlauben dir ein zügiges Tempo – strebe es bewusst an!

Die Werkzeuge des guten Lesens sind wichtig, aber natürlich musst du beim Lesen auch noch denken. Du willst ja schließlich den Text richtig in den Griff bekommen. Deshalb überlege von Anfang an, durch welche Verknüpfungen du dir den Inhalt am besten merken kannst.

Verknüpfungen herstellen!

Das Behalten eines Textes unterstützt du schon dadurch, dass du sofort versuchst, bestimmte «Aufhänger» für das neue Wissen zu finden. Zunächst bieten deine persönlichen Leseziele solche Verknüpfungsmöglichkeiten, weil du bestimmte Antworten suchst. Doch es gibt auch grundsätzliche Hilfsmittel, von denen fast immer etwas angewandt werden kann.

«Garderobenhaken» für ein neues Wissen können die folgenden kleinen Beispiele sein.

1.) **Stell schon beim ersten Lesen logische Beziehungen inner- halb des Textes her. Frag z. B. nach:**

   a) **Ursache/Wirkung**: Was war die Ursache für das Aus- sterben der Dinosaurier, und welche Auswirkungen hatte es für die Welt?

   b) **Problem/Lösung**: Welches Problem hatten die Menschen im alten Ägypten, wenn sie Speisen haltbar machen wollten? Und wie gelang es ihnen?

   c) **Teil/Ganzes**: Die Chamäleons sind eine Familie in der Klasse der Reptilien. Was haben sie mit allen Reptilien gemeinsam, was ist ihre Besonderheit?

2.) **Anknüpfen an Vorwissen**: Verbinde den neuen Inhalt bewusst mit Kenntnissen, die du schon besitzt. Zum Bei- spiel ist neu zu lernen: China hat 1,3 Milliarden Einwohner. Du weißt: in Deutschland sind es 83 Millionen. Verknüpfung: Dann hat China ja 16-mal mehr Einwohner!

3.) **Stell dir während des Lesens den Inhalt des Textes bildlich vor**: Diese Methode funktioniert selbst bei sehr schwierigen Texten. Du musst nur den Mut haben, dir eigene Bilder auszudenken. Je ungewöhnlicher oder verrückter sie sind, umso besser behältst du sie übrigens!

4.) **Verbindung mit dem Gefühl**: Lass dich während des Lesens so auf den Text ein, dass dein Interesse wach wird. Ohne eine Verknüpfung mit dem Gefühl kann Lernen kaum gelingen. Du musst durchaus nicht immer vollständig begeistert sein von einem Text. Gemeint ist hier die innere Bereitschaft, das Interessante des Themas auch wirklich wahrzunehmen. Wenn man will, kann man fast alles spannend finden.

Mit Hilfe dieser Tipps wird dir das Einspeichern des Textinhalts in deinen Kopf bereits im ersten Schritt gut gelingen. Sie gelten übrigens genauso, wenn du etwas richtig gut können musst, z. B. für eine Klassenarbeit (siehe auch S. 266–268).

Für einen sehr guten Leseprozess reicht es jedoch nicht, nur diese Techniken und Tipps anzuwenden. Du musst auch geschickt vorgehen und brauchst passende Strategien, um einen Text gut zu bewältigen. Das zeigt sich besonders bei umfangreichen und anspruchsvollen Aufgaben, für die du dein Lesen richtig organisieren musst.

«Ich muss alles wissen – aber wie?»

Alles wissen – wovon? Von einem Buch, einem langen Aufsatz oder nur von zwei Seiten? Und musst du wirklich alles wissen? Denn einen kompletten Text musst du wohl nur selten auswendig lernen. Gemeint ist vermutlich, ihn gründlich zu erarbeiten. Aber viele verwechseln das und können zwar die Sätze wiedergeben, haben den Text aber gar nicht richtig verstanden. Es geht also darum, den Inhalt so in den Kopf zu bekommen, dass man ihn am besten mit eigenen Worten wiedergeben kann.

Natürlich sind Texte unterschiedlich lang und schwierig. Entsprechend flexibel setzt du die Strategien ein. **Trotzdem gibt es eine Art Richtlinie, an die du dich bei jeder Texterarbeitung halten kannst.** Sie ist an die Arbeitsweise unseres Gehirns angepasst, deshalb funktioniert sie gut. Du kannst sie dir auch leicht merken, weil sie mit einer Buchstabenfolge des Alphabets abgekürzt wird: **PQRST!** Diese fünf Buchstaben sind eine Eselsbrücke, die vieles zusammenführt, was wir bisher einzeln erklärt haben. Es kommen aber auch neue Tipps hinzu, weil es ja nun außerdem um den Merkprozess geht. Wenn du die einzelnen Schritte konsequent einhältst, wirst du mit deiner Texterarbeitung sehr zufrieden sein.

P = Preview (Vorausschau über den Text)

Q = Question (Fragen an den Text stellen)

R = Read (Lesen des Textes)

S = Summarize (Zusammenfassen des Inhalts)

T = Test (Testen, ob man den Inhalt noch richtig im Kopf hat)

Denk bitte daran, dass wir jetzt nicht von deiner Freizeitlektüre sprechen, sondern von Texten, die du für die Schule liest.

Preview = Vorausschau über den gesamten Text

Die Vorausschau ist **immer** das Erste, was du tust! Fang wirklich nie an zu lesen, ohne dir vorher alles einmal angesehen zu haben! Stell dir vor, nach zehn Seiten steht vielleicht ganz fett der Satz: «Dies ist alles frei erfunden, und das Gegenteil ist richtig.» Das sollte man besser gleich wissen ... Wie du eine Vorausschau machst, zeigt ausführlich das Kapitel auf S. 211–214. Unser Gehirn braucht diese Einstimmung auf ein Thema. Jede erstklassige Band lässt Vorgruppen auftreten, um die Fans schon einmal in die richtige Stimmung zu versetzen. Beim Lesen ist eine solche Erwartungshaltung ganz besonders dann wichtig, wenn wir neuen Inhalten begegnen. Gut vorbereitet nehmen wir das Neue viel leichter auf. Außerdem können wir die Arbeit besser organisieren, wenn wir wissen, was auf uns zukommt.

Question = Fragen an den Text stellen

Fange immer erst dann zu lesen an, wenn du dir vorher genau überlegt hast, was du wissen willst. Oft kannst du dir den Text nicht selbst aussuchen. Versuch trotzdem, dich in das Thema hineinzuversetzen: Was interessiert dich wirklich, worauf willst du besonders achten? Formuliere Leseziele und Fragen – dann findest du die entsprechenden Textaussagen leichter. Stell dir vor, du bist Moderator einer Talkshow im Fernsehen. Für diesen Auftritt musst du dich mit sehr vielen Fragen vorbereiten, damit du die Gesprächsrunde steuern kannst. Denn am liebsten wollen alle immer gleichzeitig sprechen. Durch deine Fragen sortierst du außerdem die Aussagen der Teilnehmer in wichtige und unwichtige Beiträge – sonst gäbe es ein wildes Durcheinander. Genauso würde es dir bei einem Text gehen, wenn du alle Sätze einfach nur auf dich einprasseln lässt.

Deine Fragen geben dir außerdem die Sicherheit, dass du nicht vom Weg abkommst, wenn der Text schwierig wird. Sie sind wie ein Kompass, der dich durch unwegsames Gelände zum Ziel führt.

Read = Lesen des Textes – vielleicht sogar mehrfach!
1. Dem Autor zuhören!
Beim ersten Lesen eines Textes sollten wir ausschließlich dem Autor zuhören. Das bedeutet: konzentriert dem Text zu folgen, ohne Markierungen bzw. Randbemerkungen vorzunehmen oder «Quatsch» dazwischenzurufen. Wir sollten uns beim ersten Lesen am besten nicht gleich kritisch mit dem Inhalt auseinandersetzen. So kommen wir nämlich einmal zügig durch den ganzen Text und bleiben anhaltend konzentriert! Außerdem bewahren wir uns vor Irrtümern, die Zeit kosten. Wenn wir dem Autor gleich im ersten Absatz lebhaft widersprechen, wissen wir ja noch nicht, ob er am Schluss etwas ganz anderes schreibt. Deshalb sollten wir erst einmal abwarten. Vielleicht war unser Widerspruch überflüssig? Durch das Zuhören schafft man – wie im Gespräch – die besten Voraussetzungen, den Text wirklich zu verstehen. **Aber: zügig lesen?** Ja, beim ersten Lesen kann man sich durchaus ein rasches Vorgehen leisten. Denn **Read** kann auch noch etwas anderes heißen:

2. Den Text mehrmals wahrnehmen!

Es hört sich zunächst vielleicht merkwürdig an. Aber oft ist es deutlich entspannter und wirkungsvoller, einen Text mehrfach durchzugehen. Das heißt **nicht** unbedingt, ihn mehrmals **komplett** zu lesen! Beim zweiten Durchgang richtest du deine Aufmerksamkeit hauptsächlich auf die Kerngedanken. Nach der Vorausschau und einem zügigen ersten Lesen weißt du schon genau, wo sich die wichtigen Abschnitte befinden. Du kannst sie gezielt ansteuern, um sie **dann gründlich** zu lesen. Dabei lassen sich andere Abschnitte durch Skimming oder Absatzspringen rasch überfliegen – denn du hast bereits beim flotten Lesen gemerkt, dass hier keine tiefere Sorgfalt nötig ist. Oder du holst durch Scanning nur ein paar wichtige Informationen heraus, weil du ja schon gesehen hast, wo du sie findest.

Wahrscheinlich denkst du, dass dieses Vorgehen viel mehr Zeit kostet. Am Anfang stimmt das vielleicht sogar. Aber wenn du dich daran gewöhnt hast, bist du letztlich schneller. Du schleppst dich nicht Satz für Satz mühsam durch einen Text, sondern behältst den Überblick. Das macht einfach mehr Spaß – und trägt dazu bei, dass du dir den Inhalt besser merken kannst (s. u. das Thema «Gefühl»).

Summarize = Zusammenfassen des Inhalts

Das Gehirn braucht nicht nur Vorbereitung, sondern auch Nachbereitung, damit Textinhalte in den Kopf wandern. Wir beherrschen ein Thema erst dann richtig, wenn wir es mit eigenen Worten wiedergeben können. Hilfreich dafür sind handschriftliche Notizen oder Aufzeichnungen, die man sich nach dem Lesen anfertigt. Das kann in unterschiedlicher Form geschehen, z. B.: Stichworte auf Karteikarten; Kernaussagen, die man mit Spiegelstrichen untereinanderschreibt; Tabellen; Gedanken-Landkarten (MindMaps), siehe auch S. 281. Auch die Markierungen und Randbemerkungen im Text gehören natürlich dazu. Mit ihrer Hilfe hebst du die wichtigen Teile des Inhalts so hervor, dass deine Augen gleich darauf hingelenkt werden. Das kann das Herausschreiben durchaus ersetzen.

Ganz wichtig ist: Erst **nach** einem vollständigen zügigen Durchgehen und Verstehen des Textes ist dieses Festhalten von zentralen Gedanken sinnvoll! Wenn du z.B. gleich beim ersten Lesen Sätze markierst, sehen viele Seiten anschließend sehr bunt aus – kennst du das? Damit verlierst du leicht den Überblick! Oder du schreibst fast den ganzen Text ab, statt nur Stichworte zu notieren. Denn zu Anfang ist oft alles neu, und man weiß nicht, was davon wirklich wichtig ist. Erst wenn du die Hauptaussagen herausgefunden hast, lohnt es sich, etwas zu markieren oder herauszuschreiben. Dabei konzentrierst du dich aber wirklich nur noch auf die Teile, die du später im Kopf behalten willst.

Ganz viele Lernaufgaben lassen sich großartig in eigenen Zeichnungen darstellen: sogar die unterschiedlichen Zeiten in der Grammatik einer Sprache (Präsens, Perfekt usw. auf einer Zeitachse)! Durch das Aufschreiben oder Zeichnen werden auch weitere Teile deines Gehirns aktiviert. Das fördert ein verknüpftes Einspeichern. Außerdem konzentrierst du dich beim Aufzeichnen oder Aufschreiben auf das Wesentliche – ein weiterer wichtiger Schritt zum Behalten!

Test = Abfragen ...

Bevor dein Wissen in einer Klassenarbeit abgefragt wird, solltest du dich selbst testen! Ideal wäre natürlich, wenn jemand anders dich abfragen könnte, dann merkst du nämlich ganz genau, wo noch Lücken sind. In diesem Fall vergewisserst du dich mit gezielten Blicken in deinen Text: Vielleicht saust du mit dem Absatzspringen von einem Kerngedanken zum nächsten. Oder du erfasst mit schnellem Skimming den gesamten Text, bis du an der gesuchten Stelle bist. Aber bestimmt musst du nicht wieder alles gründlich lesen!

Textverstehen: ein mehrstufiger Prozess

Bei den Erklärungen zu PQRST ist dir sicher eins deutlich geworden: Will man einen Text gründlich erarbeiten, genügt es nicht, ihn nur ein einziges Mal **lediglich zu lesen**. Das hast du vielleicht bisher für normal gehalten. Aber es ist nicht sinnvoll.

Ein mehrmaliges Durchgehen mit unterschiedlichem Lesetempo hat viele Vorteile: Du bist schneller, konzentrierter und trennst leichter das Wichtige vom Unwichtigen. Dadurch kommst du rascher zu deinen Ergebnissen. Der ganze Vorgang ist entspannter, weil du nicht immer Angst hast, etwas zu übersehen oder falsch zu verstehen. Du weißt ja: Du wirst es dir noch ein weiteres Mal ansehen – und dann vielleicht schon mit mehr Hintergrundwissen. Dadurch wächst auch deine Sicherheit. Du bewahrst dich selbst vor der Gefahr, an schwierigen Stellen zu stranden und lustlos alles hinzuwerfen.

Beim mehrmaligen Wahrnehmen des Textes kannst du deine Geschwindigkeit entsprechend anpassen: schneller oder langsamer, je nach aktueller Wichtigkeit. Möglicherweise entpuppen sich ja auch andere Abschnitte beim zweiten Mal als interessant, dann verweilst du dort eben länger. Je besser du einen Text überschaust, umso gezielter kannst du deine Aufmerksamkeit verteilen. Und nicht zuletzt wirken sich auch die Wiederholungen günstig auf dein Gedächtnis aus.

Mit der Texterarbeitung nach der PQRST-Methode erreichst du ein optimales Verständnis. Gleichzeitig hast du damit die beste Grundlage dafür geschaffen, dir den Inhalt zu merken. Wie du das Ergebnis in deinem Gedächtnis schließlich dauerhaft festhältst, beschreiben wir als Nächstes.

Dauerparkplatz für Textwissen schaffen

Wenn du etwas richtig lernen und behalten möchtest, muss das Wissen in deinem Gehirn im wahrsten Sinne des Wortes **vertieft** werden. Sobald du dir etwas einprägst, entstehen nämlich Spuren im Gehirn. Durch bewusstes Lernen benutzt du diese Spuren immer wieder, und dadurch verfestigen sie sich. Es ist ähnlich wie bei einem Trampelpfad, der über eine Wiese führt: Je häufiger er begangen wird, desto deutlicher zeichnet er sich in der Wiese ab.

Wenn schon Gedächtnisspuren vorhanden sind, kann man sie nutzen und daran anknüpfen, d.h. etwas hinzufügen. Oft müssen solche Spuren oder Bahnen aber erst einmal geschaffen werden. Das funktioniert sehr gut durch Auswendiglernen, d.h. letztlich durch ein mehrmaliges Wiederholen.

Wiederholen

Auswendiglernen galt lange Jahre als nicht sehr sinnvoll. Neueste Forschungen zeigen aber, dass gerade junge Menschen am besten durch Wiederholen lernen. Es erleichtert ihnen das Wiederfinden des Wissens im Gedächtnis.

Du kannst viel Zeit für anderes, z. B. deine Hobbys, gewinnen, wenn du das Wiederholen richtig organisierst. Die Grundlage hierfür können deine Aufzeichnungen sein oder auch der Text selbst. Wenn du sinnvolle Markierungen vorgenommen hast, wird dein Blick schon dadurch auf die Kernaussagen gelenkt. Auch das Absatzspringen oder Skimming ermöglichen dir, den Inhalt schnell in Erinnerung zu rufen.

Wichtig ist ein guter Zeitplan! **Das Wiederholen nützt dir am meisten, wenn die zeitlichen Abstände dazwischen**

immer etwas größer werden: z. B. am Nachmittag nach der Schule, am nächsten Tag, nach drei Tagen, nach einer Woche usw. In der Zwischenzeit verfestigt sich nämlich das Gelernte im Gehirn. Wenn du es zu früh wieder aufstöberst, wird das langfristige Einspeichern gestört. Lässt du das Gelernte hingegen zu lange ohne Wiederholung ruhen, verblasst es mit der Zeit wieder (und du hast «keinen blassen Schimmer» mehr davon ...).

Erinnere dich an die Vergessenskurve auf S. 248. Wir haben sie hier fortgeführt, um dir zu zeigen, welche guten Ergebnisse du durch systematische Wiederholungen erhalten kannst.

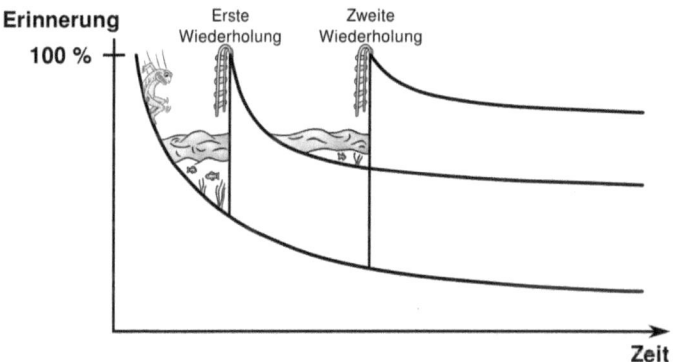

Du siehst, wie die Kurve des Vergessens immer flacher wird, wenn du in größer werdenden Zeitabständen deinen Stoff wiederholst. Umgekehrt heißt das: Mit jedem Wiederholungsvorgang behältst du mehr! Am besten rechnest du die Tage bis zur Arbeit oder Prüfung aus und planst genau die Zahl deiner Wiederholungen ein. Das klingt nach viel Arbeit. Aber letztlich sparst du Zeit! Wenn du nur ein einziges Mal vor der Prüfung lernst, ist alles recht neu, und du brauchst vielleicht eine Stunde. Bei dem mehrmaligen Wiederholen führst du dir den

Stoff viel schneller wieder vor Augen: Vielleicht reichen dann schon dreimal zehn Minuten!

Andocken an vorhandenes Wissen

In deinem Alter verfügst du natürlich auch schon über recht viel Wissen, an das du anknüpfen kannst. Das Langzeitgedächtnis reagiert sehr aufnahmebereit, wenn du neues Wissen an vorhandenes andockst. Deshalb solltest du auch diese Kanäle für das Lernen unbedingt nutzen.

Weiter oben hast du bereits den Wert von Verknüpfungen kennengelernt. Die Beispiele, die dort stehen, kannst du auch für das langfristige Einprägen anwenden. Logische Beziehungen, Vergleiche, Bilder u. Ä. unterstützen dich besonders darin, **Zusammenhänge** zu behalten.

Einzelne Fakten hingegen lassen sich sehr gut mit Hilfe von **Eselsbrücken** lernen, zu denen auch **Reime und Sprüche** gehören. Wie merkt man sich, in welche Richtung konvexe bzw. konkave Linsen gebogen sind? Ganz einfach: «kon**ve**x» hat ein «e» wie «B**e**rg», während «konk**a**v» und «T**a**l» ein «a» gemeinsam haben. Alles klar?

Oder wie kannst du mühelos die Reihenfolge der Planeten im Sonnensystem aufzählen (von innen nach außen)?

Mein **V**ater **e**rklärt **m**ir **j**eden **S**onntag **u**nseren **N**achthimmel. **M**erkur, **V**enus, **E**rde, **M**ars, **J**upiter, **S**aturn, **U**ranus, **N**eptun (früher hieß es: «... **u**nsere **n**eun **P**laneten»; Pluto gilt seit September 2006 nicht mehr als Planet).

Auch für Rechtschreibung gibt es unzählige Eselsbrücken: Den «Tiger» schreib mit langem «i», jedoch mit «ie» schreib ihn nie!

Im Internet findest du zahlreiche solcher Eselsbrücken für alle Wissensgebiete. Am besten sind aber diejenigen, die du dir selbst ausdenkst!

Es gibt natürlich noch sehr viel mehr Methoden, das

Gedächtnis zu trainieren. Unsere Beispiele sollen dich anregen, dich einmal mit dem gesamten Thema zu beschäftigen. Auch Tipps für das Gedächtnistraining lassen sich gut aus einem Buch lernen.

Üben

Am besten behältst du das Gelernte, wenn du es immer wieder übst. Üben kann zwar auch Wiederholen bedeuten, meint aber noch mehr, nämlich Anwenden. Du übst dich z. B. in einer Sprache, indem du sie sprichst. Oder: Du wendest die Techniken, die du hier lernst, möglichst häufig an. Am besten ist es, oft zu üben, auch wenn es nur kurz ist!

Üben ist unglaublich wichtig für den Erfolg – viel wichtiger, als man denkt. Forschungen zeigen, dass jemand mit etwas weniger Talent durch intensives Üben sogar besser werden kann als der eigentlich Begabtere!

Auch die richtig Talentierten müssen üben für ihren Erfolg: Die Beatles haben mehr als 10 000 Stunden in Hamburger Nachtclubs gespielt, bevor sie gute Songs produzieren konnten. Bill Gates hat mehr als 10 000 Stunden programmiert, bevor er reich wurde. Wie viel die Zeit ausmacht, die man mit Üben verbringt, zeigt eine Studie mit erfolgreichen Geigern: Die **besten** Violinisten hatten 7000 Stunden geübt, die **guten** nur 5000 Stunden!

Du hast also große Chancen, durch Übung zu einem Experten zu werden – auch beim Lesen!

... und was ist noch wichtig?

Wenn das Lernen einmal gar nicht richtig funktionieren will, helfen dir vielleicht die folgenden Tipps. Sie sind natürlich nur eine kleine Auswahl. Oft gibt es auch mehrere Gründe, die dir das Lernen schwer machen – finde sie heraus![15]

Motivation und Leistungsvermögen
Gehörst du auch zu denen, die meinen, sie könnten erst dann lernen, wenn der Druck richtig groß ist? Gut, wenn du dabei wirklich etwas behältst, dann bist du ziemlich strapazierfähig. Aber sinnvoll ist es nicht. Denn wenn die Zeit zu knapp wird, übersteigen die Aufgaben dein Leistungsvermögen. Aus diesem Ungleichgewicht entwickelt sich Stress. Dann stehst du vielleicht genauso unter Dampf wie der Frosch rechts, der nur noch denken kann: «... ich muss unbedingt!» Stress beeinträchtigt deine Lernfähigkeit. Die ohnehin knappe Zeit kannst du also noch nicht einmal voll ausschöpfen. Du gehst nur halb vorbereitet in eine Arbeit und musst darauf hoffen, dass nicht alles abgefragt wird.

Ganz ohne Anspannung lernt man aber auch nicht so gut. Dann ist man nämlich zu gleichgültig und strengt sich nicht genug an: Mit der Haltung «ist nicht so wichtig» treten jegliche Gedanken an die Vorbereitung der Klassenarbeit in den Hintergrund.

Ideal ist wieder einmal der Mittelweg! **Du lernst am besten, wenn du weißt: Du musst dich anstrengen, kannst es aber**

---

15 Auch wenn wir nicht alle Auffassungen der folgenden Bücher teilen, so verdanken wir ihnen einige Tipps und können sie auch grundsätzlich empfehlen. Werner Metzig/Martin Schuster: Lernen zu lernen, Springer Verlag, Heidelberg/New York u. a. 82010; Das große Buch der Lerntechniken, Compact Verlag, München 2011.

schaffen. Eine gewisse zeitliche Anspannung ist dabei auch nützlich. Sie fördert durchaus deine Konzentration und deinen Ehrgeiz. Am besten lernst du natürlich, wenn du Interesse für das Thema hast und dir sagen kannst: «... es wäre schön, wenn ich damit bei der nächsten Prüfung so richtig punkten kann!»

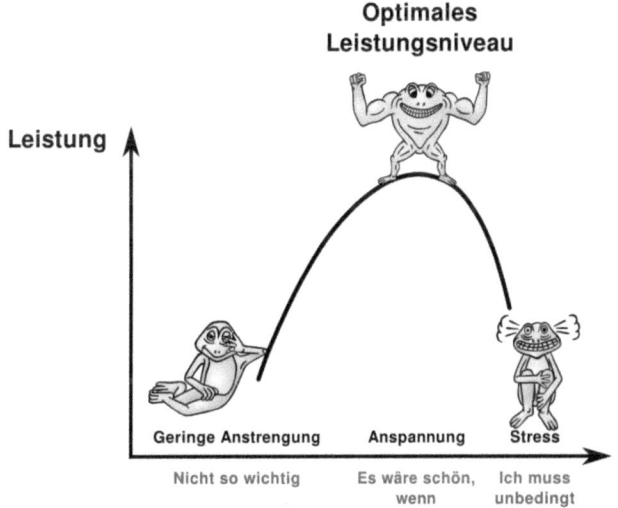

**Optimales
Leistungsniveau**

Leistung

Geringe Anstrengung   Anspannung   Stress

Nicht so wichtig   Es wäre schön,   Ich muss
                     wenn   unbedingt

Nach Yerkes-Dodson

Belohnung

Belohne dich selbst, sobald du etwas geschafft hast. Das klingt witzig? Nützt aber enorm! Dein Gehirn merkt sich nämlich ganz genau, wann es durch ein fröhliches Gefühl belohnt wird. Vorgänge, die dazu führen, macht es sehr gern immer wieder mit. Wenn also am Ende der Arbeit eine Belohnung winkt, lässt sich das Gehirn viel leichter auf die nächste Anstrengung ein. Die Belohnung kann ganz unterschiedlich aussehen: kleine oder große Arbeitspause, Kinobesuch oder einfach ein Stück Schokolade (nicht zu häufig ...).

Lernangst

Angst zu haben, dass man eine wichtige Aufgabe nicht bewältigt, ist ganz normal. Man schleicht dann in großem Bogen um die Arbeit herum und findet keinen Einstieg. Fast jeder kennt die unglaublich dringenden Tätigkeiten, die plötzlich erledigt werden müssen, bevor man sich an die eigentliche Aufgabe setzen will. Und dann ist schon wieder ein Tag vorüber, an dem man nichts geschafft hat. Auch berühmte Wissenschaftler oder Schriftsteller kennen dieses lähmende Gefühl. Du bist also nicht allein damit.

Da hilft nur eins: einfach loslegen! Irgendwie. Es muss ja nicht perfekt sein. Alles lässt sich wieder ändern. Hat man einmal begonnen, löst sich die Blockade, und die Gedanken beginnen zu fließen.

Hilfreich ist der folgende Trick, um sich aus der Verkrampfung zu lösen: Du steckst einen Bleistift so zwischen die Zähne, dass die Lippen ihn nicht berühren. Dadurch sieht dein Gesicht aus, als ob du lachst. Diese fröhliche Mimik kann sich auf dein Gehirn auswirken und die Angst ein wenig mindern.

Bewegung

Wenn du lange sitzt, können die Gedanken träge werden. Sobald du merkst, dass du nicht mehr so gut vorankommst, steh einfach kurz auf und bewege dich etwas. Ob du ein paar Liegestütze machst oder dich nur reckst und streckst und kurz das Fenster öffnest, ist einerlei. Hauptsache, du kommst etwas in Schwung. Wenige Minuten genügen.

Man hat festgestellt, dass Kinder, die vor Unterrichtsbeginn fünf Minuten hüpfen und die Arme schwenken durften, im Unterricht viel besser wurden. Solange diese regelmäßigen Bewegungspausen in der Schule noch nicht eingeführt werden, musst du eben zu Hause dafür sorgen!

Manche lernen übrigens auch gern, während sie umhergehen. Durch die Bewegung prägt sich der Lernstoff sehr gut ein! Auch im Stehen zu lernen, ist sinnvoll. Zwischendurch an einem Stehpult zu arbeiten, fördert nämlich ebenfalls den Gedankenfluss und hält wach. Du siehst: Man muss sich beim Arbeiten nicht immer durch Stillsitzen quälen – ganz im Gegenteil!

Schlaf + Ernährung

Schlaf ist für das Lernen wichtig! Im Schlaf arbeiten diejenigen Hirnregionen, die am Tag zuvor beim Lernen beteiligt waren. Dabei geschieht der entscheidende «Download» des Gelernten im Gehirn. Wenn du nicht genug schläfst, funktioniert das Abspeichern schlechter – dann hast du teilweise umsonst gearbeitet. Vielleicht warst du manchmal stolz darauf, auch mit wenig Schlaf fit zu sein. Aber das Gehirn lässt sich nicht täuschen – es reagiert mit verminderter Leistungsfähigkeit. Am Wochenende **manchmal** spät ins Bett zu gehen, ist nicht so dramatisch. Aber grundsätzlich solltest du darauf achten, dass du genug Schlaf bekommst.

In deinem Alter ist es nicht leicht, das einzuhalten. Die Schlafforschung hat herausgefunden, dass Jugendliche sich früh am Morgen eigentlich immer in einer Art «Jetlag» befinden. Während der Pubertät sind sie um 7 Uhr einfach noch nicht wach. Der Schulbeginn um 8 Uhr sei für dieses Alter extrem ungünstig. Aber solange sich diese Zeiten nicht ändern, musst du dich eben mit genügend Schlaf darauf einstellen, auch wenn es langweilig erscheint. Mittagsschlaf gleicht übrigens einiges aus, wenn der Nachtschlaf zu kurz war.

Vor einer Prüfung ist es jedenfalls wichtiger, ausgeschlafen zu sein, als die Nacht hindurch zu lernen. Wenn du unausgeschlafen bist, reagiert dein Gehirn äußerst lahm – und kann selbst das schwer aktivieren, was du wirklich gut gelernt hast. Es heißt, dass eine einzige schlaflose Nacht bereits das kreative

Denken spürbar einschränkt. Außerdem wird die Fähigkeit verringert, sich an neue Situationen anzupassen – und die hat man in einer Prüfung reichlich!

Eine gute Ernährung trägt übrigens viel dazu bei, dass du wach und fit bleibst. Ein Marathonläufer darf in Nudeln und Bananen schwelgen. Der sitzende Mensch braucht eher leichte und vitaminreiche Kost. Mit Fastfood bringt man sich übrigens um einen Teil des aufgeweckten Denkens. Wichtig ist auch, viel zu trinken! Es unterstützt die Konzentration, weil vor allem dein Gehirn Flüssigkeit braucht (besser Wasser als Cola). Informiere dich doch einmal im Internet, wie du mit richtiger Ernährung dein Leistungsvermögen unterstützen kannst.

Multitasking + Ordnung auf dem Schreibtisch

Rad zu fahren und sich gleichzeitig dabei zu unterhalten – kein Problem, sobald das Radfahren automatisch passiert. Übertragen auf unser Thema bedeutet das: Sind die richtigen Lesetechniken erst einmal verinnerlicht, kann man gut über den Inhalt nachdenken. Bestimmte Abläufe lassen sich also parallel bewältigen. Aber nur die wenigsten Menschen können gleichzeitig zwei Aufgaben erledigen, die **beide** ein aktives Problemlösen erfordern. Geschicklichkeitsfahren mit dem Auto, während man gleichzeitig komplizierte Kopfrechenaufgaben löst, funktioniert einfach nicht!

Das Gleiche gilt auch für das Lernen. Springst du oft zwischen mehreren Aufgaben hin und her, kommst du nur mühsam und mit viel Zeitaufwand zu Ergebnissen. Wer sich bei der Arbeit ständig unterbrechen lässt (oder sich selbst unterbricht), ist so wenig effizient wie nach einer schlaflosen Nacht! Sein IQ sinkt um 10 Prozentpunkte – wie nach dem Trinken von etwas Alkohol.

Selbst wenn du sehr nervös bist, weil du so viele verschiedene Themen abarbeiten musst: Versuch trotzdem, sie **nacheinander** zu erledigen. Du setzt deine Zeit und Kraft auf diese Weise viel sinnvoller ein! Bei diesem Vorhaben unterstütz dich selbst durch eine gute Ordnung auf dem Schreibtisch. Am besten hast du immer nur diejenige Aufgabe vor dir liegen, die du gerade bearbeitest. Wenn die nächste bereits in deinem Blickfeld liegt, ist die Versuchung einfach zu groß, dort zwischendurch hineinzuschauen. Und schon bist du abgelenkt und weniger effizient.

Lerntypen

Das Lernen geschieht über unsere unterschiedlichen Sinneskanäle. Die meisten Menschen bevorzugen jeweils einen dieser Kanäle. Manche lernen gern über das Hören, andere besser beim Lesen, die dritten über das direkte Anfassen von Dingen oder über das Gespräch (visuelle / auditive / haptische / kinästhetische Lerntypen). Beispiele für diese Typen findest du in den auf S. 270 empfohlenen Büchern. Dort kannst du feststellen, welche Beschreibung wohl am ehesten auf dich passt.

Es genügt aber auch, wenn du dir darüber im Klaren bist, was du eigentlich am liebsten machst. Sprichst du gern mit anderen? Dann solltest du das auch beim Lernen nutzen. Versuch z. B., mutig eine Fremdsprache auszuprobieren, auch wenn es nicht perfekt ist.

Tüftelst du lieber ganz allein an schwierigen Aufgaben und findest jede Störung schrecklich? Zieh dich ruhig zurück und lass dir nicht einreden, dass etwas anderes gut für dich ist.

Bist du eher der «Macher-Typ», der gern etwas bewegt? Vielleicht schreibst du lieber Artikel für eine Schülerzeitung als zu Hause die Deutschaufsätze? Dann engagiere dich **auch** dort, wo es dir Spaß macht. Dabei lernst du am meisten!

Computerspiele + Internetsurfen

Über den verhängnisvollen Einfluss von Computerspielen wird

viel geschrieben. Dass diese Spiele auch Vorteile bieten können, kommt oft zu kurz. Interessant ist: Gute und schlechte Auswirkungen von intensivem Spielen beruhen auf demselben Mechanismus!

Wer sehr viele Stunden am Bildschirm mit diesen Spielen verbringt, «löscht» möglicherweise alles, was er zuvor gelernt hat. Diese Erkenntnis wird für Menschen genutzt, die etwas Schreckliches gesehen haben, damit sie es wieder vergessen. Bei Studenten, die sich Horrorfilme angesehen hatten, wurde durch intensives Computerspielen die Erinnerung an die brutalen Szenen aus dem Gedächtnis gelöscht.

Genauso steht auch fest, dass längeres Computerspielen das meiste wieder «löschen» kann, was du kurz zuvor gelernt hast. Es verschwinden eben nicht nur die schlechten Erinnerungen, sondern leider auch das, was wir eigentlich behalten wollen.

Auch das häufige Surfen im Internet führt nicht nur zur Wissensvermehrung. Jugendliche, die oft online sind, können sich nachweislich schlechter konzentrieren. Für diejenigen, die stundenlang fernsehen, gilt das Gleiche.

Diese negativen Wirkungen treten natürlich nicht auf, wenn du gelegentlich zur Entspannung ein harmloses Spiel einbaust, einen Film ansiehst oder gezielt im Netz nach Informationen suchst.

Inzwischen kennst du schon unseren Spruch: Das Beste ist der Mittelweg. Und neben einem vernünftigen Maß ist hierbei auch noch der Zeitpunkt wichtig: **Computerspiele – nie direkt nach dem Lernen!**

Zeitplanung

Schon bei dem Thema Multitasking und Computerspiele hast du gesehen, wie wichtig Zeitplanung ist. Versuch abzuschätzen, wie viel Zeit du für einzelne Aufgaben brauchst. Dann kannst du besser mit deiner Zeit umgehen und gerätst nicht in Stress.

Die schwierigsten Themen erledigst du am besten gleich – auch wenn es schrecklich klingt. Aber zu Beginn bist du am frischesten. Außerdem schiebst du dann nicht innerlich diesen Berg vor dir her, der dich die ganze Zeit belastet.

Musik hören bei den Hausaufgaben?

Zu diesem Thema gibt es unterschiedliche Studien, die jede Seite für ihre Argumentation heranziehen kann: Sowohl die Musik-Befürworter wie auch die entschiedenen Gegner finden hier ihre Begründungen.

Es gibt tatsächlich Sprachlern-Methoden, die bewusst mit Barockmusik unterlegt sind. Dieser Rhythmus entspricht nämlich ungefähr unserem Herzschlag im Entspannungszustand. Und entspannt lernt man nun einmal am besten.

Doch im Übrigen raten wir davon ab, während der Hausaufgaben Musik zu hören. Gerade wenn die Musik sehr aufregend, laut und interessant ist, verschlingt sie einfach zu große Teile unserer Konzentration. Wer behauptet, **ausschließlich** bei Musik arbeiten zu können, für den ist die Arbeit vielleicht immer nur ein notwendiges Übel? Und nur durch Ablenkung zu ertragen? Es wäre spannend, das herauszufinden.

Zufrieden? Begeistert? Noch nicht überzeugt?

Unsere Anregungen für ein besseres Lesen sind hiermit abgeschlossen. Jetzt geht es darum, das Neue auch anzuwenden! Dafür musst du nun aktiv werden. Denn selbst wenn wir etwas Neues überzeugend finden, rutschen wir sehr schnell in alte Gewohnheiten hinein. Besonders, wenn der Druck groß ist und viele Aufgaben schnell vom Tisch sollen. In solchen Situationen macht man am liebsten alles so wie immer – bloß keine Experimente! Genau an diesem Punkt solltest du gegensteuern. Nimm dir vor **jedem** Lesen und Lernen kurz die Zeit, dich auf dein neues Wissen zu besinnen und es anzuwenden.

Jedes Lernen ist mit Unsicherheit verbunden. Wir geben Vertrautes auf und müssen uns an das Neue erst gewöhnen. In dieser Phase fühlt man sich meistens noch nicht richtig wohl. Doch stell dir vor, wie schön es sein wird, wenn du die besseren Techniken genauso automatisch einsetzen kannst wie die alten. **Du bist schneller, kannst besser verstehen und dir mehr merken!** Mit der gewonnenen Zeit lässt sich so viel anfangen. Außerdem könnte dir das Lernen künftig viel leichter fallen. Lernen ist immer einfacher mit einem System, nach dem man sich richten kann. Und das kennst du jetzt.

Du wirst in deinem Leben noch sehr viel lesen. Und wenn du dich dabei nur um 25 % verbesserst, gewinnst du ein bis zwei Jahre schönere Lebenszeit! Zeit, um Freunde zu treffen, Musik zu hören, Sport zu treiben, dich zu entspannen.

Du weißt ja jetzt, wie Lesen funktioniert – es ist kein Geheimnis mehr. **Also sei (k)ein Frosch ... und lies!**

ANHANG

Literatur

Artelt, C., et. al.: Förderung von Lesekompetenz – Eine Expertise. Hg.: Bundesministerium für Bildung und Forschung (BMBF), Berlin 2005.

Bertschi-Kaufmann, Andrea: Lesekompetenz, Leseleistung, Leseförderung. Grundlagen, Modelle und Materialien, Zug 2007.

Blakemore, Sarah-Jayne/Frith, Uta: Wie wir lernen und was die Hirnforschung darüber weiß, München 2005.

Dehaene, Stanislas: Lesen. Die größte Erfindung der Menschheit und was dabei in unseren Köpfen passiert (2009), München 2010.

Engbert, Ralf/Nuthmann, Antje/Richter, Eike M./Kliegl, Reinhold: SWIFT: A dynamical model of saccade generation during reading. In: Psychological Review, 2005, 112, 777–813.

Funke, Joachim/Frensch, Peter A. (Hg.): Handbuch der Allgemeinen Psychologie: Kognition, Göttingen 2006.

Gluck, Mark A., et. al.: Lernen und Gedächtnis. Vom Gehirn zum Verhalten, Heidelberg 2010.

Heller, Dieter/Radach, Ralph: Leseforschung im Spannungsfeld zwischen experimentellem Anspruch und ökologischer Validität. In: Bernd Kersten (Hg.): Praxisfelder der Wahrnehmungspsychologie, Bern 2005, S. 133–151.

Klingberg, Torkel: Multitasking. Wie man die Informationsflut bewältigt, ohne den Verstand zu verlieren, München 2008.

Manguel, Alberto: Eine Geschichte des Lesens, Berlin ²1998.

Müller-Walde, Katrin: Warum Jungen nicht mehr lesen und wie wir das ändern können, Frankfurt/New York 2005.

Nerius, Dieter: Deutsche Orthographie, 4., neu bearb. Aufl., Hildesheim / Zürich / New York 2007.

Radach, Ralph: Blickbewegungen beim Lesen (Internationale Hochschulschriften Bd. 216), Münster / New York 1996.

Rosebrock, Cornelia / Nix, Daniel: Grundlagen der Lesedidaktik und der systematischen schulischen Leseförderung, 2., korr. Aufl., Hohengehren 2008.

Roth, Gerhard: Bildung braucht Persönlichkeit. Wie Lernen gelingt, Stuttgart 2011.

Schoenbach, Ruth et al.: Lesen macht schlau, Berlin 2006.

Wolf, Maryanne: Das lesende Gehirn, Heidelberg 2009.

Mehr auf unserer Website www.improved-reading.de / buch

Stichwortverzeichnis als Gedanken-Landkarte

Schneller lesen – besser verstehen

Wie funktioniert Lesen?
- Blickspanne
- Leseflüssigkeit
- Lesegeschwindigkeit/WpM

Wie motiviere ich mich?
- interessante Texte
- richtige Lesetechniken

Welche Lesefehler gibt es?
- Wort für Wort lesen
- ständig zurückspringen
- mit den Gedanken abschweifen
- alles innerlich mitsprechen

Wie lese ich schnell und gut?
- Sinngruppen erfassen/Chunken
- Ausrichtung nach vorn
- visuelles Begreifen
- Wortschatz/mentales Lexikon

Wie merke ich mir den Inhalt?
- Wie funktioniert das Gedächtnis?
- gute Lesetechniken
- flexible Lesestrategien
- aktive Nachbereitung

Wie finde ich schnell die Hauptgedanken?
- Vorausschau/Preview
- Überfliegen/Skimming
- Absatzspringen/Paragraphing

Muss ich wirklich alles lesen?
- Vorausschau/Preview
- flexible Lesestrategien

Wie finde ich den Einstieg ins Lesen?
- Vorausschau/Preview
- Fragen an den Text stellen
- gute Konzentration
- interessante Texte

Sachregister

Danksagung

Mein größter Dank gehört **Britta Sösemann**, die den Stil des Buches entscheidend geprägt hat. Außerdem half uns ihr intensives Verfolgen der aktuellen wissenschaftlichen Erkenntnisse, die Verbindung zu unseren langjährigen praktischen Erfahrungen herzustellen.

Auch **Friedrich Hasse** bin ich sehr dankbar für seine Begleitung und seine vielen Beiträge – u. a. für die Auswahl und Aufbereitung der Verständnistests.

Die Zeichnungen von **Simon Reichelt** bereiteten uns viel Freude und hoffentlich auch allen Lesern. Danke auch für die EDV-technische Unterstützung!

Stan Rodgers hat mit seiner Entwicklung des Kurskonzepts eine gute Grundlage für unser Wissen gelegt. **Professor Barrie Pettman, Professor Richard Dobbins** und **Malcolm Stewart**, als Verantwortliche für IISE Ltd., gaben uns die Genehmigung, die Kurserkenntnisse in einem Buch zu veröffentlichen. Mein Dank gilt unseren Trainern, Franchisenehmern und internen Mitarbeitern für die vielen Anregungen zur Weiterentwicklung des Trainings.

Schüler der **Sophie-Scholl-Schule in Flörsheim**, insbesondere die 7Rc, haben uns in Tests geholfen und motivierende Rückmeldungen gegeben. Auch andere kleine und große Helfer haben immer wieder für Tests zur Verfügung gestanden, danken möchte ich hier namentlich Marieke Neyer.

Juliane Rödl hat in bewährter Manier den Text in das richtige Format gebracht.

Julia Vorrath ist eine tolle Lektorin, die uns zum Schreiben des Buchs animiert und immer hilfreich und liebevoll begleitet hat.

Ergebnisbogen

Verständnistest

Nummer	Zeit	Wörter pro Minute (WpM)	% Verständnis	Effective Reading Rate (ERR)
1				
2				
3				
4				
5				
6				

Verbesserungsfaktor im Vergleich zum ersten Test (ERR 6/ERR 1): ....

Augenübungen

Num-mer	Wörter		Ziffern		Buchstaben		Synonyme	
	Zeit Ziel:...	Fehler	Zeit Ziel:...	Fehler	Zeit Ziel:...	Fehler	Zeit Ziel:...	Fehler
1								
2								
3								
4								
5								
6								

Freies Lesen
Kap. II: ...... Wörter pro Minute (WpM)
Kap. VII: ...... Wörter pro Minute (WpM) Steigerung im Vergleich zu Kap. II: ... %

Lautleseübungen

Kapitel	Häufigkeit des «Hängenbleibens»		
	1	2	3
II			
IV			
V			
VI			

Sinngruppenübungen

Kapitel	Übung 1 Zeit in Sek.	Übung 2 Zeit in Sek.	Übung 3 Zeit in Sek.	Übung 4 Zeit in Sek.
III				
IV				
V				
VI